CCW 中国与世界保险观察
China and World Insurance Affairs

中国保险业可持续发展报告 2022

陈 辉　董洪斌◎著

Report on Sustainable Development of China Insurance Industry 2022

中国经济出版社
CHINA ECONOMIC PUBLISHING HOUSE
·北 京·

图书在版编目（CIP）数据

中国保险业可持续发展报告 . 2022 / 陈辉，董洪斌著 . -- 北京：中国经济出版社，2022.9

ISBN 978-7-5136-0999-9

Ⅰ . ①中… Ⅱ . ①陈… ②董… Ⅲ . ①保险业 – 经济可持续发展 – 研究报告 – 中国 –2022 Ⅳ . ① F842

中国版本图书馆 CIP 数据核字（2022）第 168357 号

责任编辑 张梦初

责任印制 马小宾

封面设计 任燕飞

出版发行 中国经济出版社

印 刷 者 北京力信诚印刷有限公司

经 销 者 各地新华书店

开　　本 710mm × 1000mm 1/16

印　　张 17.75

字　　数 235 千字

版　　次 2022 年 9 月第 1 版

印　　次 2022 年 9 月第 1 次

定　　价 88.00 元

广告经营许可证 京西工商广字第 8179 号

中国经济出版社 **网址** www.economyph.com **社址** 北京市东城区安定门外大街 58 号 **邮编** 100011

本版图书如存在印装质量问题，请与本社销售中心联系调换（联系电话：010-57512564）

“中国与世界保险观察”序言

让世界了解中国保险，让中国保险走向世界

中国的迅速崛起改变了全球政治、经济、外交和战略格局，中国带给世界新的秩序观。中国与世界保险业的关系错综复杂、相互交融、相互依存，这无疑是当今全球保险业最重要、最令人兴奋和最值得关注的问题。面对新的机遇和挑战，研究和分析中国与世界保险业的变革和发展，有着重大和深远的意义。

2020年，根据中央财经大学建设世界一流大学（学科）方案要求以及“打造具有一流影响力的中国财经高端智库”的宏伟蓝图，中国精算研究院联合中国金融科技研究中心等机构组建了“中国与世界保险研究工作组”（Center for China in the World Insurance，CCWI），它以“联结中外、沟通世界”为定位，以“让世界了解中国保险，让中国保险走向世界”为愿景，以“全球视野、战略前瞻、服务决策”为使命，独树一帜，以政策研究为导向，以政策影响为驱动，汇集学术界、政府和企业优秀资源，从世界角度观察和研究中国保险的现实政策问题，建设性地参与政策讨论和政策评估，为政府机构提供基于富有洞察力的学术新知的政策建议。

与此同时，CCWI从中国发展和改革的实践出发，与国际学术界、政策界对话交流，思辨政策难题，把握时代脉络，升华学术智慧，推动中国保险政策研究及相关领域的建设：形成说明中国风险观和保险学的“说明书”；建立解释中国风险观与保险学的“解释学”；给世界提供研究中国风

险观和保险学的基础知识和方法的“方法论”；让世界认识中国保险业和保险市场的创新与发展的“实践课”。

《中国与世界保险观察》（*China and World Insurance Affairs*）是CCWI策划出版的图书或研究报告，集中关注和深入探讨当代中国与世界保险所面临的战略性、挑战性问题，为决策取向提出思考和建议。

《中国与世界保险观察》所打造的“中国与世界保险观察书系”[①]，将全面展示中央财经大学保险精算学科的特色，充分发挥中央财经大学保险精算学科的优势，努力走出一条具有鲜明学科特色的保险精算学智库建设之路，成为国内国际具有一流影响力的保险精算思想库和智囊库。

中国精算科技实验室

2022年3月

---

① “中国与世界保险观察书系”编审委员会秘书处设在中央财经大学中国精算研究院（邮箱：wethink@yangcai.org），由CCWI联合央财国际研究院（www.yangcai.org）等团队策划统筹编辑，由中央财经大学“双一流”建设项目、高等学校学科创新引智计划（“111计划”B17050）、北京市社会科学基金规划项目（No.21JJB018）等资助。

前　言

20世纪60年代，人们开始意识到，不能把经济和社会、环境割裂开来谋求发展。1983年11月，联合国成立了世界环境与发展委员会（WECD），并在1987年发布了经过四年研究充分论证的报告——《我们共同的未来》，正式提出了“可持续发展”（Sustainable Development）的概念和模式。基于此，相继提出可持续金融（Sustainable Finance）、可持续保险（Sustainable Insurance）等概念和原则。

2012年，联合国可持续发展峰会通过了联合国环境规划署金融倡议组织（UNEP FI）倡导的《可持续保险原则》，该原则是全球保险业应对环境、社会及治理（Environmental，Social and Governance，ESG）风险与机遇的实践框架。中国平安、中国太保分别于2020年、2021年签署《联合国环境规划署金融倡议可持续保险原则》。

2020年，中国精算研究院组建了“中国与世界保险研究工作组”，并启动了“可持续保险”研究及《中国保险业可持续发展报告》撰写工作，旨在研究保险机构所有层面的可持续发展实践，从简单的提高能效到嵌入更高决策层的环境、社会及治理（ESG）问题。

2020年，突如其来的新冠肺炎疫情，是第二次世界大战结束以来人类经历的最严重的全球公共卫生突发事件，也是世界保险业面临的一次可持续发展的“大考”。在此背景下，《中国保险业可持续发展报告（2020）》聚焦“新冠肺炎疫情与保险”，以研抗疫，抗疫促研，助力中国保险业做好新冠肺炎疫情防控金融服务工作。

2021年，是国家“十四五”规划开局之年，是全面建设社会主义现代化国家新征程开启之年。根据《中华人民共和国国民经济和社会发展第十四个五年规划和2035年远景目标纲要》确定的发展目标、重大任务和远景目标，构建国家安全网成为当前和今后一个时期国家的重要任务。在此背景下，《中国保险业可持续发展报告（2021）》聚焦“国家安全网与保险”，研究保险如何服务政治安全、经济安全、国土安全、社会安全、网络安全等，研究保险如何助力提升人民的获得感、幸福感和安全感。

2022年，是落实国家“十四五”规划关键之年，高质量发展、碳达峰、碳中和（净零排放）、生态补偿、生物多样性保护、能源结构转型等可持续发展议题对可持续金融提出了更高要求，金融机构环境信息披露正在走向“半强制”。在此背景下，《中国保险业可持续发展报告（2022）》聚焦“碳达峰、碳中和与保险”，研究保险如何促进“双碳”目标实现。

本书是“中国与世界保险观察”书系规划内容，已出版《保险思政课》《中国保险业可持续发展报告（2020）》《中国保险业可持续发展报告（2021）》等。本书由陈辉策划和撰写，董洪斌参与讨论和审阅，王秀瑜（阳光农业相互保险公司总精算师）参与了校对，央财国际研究院提供数据支持。本书部分内容由微信公众号“小城不小”进行连载，可通过该微信公众号进行讨论。

本书在撰写过程中，参考了国内外的相关著作、论文、报告和案例，中央财经大学中国精算研究院的多位专家学者提出了许多有益的修改意见，在此一并表示感谢。由于时间紧迫，笔者水平有限，书中疏漏、错误之处在所难免，敬请读者批评指正。

最后，再次重申，本书观点难免偏颇，但笔者只想透过问题看本质，且仅代表个人观点，欢迎讨论。

中央财经大学中国精算研究院　陈辉

2022年3月于北京

目 录

第一篇　新进展

第二篇　新成效

第三篇　新作为

第一篇
新进展

人类生活在同一个地球村，命运紧密相连。面对各种紧迫性、全球性挑战，加强团结合作，共同坐上新时代的“诺亚方舟”，人类才会有更加美好的明天。

2022年2月5日，国家主席习近平会见联合国秘书长安东尼奥·古特雷斯（António Guterres）时指出，当前和今后一个时期，世界上有三件大事值得认真思考和关注：一是团结抗疫；二是促进发展；三是发扬民主①。对于“促进发展”，习近平主席提出的“全球发展倡议”（Global Development Initiative，GDI）同联合国2030年可持续发展议程高度契合，古特雷斯表示：“习近平主席提出的全球发展倡议，对推动实现联合国2030年可持续发展目标、解决全球发展不平等不平衡问题具有重要意义。”

习近平主席从2013年提出“一带一路”倡议，到2021年提出“全球发展倡议”，顺应了和平与发展的时代主题，蕴含了中国全面建成小康社会的宝贵经验，呼应了世界各国人民追求更美好生活的强烈愿望，旨在以增进人民福祉、实现人的全面发展为出发点和落脚点，把加快落实2030年可持续发展议程放在国际合作更重要位置，把减贫、粮食安全、抗疫和疫苗、发展筹资、气候变化和绿色发展、工业化、数字经济、互联互通作为重点合作领域，为推动实现更加强劲、绿色、健康的全球发展注入了新动力，为各国聚焦发展、和平发展、开放发展、合作发展和共同发展提供了行动指南，为构建全球发展命运共同体注入了思想动力和国际合力。“全球发展倡议”是中国为促

① 习近平会见联合国秘书长古特雷斯[EB/OL]. 人民网，http：//cpc.people.com.cn/n1/2022/0206/c64094-32345962.html.

进全球发展提供的又一中国方案，已得到联合国机构等国际组织以及近百个国家的积极响应和支持。

习近平主席提出的“全球发展倡议”①，核心内容是强调“坚持发展优先”，构建更加平等均衡的全球发展伙伴关系；“坚持以人民为中心”，不断增强民众的幸福感、获得感、安全感；“坚持普惠包容”，着力解决国家间和各国内部发展不平衡、不充分问题；“坚持创新驱动”，挖掘疫后经济增长新动能，携手实现跨越发展；“坚持人与自然和谐共生”，完善全球环境治理，积极应对气候变化，构建人与自然生命共同体；“坚持行动导向”，加大发展资源投入，构建全球发展命运共同体。六个“坚持”系统阐释了为什么要发展、发展为了谁、发展依靠谁、如何发展等一系列事关全球发展的基本理论问题。

① 习近平提出全球发展倡议[EB/OL]. 新华网，http：//m.news.cn/2021-09/22/c_1127886748.htm.

第一章 可持续发展新环境

第一节 可持续发展

一、可持续发展的概念

可持续发展（Sustainable Development），是指既满足当代人的需要，又不对后代人满足其需要的能力构成危害的发展。

这一定义出自世界环境与发展委员会（WCED）发布的《我们共同的未来》，并被全球所认可。1989年，联合国环境规划署（UNEP）理事会通过了《关于可持续发展的声明》，认为可持续发展的定义和战略主要包括四个方面的含义：走向国家和国际平等；要有一种支援性的国际经济环境；维护、合理使用并提高自然资源基础；在发展计划和政策中纳入对环境的关注和考虑。

可持续发展的定义包含两个基本要素或两个关键组成部分："需要和对需要的限制。"一是满足需要，首先是要满足贫困人民的基本需要；二是对需要的限制，主要是指对未来环境需要的能力构成危害的限制，这种能力一旦被突破，必将危及支持地球生命的自然系统，如大气、水体、土壤和生物等。

可持续发展两个基本要素"需要和对需要的限制"的决定性因素是：

收入再分配以保证不会为了短期生存需要而被迫耗尽自然资源；降低主要是穷人对遭受自然灾害和农产品价格暴跌等损害的脆弱性；普遍提供可持续生存的基本条件，如卫生、教育、水和新鲜空气，保护和满足社会最脆弱人群的基本需要，为全体人民，特别是为贫困人民提供发展的平等机会和选择自由。

总之，可持续发展就是建立在社会、经济、人口、资源、环境相互协调和共同发展的基础上的一种发展，其宗旨是既能相对满足当代人的需求，又不能对后代人的发展构成危害。

二、可持续发展的形成

可持续发展理论的形成经历了相当长的发展过程。20世纪五六十年代，人们在经济增长、城市化、人口、资源等所形成的环境压力下，对“发展=经济增长”的模式开始产生怀疑并展开研究。

1961年，联合国通过了关于“发展”问题的第一个决议——《联合国发展十年》，提出单纯的经济增长不等于发展，发展本身除了“量”的增长要求以外，更重要的是要在总体“质”的方面有所提高和改善。

1962年，美国海洋生物学家蕾切尔·卡逊（Rachel Carson）创作了环境科普读物《寂静的春天》，书中描写了因过度使（施）用化学药品和肥料而导致环境污染、生态破坏，最终给人类带来灾难，阐述了农药对环境的污染，用生态学的原理分析了这些化学杀虫剂对人类赖以生存的生态系统带来的危害，指出人类用自己制造的毒药来提高农业产量，无异于饮鸩止渴，人类应该走“另外的路”——可持续发展之路。

1972年，英国经济学家芭芭拉·沃德（Barbara Ward）和美国微生物学家雷内·杜博斯（Rene Dubos）受联合国人类环境会议秘书长莫里斯·斯特朗（Maurice F. Strong）委托，为同年在斯德哥尔摩召开的联合国人类环一个人的共同责任”。

2013年，根据2012年联合国可持续发展大会的呼吁，联合国环境署理事会升级为各成员国代表参加的联合国环境大会，成为全球环境问题的最高决策机制。联合国环境大会每两年举办一届，旨在激发全球应对气候变化、污染、生态系统退化等挑战的集体行动。2021年2月23日，第五届联合国环境大会在肯尼亚首都内罗毕闭幕，呼吁加大力度保护自然，实现可持续发展。

2015年，《巴黎协定》提出要把全球平均气温较前工业化时期水平升高幅度控制在2℃以内，并向着限制在1.5℃以内努力。要实现这一目标，全球温室气体排放需在2030年前减少一半，并在2050年左右尽量达成净零排放（Net Zero），即“碳中和”。

2020年9月，习近平主席在第75届联合国大会一般性辩论上首次表示：“中国将提高国家自主贡献力度，采取更加有力的政策和措施，二氧化碳排放力争于2030年前达到峰值，努力争取2060年前实现碳中和。”[①]这也被称为中国碳达峰、碳中和的“30·60目标”。

2021年2月，联合国环境规划署（UNEP）发布了《与自然和平相处》报告，全球可以改变与自然的关系，来共同应对气候、生物多样性和污染危机，以确保拥有一个可持续的未来，预防未来的大流行性疾病。一个可持续的未来，还意味着我们要从新冠肺炎疫情危机中吸取教训，减小大流行性疾病的威胁。该报告强调生态系统退化如何增加病原体从动物跳到人类的风险，以及同一健康方法的重要性，该方法将人类、动物和行星健康放在一起考虑。

2021年9月，习近平主席在第76届联合国大会上提出“全球发展倡议”（GDI）：“一是坚持发展优先；二是坚持以人民为中心；三是坚持普惠包容；

---

① 习近平在第七十五届联合国大会一般性辩论上发表重要讲话[EB/OL]. 人民网，http：//hb.people.com.cn/n2/2020/0923/c194063-34310433.html.

四是坚持创新驱动；五是坚持人与自然和谐共生；六是坚持行动导向。”①

综上，从20世纪60年代起，人类开始积极反思和总结传统经济发展模式的弊端，全球就“可持续发展”问题进行了60多年的探讨，通过了一系列的框架、公约、文件等。在这一过程中，可持续发展的框架也逐渐清晰——可持续发展由“经济、社会和环境”三大支柱组成，旨在以平衡的方式，实现经济发展、社会发展和环境保护。

《中国保险业可持续发展报告（2021）》详细阐述了可持续发展的定义框架，可持续发展的基本内涵、基本原则、基本特征，可持续发展的基本思想、基础理论、核心理论、经济学解释等内容，本书不再详述。

第二节　全球可持续发展进展

一、联合国可持续发展目标

联合国可持续发展目标（Sustainable Development Goals，SDGs），是联合国制定的关于全球可持续发展的17项目标，是在2000—2015年联合国千年发展目标（MDGs）基础之上制定的。

2015年9月25日，联合国可持续发展峰会在纽约总部召开，联合国193个成员国通过了《变革我们的世界——2030年可持续发展议程》（以下简称“2030年可持续发展议程”或“2030年议程”），确定了17项可持续发展目标（见图1-1）。可持续发展目标旨在用15年（2016—2030年）的时间以综合方式彻底解决社会、经济和环境三个维度的发展问题，使全球走上可持续发展道路，这正是可持续金融（Sustainable Finance）的时代背景。

① 习近平提出全球发展倡议[EB/OL]. 新华网，http：//m.news.cn/2021-09/22/c_1127886748.htm.

图 1–1　联合国可持续发展目标（SDGs）

资料来源：联合国可持续发展目标网站。

可持续发展目标呼吁所有国家（不论该国是贫穷、富裕还是收入中等的）行动起来，在促进经济繁荣的同时保护地球。可持续发展目标指出，消除贫困必须与一系列战略齐头并进，包括促进经济增长，解决教育、卫生、社会保护和就业机会的社会需求，遏制气候变化和保护环境。17项可持续发展目标如下：

（1）无贫穷：在全世界消除一切形式的贫困。

（2）零饥饿：消除饥饿，实现粮食安全，改善营养状况和促进可持续农业。

（3）良好健康与福祉：确保健康的生活方式，促进各年龄段人群的福祉。

（4）优质教育：确保包容和公平的优质教育，让全民终身享有学习机会。

（5）性别平等：性别平等不仅是一项基本人权，而且是和平、繁荣和可持续发展的基石。

（6）清洁饮水和卫生设施：为所有人提供水和环境卫生并对其进行可持续管理。

（7）经济适用的清洁能源：确保人人获得负担得起的、可靠和可持续的现代能源。

（8）体面工作和经济增长：促进持久、包容和可持续经济增长，实现充分的生产性就业，确保人人获得体面工作。

（9）产业、创新和基础设施：基础设施投资对实现可持续发展至关重要。

（10）减少不平等：减少国家内部和国家之间的不平等。

（11）可持续城市和社区：建设包容、安全、有抵御灾害能力和可持续的城市及人类居住区。

（12）负责任消费和生产：确保可持续消费和生产模式。

（13）气候行动：气候变化是跨越国界的全球性挑战。

（14）水下生物：保护水下生物。

（15）陆地生物：可持续管理森林，防治荒漠化，制止和扭转土地退化，遏制生物多样性的丧失。

（16）和平、正义与强大机构：让所有人都能使用法律，在各级建立有效、负责和包容的机构。

（17）促进目标实现的伙伴关系：重振可持续发展全球伙伴关系。

综上，17项可持续发展目标描绘了所有人更美好和更可持续未来的蓝图，这些目标相互关联，旨在不让任何一个人掉队，实现可持续发展是全球共同目标与未来追求。

二、联合国可持续发展目标的进展

2030年可持续发展议程是提高全人类福祉的最大胆框架倡议，全球努力通过在2030年前实现17项可持续发展目标来改善世界各地人民的生活，但这一努力在2020年初已偏离原有轨道。联合国经济和社会事务部（UNDESA）

发布的《2020年可持续发展目标报告》显示，新冠肺炎疫情引发了前所未有的危机，破坏了达成可持续发展目标的进展，对世界上最贫困和最脆弱的群体造成了最严重的影响。

《2020年可持续发展目标报告》显示，全球在改善妇幼保健、扩大电力供应和增加妇女在政府中的任职人数等方面虽取得进展，但进展不均衡且不足以实现各项目标。此外，在其他方面，日益加剧的粮食不安全、自然环境恶化以及持续和普遍的不平等现象也抵消了上述取得的进展。

新冠肺炎疫情已成为人类历史上最严重的人类危机和经济危机，几乎蔓延至所有国家。截至2021年末，全球累计死亡病例超过544.51万例，确诊病例数超过2.86亿例。

联合国秘书长古特雷斯强调，新冠肺炎疫情对每个人的影响不尽相同。“尽管新型冠状病毒影响到每个人和每个社区，但影响程度各不相同。相反，它暴露并加剧了现有的不平等和不公正现象。”《2020年可持续发展目标报告》显示，受新冠肺炎疫情影响最为严重的群体是最贫困和最脆弱的群体，包括儿童、老年人、残疾人、移民和难民，妇女也受到了严重冲击。

毫无疑问，新冠肺炎疫情已动摇到2030年可持续发展议程的核心。截至2021年末，可持续发展目标的169个具体目标中多数已偏离设定的目标，或者无实质性进展。在2021年7月13日召开的“联合国可持续发展高级别政治论坛”上，古特雷斯表示，该论坛设立的初衷是评估全球在实现2030年可持续发展议程方面的进展，但是“我们必须面对现实：国际社会非但没有取得进展，反而正在与目标渐行渐远”。

新冠肺炎疫情使越来越多的人遭受苦难，破坏了全球经济的稳定，扰乱了全球数十亿人的生活。这场大流行性疾病以前所未有的方式给我们敲响了警钟，暴露了某些国家根深蒂固的不平等现象，揭露了2030年可持续发展议程和《巴黎协定》致力于解决的问题。

当前，常规的政策和社会规范已被破坏，我们需要转危为机，采取大胆的措施，引导世界回到实现可持续发展目标的轨道上。古特雷斯指出，“我们要把复苏转变为真正的机会，我们要为未来坚持正确的方向”。现在正是变革的时候，我们应利用这个契机，深刻、系统地向更可持续的经济转型，既造福人类，也造福地球。

三、联合国可持续发展目标的举措

可持续发展目标呼吁全世界采取普遍性的行动，致力于消除贫困和饥饿、保护地球、确保所有人享有和平与繁荣。目前，距离实现2030年承诺的期限已不足十年。为此，全球正雄心勃勃地开展行动——动员更多政府、民间组织和企业，并呼吁所有人共同致力于实现“全球目标”。

2019年9月，联合国秘书长古特雷斯呼吁社会各界在三个层面上开展“行动十年”：在全球层面，采取全球行动，为实现可持续发展目标提供更强大的领导力、更多资源和更明智的解决方案；在地方层面，政府的政策、预算、制度和监管框架应进行必要的转型；在个人层面，青年、民间组织、媒体、私营部门、联盟、学术界和其他利益攸关方应发起一场不可阻挡的运动，推动必要的变革。

“行动十年”呼吁加速采取可持续解决方案来应对世界上所有重大挑战，包括贫困、性别问题、气候变化、不平等以及弥合资金缺口。“行动十年”正在动员世界各地每个人，因为实现“全球目标”需要每个人和每个集体，在地方和全球层面采取行动；正在提醒人们“全球目标”的紧迫性和宏伟目标，因为我们这一代人必须消除极端贫困、战胜气候变化以及解决社会不公正和性别不平等问题；正在将构想转变为解决方案，推广可普及且可行性高的解决方案，推动可持续创新、金融投资和技术进步等。

联合国可持续发展目标是我们旨在消除贫困、拯救地球和建立一个和平世界的共同愿景，正在全球范围内持续推进。“行动十年”将是变革世界的十年。

第三节　中国可持续发展进展

一、联合国可持续发展目标的中国进展

2015年9月，联合国可持续发展峰会通过了《2030年可持续发展议程》。2016年9月，中国率先发布《中国落实2030年可持续发展议程国别方案》。2017年9月，中国又率先发布《中国落实2030年可持续发展议程进展报告（2017）》。2021年，中国发布了《中国落实2030年可持续发展议程国别自愿陈述报告》及《中国落实2030年可持续发展议程进展报告（2021）》。

《中国落实2030年可持续发展议程国别自愿陈述报告》认为，中国落实2030年可持续发展议程经验主要在三方面：一是注重组织协调，在中央政府层面建立了45个部委办协调机制，并通过发布国别方案和进展报告等方式保持部门之间的经常性紧密沟通，形成一个良好的监测监督和竞争机制；二是注重规划引导，将2030年可持续发展议程与中国中长期发展规划相结合；三是在全面落实基础上，突出一些重点和优先领域的推进工作。

（1）消除绝对贫困，保障粮食安全。2020年底，中国如期完成新时代脱贫攻坚目标任务，现行标准下9899万农村贫困人口全部脱贫，提前10年实现2030年可持续发展议程减贫目标。

（2）积极应对气候变化，推动全球绿色发展。中国坚持“绿水青山就

是金山银山”理念，打响蓝天、碧水、净土“三大战役”，统筹山水林田湖草沙系统治理并取得显著成效。实施积极应对气候变化国家战略，推进减缓、适应气候变化各项行动，加快发展方式绿色转型，坚定落实气候变化《巴黎协定》，积极参与全球气候治理，提高国家自主贡献力度。

（3）克服疫情挑战，提高公共卫生水平。中国政府始终坚持人民至上、生命至上的原则，采取最严格最彻底的防控措施，用3个月左右时间取得疫情防控阻击战重大战略成果，坚持疫情常态化精准防控和局部应急处置的有机结合，加强公共卫生设施建设，筑牢常态化社会大防线。截至2021年，中国已建成世界上规模最大的社会保障体系，基本医疗保险覆盖超过13.5亿人，基本养老保险覆盖超过10亿人。

（4）经济平稳增长，增强发展韧性。中国经济运行总体平稳，国内生产总值已超过100万亿元，实现历史性突破，经济结构持续优化。2021年，中国国内生产总值达到114.4万亿元，同比增长8.1%。

（5）展现大国担当，促进国际发展合作。中国倡导和平、发展、公平、正义、民主、自由的全人类共同价值观，秉持正确义利观，推动2030年可持续发展议程全球落实。

落实2030年可持续发展议程是一项长期系统工程。进入新发展阶段，中国将继续贯彻新发展理念，全面推进2030年议程落实。深化供给侧结构性改革，加快建设现代化经济体系，加快构建以国内大循环为主体、国内国际双循环相互促进的新发展格局，推动高质量发展。巩固拓展脱贫攻坚成果，坚持农业农村优先发展，全面实施乡村振兴战略。将继续秉持共同但有区别的责任原则，加大自主贡献力度，力争2030年前碳达峰，努力争取2060年前实现碳中和，为全球气候治理做出新的应有贡献。继续加强公共卫生等社会事业建设，不断增强人民群众的获得感、幸福感、安全感。推动高质量共建“一带一路”，深化互联互通国际合作，为中国经济发展和全球疫后复苏提供有力支撑。

二、联合国可持续发展目标的中国贡献

（一）“全球发展倡议”的提出

2021年9月21日，在第76届联合国大会一般性辩论上，国家主席习近平发表《坚定信心 共克时艰 共建更加美好的世界》①为题的重要讲话，首次提出“全球发展倡议”（GDI）和构建“全球发展命运共同体”。习近平主席的讲话顺应了和平与发展时代主题，蕴含了中国全面建成小康社会宝贵经验，呼应了世界各国人民追求更美好生活的强烈愿望。为推动实现强劲、绿色、健康的全球发展注入了新动力，为各国聚焦发展、和平发展、开放发展、合作发展和共同发展提供了行动指南，为构建全球发展命运共同体注入了思想动力和国际合力。

在随后的多个重要国际会议和重大国际交流与合作活动中，“全球发展倡议”被多次提及和强调，其内涵和意义得到进一步阐述，得到联合国机构等国际组织以及近百个国家积极响应和支持。下文系统回顾、总结了2021年“全球发展倡议”的提出和发展情况，亟待学界和社会对“全球发展倡议”持续关注和深入研究。

2021年9月21日，国家主席习近平首次提出“全球发展倡议”和构建“全球发展命运共同体”，表达了当前国际社会特别是广大发展中国家的共同期待，体现了中国关于全球未来发展的战略远见，为世界各国携手合作、共克时艰注入了信心和正能量，为全球共同发展指明了方向。

2021年10月14日至16日，第2届联合国全球可持续交通大会在北京举行。国家主席习近平在发表题为《与世界相交 与时代相通 在可持续发展道路上阔步前行》的主旨讲话中，再提“全球发展倡议，旨在加快落实联合国2030年可持续发展议程，推动实现更加强劲、绿色、健康的全

① 坚定信心 共克时艰 共建更加美好的世界[EB/OL]. 人民网，http：//cpc.people.com.cn/n1/2021/0922/c64036-32232731.html.

球发展，构建全球发展命运共同体，希望各方积极参与”。[①]会议通过《北京宣言》，描绘了全球可持续交通发展的未来愿景，提出了加强交通合作的行动倡议。

2021年10月15日，国家主席习近平同欧洲理事会主席米歇尔通电话时强调：“双方应该深化绿色、数字领域政策沟通，拓宽务实合作领域，积极对接‘一带一路’倡议同欧盟全球互联互通倡议，就气候变化和生物多样性保护等问题加强沟通合作。欢迎欧盟和成员国积极参与全球发展倡议，同中国和其他国家一道，合力帮助发展中国家早日实现联合国2030年可持续发展议程。”[②]

2021年10月21日，中华人民共和国同建交太平洋岛国通过视频方式举行首次外长会议，会议通过的联合声明欢迎并“愿意支持和加入全球发展倡议，并将该倡议同太平洋可持续发展路线图和蓝色太平洋2050战略相衔接。”[③]

2021年10月22日，外交部发布的《中国联合国合作立场文件》（以下简称《文件》）阐释了“全球发展倡议”基本框架，展现中华人民共和国恢复联合国合法席位50年来对联合国各领域工作做出的突出贡献。《文件》阐述了50年来中国大力促进全球发展的历程。《文件》首次明确全球发展倡议“秉持以人民为中心的核心理念，将增进人民福祉、实现人的全面发展作为出发点和落脚点，把各国人民对美好生活的向往作为努力目标，紧紧抓住发展这个解决一切问题的总钥匙，全力破解发展难题、创造更多发展机遇，努力实现不让任何一国、任何一人掉队的目标。倡议遵循务实合

---

① 与世界相交 与时代相通 在可持续发展道路上阔步前行[EB/OL]. 人民网，http：//cpc.people.com.cn/n1/2021/1015/c64094-32254219.html.

② 习近平同欧洲理事会主席米歇尔通电话[EB/OL]. 人民网，http：//dangshi.people.com.cn/n1/2021/1016/c436975-32255480.html.

③ 中国—太平洋岛国外长会联合声明[EB/OL]. 人民网，http：//hb.people.com.cn/n2/2021/1022/c194063-34968370.html.

作的行动指南，把握全球发展脉搏和迫切需求，把减贫、粮食安全、抗疫和疫苗、发展筹资、气候变化和绿色发展、工业化、数字经济、互联互通等作为重点合作领域，提出合作设想和方案，将发展共识转化为务实行动。全球发展倡议是中国为国际社会提供的重要公共产品和合作平台”。

2021年10月25日，国家主席习近平在北京出席中华人民共和国恢复联合国合法席位50周年纪念会议并发表重要讲话。在讲话中，习近平再次强调推进全球发展倡议，“希望各国共同努力，克服新冠肺炎疫情对全球发展的冲击，加快落实2030年可持续发展议程，构建全球发展命运共同体”。[①]

2021年10月27日，国务院总理李克强以视频方式出席第16届东亚峰会。李克强总理在讲话中强调：“中国提出全球发展倡议，旨在推动实现强劲、绿色、健康的全球发展，构建全球发展共同体。”[②]会议通过了《关于可持续复苏的声明》《关于精神健康合作的领导人声明》和《关于通过旅游复苏实现经济增长的领导人声明》等成果文件。

2021年10月30日至31日，国家主席习近平以视频方式出席二十国集团领导人第16次峰会，并发表题为《团结行动 共创未来》的重要讲话。习近平强调：“我在联合国发起全球发展倡议，呼吁国际社会加强在减贫、粮食安全、抗疫和疫苗、发展筹资、气候变化和绿色发展、工业化、数字经济、互联互通领域合作，以加快落实2030年可持续发展议程，实现更加强劲、绿色、健康的全球发展。”[③]会议通过了《二十国集团领导人罗马峰会宣言》，就致力于将全球平均气温上升幅度控制在1.5℃以内达成一致。

---

① 习近平出席中华人民共和国恢复联合国合法席位50周年纪念会议并发表重要讲话[EB/OL]. 新华网，http：//www.news.cn/2021-10/25/c_1127992828.htm.

② 李克强出席第16届东亚峰会[EB/OL]. 人民网，http：//politics.people.com.cn/n1/2021/1029/c1024-32267767.html.

③ 团结行动 共创未来[EB/OL]. 新华网，http：//politics.people.com.cn/n1/2021/1030/c1024-32269251.html.

2021年11月11日，国家主席习近平出席亚太经合组织第28次领导人非正式会议并发表重要讲话。习近平强调全球发展倡议"旨在推动全球发展迈向平衡协调包容新阶段"，"呼吁关注发展中国家发展需求，保障发展中国家的发展空间"。[①]会议通过《2021年亚太经合组织领导人宣言》，通过愿景落实计划以实现到2040年建成一个开放、活力、强韧、和平的亚太共同体，实现亚太人民和子孙后代的共同繁荣。

2021年11月22日，国家主席习近平以视频方式出席并主持中国—东盟建立对话关系30周年纪念峰会，发表题为《命运与共 共建家园》的重要讲话。习近平在讲话中指出，全球发展倡议"契合东盟各国发展需要，可以与《东盟共同体愿景2025》协同增效"。[②]峰会通过了《中国—东盟建立对话关系30周年纪念峰会联合声明——面向和平、安全、繁荣和可持续发展的全面战略伙伴关系》，认同中国提出的全球发展倡议。

2021年11月26日，国务院新闻办公室发布《新时代的中非合作》白皮书。该白皮书除前言、结束语外，共包括四个部分：构建更加紧密的中非命运共同体、不断拓展新时代中非各领域合作、坚定不移巩固相互支持、奋力开创中非关系新局面。该白皮书指出，双方将"在面向未来发展的关键领域拓展合作，共同支持全球发展倡议，打造全球发展命运共同体，推动实现高质量、可持续的共同发展，造福中非人民"。

2021年11月29日，国家主席习近平在北京以视频方式出席中非合作论坛第8届部长级会议开幕式并发表主旨演讲。习近平主席指出："我在今年联合国大会上提出的全球发展倡议，同非盟《2063年议程》和联合国2030

① 习近平出席亚太经合组织第二十八次领导人非正式会议并发表重要讲话[EB/OL]. 新华网，http://www.news.cn/politics/2021-11/12/c_1128059698.htm.

② 命运与共 共建家园[EB/OL]. 人民网，http://cpc.people.com.cn/n1/2021/1123/c64094-32289263.html.

年可持续发展议程高度契合，欢迎非洲国家积极支持和参与。”[①]会议通过《中非合作论坛第八届部长级会议达喀尔宣言》（以下简称《宣言》），第十八条明确指出“非洲国家欢迎并支持中国提出的‘全球发展倡议’”。《宣言》认为，“完善全球发展伙伴关系是加快落实联合国2030年可持续发展议程和非盟《2063年议程》的关键所在，致力于推动实现更加强劲、绿色、健康的全球发展，构建全球发展命运共同体”。

2021年12月3日，中华人民共和国与拉美和加勒比国家共同体成员国举行了中拉论坛第3届部长会议，会议通过了《中国—拉共体论坛第三届部长会议宣言》，“欢迎中方提出的全球发展倡议，相信该倡议将有助于加快落实联合国2030年可持续发展议程，推动实现更加强劲、绿色、健康的全球发展，不让任何人掉队”。

2021年12月5日，由中国人民对外友好协会、澳大利亚中国友好交流协会、广东省人民政府及世界领袖联盟共同举办的“2021从都国际论坛”在广州从都国际会议中心开幕，国家主席习近平在北京为论坛开幕式发表视频致辞，[②]强调要聚焦行动，落实好全球合作议程，并再提全球发展倡议，构建全球发展命运共同体，希望各方积极参与。论坛发布《从都宣言》，一致呼吁各方以实际行动加强多边合作，坚决维护以联合国为核心的国际体系，维护以《联合国宪章》宗旨和原则为基础的国际关系基本准则。

2021年12月9日，外交部同联合国发展系统驻华协调员办公室共同主办座谈会，邀请联合国发展系统约20个驻华机构代表、国内有关部门和学术机构代表，围绕“推进全球发展倡议，共同落实2030年可持续发展议

---

① 习近平出席中非合作论坛第八届部长级会议开幕式[EB/OL]. 新华网，http：//m.news.cn/2021-11/29/c_1128113735.htm.

② 习近平向“2021从都国际论坛”开幕式发表视频致辞[EB/OL]. 人民网，http：//dangshi.people.com.cn/n1/2021/1206/c436975-32300255.html.

程”的主题深入交流，谋划合作思路和举措。各方认为，中国提出的全球发展倡议以加速落实2030年议程为宗旨目标，将为推进全球发展事业注入新的动力。愿充分利用各机构资源、专长、伙伴网络等优势，从总部和驻华代表处等层面支持倡议落实工作。

2021年12月15日，国家主席习近平在北京同俄罗斯总统普京举行视频会晤。习近平主席指出：“我在第七十六届联合国大会上提出全球发展倡议，是中国着眼各方特别是新兴市场国家和发展中国家面临的市场挑战，致力于落实联合国2030年可持续发展议程提供的又一全球公共产品。中国愿同俄方加强合作，为完善全球治理、推进全球发展事业发挥作用。”①

2022年1月20日，“全球发展倡议之友小组”在纽约联合国总部正式成立。100多个国家的代表参加了“全球发展倡议之友小组”首次会议，各方将共同把“全球发展倡议之友小组”建设成为交流经验、增进合作、共谋发展的有效平台。

（二）“全球发展倡议”的内涵

发展是实现人民幸福的关键，是解决一切问题的总钥匙。当前，世界经济复苏步履维艰，南北“发展鸿沟”仍在不断扩大。特别是新冠肺炎疫情严重冲击了全球减贫成果，新兴市场国家经济增长普遍放缓，落实联合国2030年可持续发展议程面临严峻挑战。在第76届联合国大会上，习近平主席面向世界首次提出“全球发展倡议”，旨在呼吁各方共同推动全球迈向平衡、协调、包容的“新发展阶段”。

习近平主席提出的“全球发展倡议”②，核心内容是强调“坚持发展优先”，构建更加平等均衡的全球发展伙伴关系；“坚持以人民为中心”，不断增强民众的幸福感、获得感、安全感；“坚持普惠包容”，着力解决国家

① 习近平同俄罗斯总统普京举行视频会晤[EB/OL]. 新华网，http：//www.news.cn/2021-12/15/c_1128166960.htm.

② 习近平提出全球发展倡议[EB/OL]. 新华网，http：//m.news.cn/2021-09/22/c_1127886748.htm.

间和各国内部发展不平衡、不充分问题；“坚持创新驱动”，挖掘疫后经济增长新动能，携手实现跨越发展；“坚持人与自然和谐共生”，完善全球环境治理，积极应对气候变化，构建人与自然生命共同体；“坚持行动导向”，加大发展资源投入，构建全球发展命运共同体。六个“坚持”系统阐释了为什么要发展、发展为了谁、发展依靠谁、如何发展等一系列事关全球发展的基本理论问题。“六个坚持”蕴含了中国全面建成小康社会宝贵经验、“中国之治”，不仅为世界经济复苏拨开了迷雾，为推动实现更加强劲、绿色、健康的全球发展指明了航向，也为各国聚焦发展、团结发展、共同发展提供了重要借鉴，对世界各国人民实现美好生活强烈愿望的追求有重要现实指导意义。

（三）“全球发展倡议”的内容

推动多边发展合作进程协同增效、加快落实联合国2030年可持续发展议程是坚持发展优先的必然要求。早在2015年9月，联合国发展峰会上，习近平主席就阐述了以公平、开放、全面、创新为核心的新发展理念[①]，为促进全球发展提供了“中国理念”。2016年9月，在中国推动下，二十国集团领导人杭州峰会首次把发展置于二十国集团议程突出位置，共同承诺积极落实联合国2030年可持续发展议程并制订了行动计划。中国提出共建“一带一路”倡议已实施8年，就是为了同沿线各国分享中国发展机遇，实现共同繁荣，打造2030年可持续发展议程的多边合作公共平台。同时，还要看到新工业革命浪潮方兴未艾，数字经济、绿色发展和疫情催生的新业态、新模式正在为发展中国家实现跨越式发展带来新机遇。

在第76届联合国大会上，习近平主席又提出重点推进减贫、粮食安全、抗疫和疫苗、发展筹资、气候变化和绿色发展、工业化、数字经济、互联互通等八大多边发展合作领域，旨在加快构建全球发展命运共同体、

① 习近平出席联合国发展峰会并发表重要讲话[EB/OL]. 新华网，http：//www.xinhuanet.com/politics/2015-09/27/c_1116687800.htm.

加快落实联合国2030年可持续发展议程[①]。中国倡议呼应了各国人民追求更美好生活的强烈愿望，把发展议程放在国际合作的更重要位置，强调加强主要经济体政策协调，着力解决国家间和各国内部发展不平衡、不充分问题，打造开放、公平、公正、非歧视的科技发展环境，携手实现跨越发展，体现出构建全球发展命运共同体的真正担当，也助力重振联合国全球发展伙伴关系的重要宣示，从而大大丰富了构建“人类命运共同体”的内涵和层次。特别是，宣布“不再新建境外煤电项目”和未来3年内再提供30亿美元国际援助用于支持发展中国家抗疫和恢复经济社会发展，这些为应对全球气候变化和促进发展中国家发展的自主性举措，为构建“全球发展命运共同体”树立了榜样。

发起“全球发展倡议”、构建全球发展命运共同体，是人类命运共同体理念在全球发展领域的具体体现，进一步丰富了人类命运共同体的思想理论体系，也必将有力引领新阶段的全球发展新实践。

三、中国可持续发展的举措

展望未来，中国坚持以人民为中心的发展思想，坚定不移贯彻创新、协调、绿色、开放、共享的新发展理念，积极推动2030年可持续发展议程与“十四五”规划等国家发展战略对接融合，实行高水平对外开放，开拓合作共赢新局面，推动构建人类命运共同体，为全球落实2030年可持续发展议程做出积极贡献。

（一）积极构建“双碳”目标顶层设计，争取 2060 年前实现碳中和

2020年9月22日，国家主席习近平在第75届联合国大会一般性辩论上宣布了中国的“双碳”目标。

① 坚定信心 共克时艰 共建更加美好的世界[EB/OL]. 人民网，http://cpc.people.com.cn/n1/2021/0922/c64036-32232731.html.

2021年3月，国家发展改革委明确将建立碳达峰、碳中和的“1+N”政策体系，作为我国落实“双碳”工作的顶层设计。2021年5月，中央层面成立了碳达峰、碳中和工作领导小组，作为指导和统筹做好碳达峰、碳中和工作的议事协调机构。领导小组办公室设在国家发展改革委。

2021年10月24日，中共中央、国务院发布了《关于完整准确全面贯彻新发展理念做好碳达峰碳中和工作的意见》(以下简称《双碳意见》)；10月26日，国务院发布了《2030年前碳达峰行动方案》(以下简称《行动方案》)。作为“1+N”政策体系中的“1”,《双碳意见》是“双碳”的指导性、纲领性文件，对碳达峰、碳中和这项重大工作进行了系统谋划、总体部署；“N”则包括能源、工业、交通、新型基础设施、建筑等重点行业和领域碳达峰实施方案，以及支持“双碳”目标的相关政策体系和保障措施。《行动方案》是“N”中重要的政策文件，围绕贯彻落实党中央、国务院关于碳达峰、碳中和的重大战略决策，按照《双碳意见》工作要求，聚焦2030年前碳达峰目标，对推进碳达峰工作做出总体部署。

《双碳意见》和《行动方案》共同构成我国实现碳达峰、碳中和目标的顶层设计。《双碳意见》和《行动方案》作为“双碳”目标的顶层设计文件，为“1+N”政策体系定下了基调。后续将出台的一系列文件将因其而构建起目标明确、分工合理、措施有力、衔接有序的碳达峰、碳中和政策体系。

实现碳达峰、碳中和是一场广泛而深刻的经济社会系统性变革，面临前所未有的困难挑战。在中央层面制定印发《双碳意见》和《行动方案》,对碳达峰、碳中和这项重大工作进行系统谋划和总体部署，进一步明确总体要求，提出主要目标，部署重大举措，明确实施路径，对汇聚全国力量来完成碳达峰、碳中和这一艰巨任务具有重大意义。

（二）积极对接国家“十四五”规划，全面落实 2030 年可持续发展议程

“十四五”规划和2035年远景目标纲要对中国未来五年和中长期经济

社会发展做出纲领性规划，其核心要义与2030年可持续发展议程倡导的统筹经济、社会、环境发展，兼顾人类、地球、繁荣、和平、伙伴关系的总体要求一脉相承。“十四五”期间，中国将从经济发展、创新驱动、民生福祉、绿色生态等方面，着力推动高质量发展，社会协调进步，人与自然和谐共生。

（1）立足新发展阶段，推动高质量发展。坚持新发展理念，构建新发展格局，在质量效益明显提升的基础上实现经济持续健康发展。全面深化改革，激发各类市场主体活力，建设高标准市场体系，建立现代财税金融体制，提升政府经济治理能力。坚持农业农村优先发展，全面实施乡村振兴战略，提高农业质量效益和竞争力，实施乡村建设行动，健全城乡融合发展体制机制。深入推进以人为核心的新型城镇化战略，加快农业转移人口市民化，完善城镇化空间布局，提升城镇化发展质量。优化区域经济布局，深入实施区域重大战略，促进区域协调发展。

（2）坚持创新驱动，加快数字化发展。提升企业技术创新能力，激发人才创新活力，完善科技创新体制机制。加快发展现代产业体系，推动制造业高端化智能化绿色化，聚焦新一代信息技术、新能源、新材料、绿色环保等新兴产业，培育壮大产业发展新动能。加快建设新基础设施，打造高效实用、智能绿色、安全可靠的现代化基础设施体系。加快数字化发展，促进数字技术与实体经济深度融合，利用数字技术促进公共服务创新，提高政府管理服务效率。

（3）增进民生福祉，促进人的全面发展。健全国家公共服务制度体系，实施就业优先战略，优化收入分配结构，健全多层次社会保障体系，保障妇女、未成年人和残疾人基本权益。构建基层社会治理新格局，提升共建共治共享水平。建设高质量教育体系，全面推进健康中国建设，实施积极应对人口老龄化国家战略。

（4）推动绿色发展，促进人与自然和谐共生。提升生态系统质量和稳定性，深入开展污染防治行动，持续改善环境质量，完善生态功能区制度，深入推进长江流域生态环境保护修复，扎实推进黄河流域生态保护。加快发展方式绿色转型，全面提高能源、水资源、土地、矿产等资源的利用率，构建多层次资源高效循环利用体系。积极应对气候变化，力争2030年前实现碳达峰，2060年前实现碳中和。协同推进海洋环境生态保护和海洋经济发展，打造和维护可持续海洋生态环境。

（三）推动构建人类命运共同体，助力 2030 年可持续发展议程全球落实

受新冠肺炎疫情影响，全球落实2030年可持续发展议程面临严峻挑战。人类是荣辱与共的命运共同体，重大危机面前没有任何一个国家可以独善其身。应对各种全球性问题，各国应从人类共同利益出发，开辟出合作共赢、共建共享的发展新道路，共建美好地球家园。中国将坚定不移地推动构建人类命运共同体，同国际社会携手应对日益严峻的全球性挑战，为人类走向共同繁荣做出积极贡献。

（1）坚持多边主义，维护公平正义。坚定不移支持多边主义，坚持《联合国宪章》宗旨和原则，遵守国际关系基本准则，维护联合国的权威和地位，维护联合国在国际事务中的核心作用；坚持尊重各国主权，大小国家一律平等；坚持世界多样性，尊重各国正当发展权利和自主选择发展道路；坚持国际上的事情由大家商量着办，推动实现国际关系民主化。反对以多边主义为幌子，搞封闭的集团政治；反对以多边主义为借口，将少数国家制定的规则强加给国际社会；反对将多边主义意识形态化，打造针对特定国家的价值观同盟，坚定走携手合作、互利共赢之路，践行真正的多边主义。

（2）构建开放型世界经济，营造良好发展环境。坚定维护经济全球化，促进贸易和投资自由化便利化，推动经济全球化朝着更加开放、包容、普惠、平衡、共赢的方向发展。同有关各方秉持共商共建共享原则，推动共建“一带一路”高质量发展，把“一带一路”建成“减贫之路”“增长之路”。

（3）推进南南合作，深化全球伙伴关系。中国将积极构建新型全球发展伙伴关系，推进大国协调和合作，坚持正确义利观，积极履行与国力相匹配的国际义务，加强医疗卫生、科技教育、绿色发展、减贫、人力资源开发、紧急人道主义等领域对外合作和援助，向发展中国家特别是最不发达国家落实2030年可持续发展议程提供更多力所能及的帮助。中国将继续充分考虑其他发展中国家资源禀赋、发展水平和发展诉求，毫无保留地分享发展经验和适宜技术，尽力为其培养本土人才和技术力量，推动其实现多元、自主和可持续发展，让更多实实在在的发展成果惠及普通民众。

（4）支持国际社会疫后复苏，助力落实可持续发展议程。中国将积极支持国际社会特别是发展中国家抗击疫情，继续践行将疫苗作为国际公共产品优先向发展中国家提供的承诺，深化重大传染病防控国际合作，推动构建人类卫生健康共同体。继续推进基础设施联通，畅通经济运行的血脉和经络，助力各国疫后经济复苏。同各方一道抓住新业态、新领域等新发展机遇，大力发展数字经济，在人工智能、生物医药、现代能源等领域加强交流合作，使科技创新成果更好造福各国人民，降低疫情对落实2030年可持续发展议程的负面影响。

（5）推动全球绿色低碳转型，合作应对气候变化。坚持公平原则、共同但有区别的责任及各自能力原则，建设性参与应对气候变化国际合作，深化南南合作，推动《联合国气候变化框架公约》及《巴黎协定》全面有效落实。深度参与全球环境、能源治理，推动全球生态文明建设，构建清洁美丽世界。推动共建绿色丝绸之路，建设更紧密的绿色发展伙伴关系，加强绿色基础设施、绿色金融、绿色投资等方面的合作，助力全球绿色发展。

第二章
可持续金融新格局

第一节　可持续金融

一、可持续金融的概念

可持续金融（Sustainable Finance），英文由Sustainable和Finance两个单词组成，融合了人类知识系统里两个重要领域，其本质是跨界整合。第一个领域是Sustainable Development（可持续发展），涉及环境与社会的可持续发展；第二个领域是Finance（金融），涉及资金的流向及效率。可持续金融将金融和可持续发展结合在一起，旨在将资金导入人类可持续发展的重要领域，如环境层面的污染防治、节能减碳，社会层面的平价住房、普惠金融等。可持续金融可以理解为一种与人类可持续发展目标和原则一致并能产生影响力的新的金融体系。

同很多重要概念一样，可持续金融不仅没有统一的界定，甚至缺乏权威部门的诠释。通过梳理国内外学者或机构对可持续金融的理解，可以看到，可持续金融主要包含以下两方面含义：一方面，根据人类可持续发展目标和气候公约目标，更合理有效地动员和配置金融资源，满足普惠和包容性增长以及应对减缓气候变化所需的金融服务；另一方面，将环境、社会及治理（ESG）纳入投资决策，以实现经济和金融的长期有效运行和稳健发展，从而维护金融系统的稳定性。结合可持续发展的描述以及可持续发展目标的内涵，本书所讲的可持续金融，是指金融服务可持续发展，并实现自身的高质量发展。

按照本书定义，可持续金融是与可持续发展相伴而生的（见图2-1）。可持续金融的目的是推进全球可持续发展目标顺利达成，并创造经济、社会和环境的综合价值；作用是以资源配置为核心去推动可持续发展目标的达成，并通过适当的金融工具激发经济主体对经济、社会和环境价值的创造。

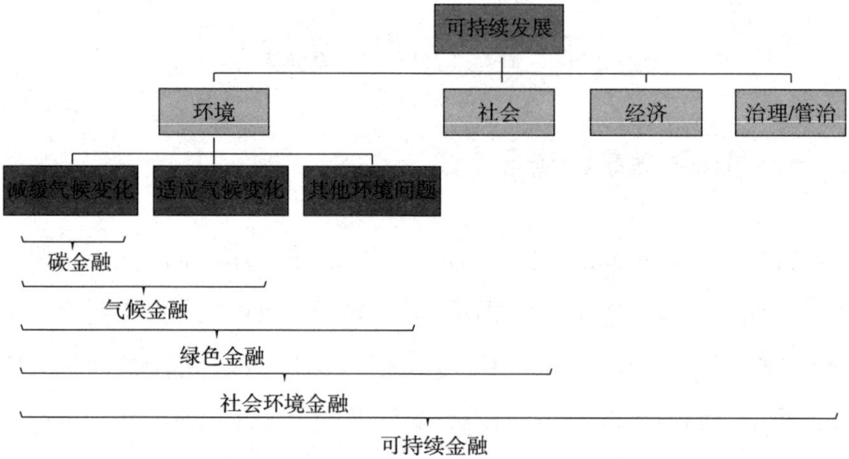

图 2-1　可持续发展与可持续金融

可持续金融是人类发展新时期对传统金融体系的扬弃。传统金融以西方市场经济的经典经济学理论为基础，以资本为核心，以实现投资者利润最大化为目标，以经济价值这一单一维度衡量某项经济活动的效用。

可持续金融以人为本，以人类可持续发展为目标，以经济、社会和环境三个基本维度衡量某项经济活动的价值，拓宽了传统金融价值发现的维度。同时，经济、社会和环境三个维度的价值既可以权衡与取舍，也可以传递和转换，还可以发现新的综合价值。

（1）从本质上看，可持续金融尝试重构经济、社会和环境的关系，将被捆绑在经济发展和资本战车上的金融体系解放出来，赋予其可持续发展的使命。

（2）从作用上看，可持续金融是工具，以资金配置为核心，从而激发经济主体对经济、社会和环境价值的创造，推动可持续发展目标的达成。

（3）从内容上看，可持续金融以推进可持续发展目标实现为目的，而可持续发展目标旨在以综合方式彻底解决经济、社会和环境三个维度的发展问题，故其涵盖了所有产生社会和环境正向外部效应的金融服务领域，如绿色金融、普惠金融等已经逐渐成熟的金融领域和正在兴起的蓝色金融（海洋可持续利用）等领域；可持续金融既有作为底线的负面清单，也有主动作为的影响力指标。

（4）从方法上看，可持续金融既有严格的可衡量的数量指标，也有可评价的质量指标；既有事前的分析工具，也有事中的检测手段，还有事后的验证方法。从使用者角度看，既有金融机构，也有政府和社会组织。

综上，可持续金融包含了两部分：可持续发展金融（金融服务可持续发展）和金融可持续发展（金融高质量发展），基本上与联合国环境规划署金融倡议组织、二十国集团（G20）、欧盟（EU）和国际资本市场协会（ICMA）关于“可持续金融”的定义一致。《中国保险业可持续发展报告（2021）》详细阐述了可持续金融的定义、分类、属性等内容，本书不再详述。

二、可持续金融的原则

全球金融业为贯彻落实联合国2030年可持续发展目标（SDGs），相继提出了可持续金融、可持续保险等概念。从发布机构看，大致有三类：一是联合国机构。例如，联合国及其下设的联合国环境规划署金融倡议组织（UNEP FI）等发布了可持续发展目标（SDGs）、负责任投资原则（PRI）、负责任银行原则（PRB）等。二是政府和监管合作平台。例如，G20绿色金融工作组（SFSG）、央行与监管机构绿色金融网络（NGFS）等形成了一系列原则、标准和机制。中国金融学会绿色金融专业委员会和伦敦金融城联合6家机构发布了“一带一路”绿色投资原则（GIP），金融稳定理事会（FSB）发布了气候相关财务信息披露（TCFD）框架等。三是企业或第三方机构。例如，国际金融公司（IFC）发布了环境和社会可持续性绩效标准，多家跨国银行联合发起了赤道原则（Equator Principles），气候债券倡议组织（CBI）发布了气候债券标准（CBS），国际资本市场协会（ICMA）发布了《绿色债券原则》（GBP）等。

从目标、内涵、思路和运作方式看，上述可持续金融原则有以下特点：

一是总体目标一致，侧重点略有不同。可持续金融原则的共同目标是希望推动金融业将绿色低碳因素纳入金融机构业务流程，助力经济社会绿色低碳转型，实现全球可持续发展。各自侧重点略有不同，有的强调责任投融资，即引导金融机构将ESG因素纳入投资决策，如PRI、PRB等；有的着重环境与气候风险应对和管理，如IFC绩效原则、赤道原则等；有的着力解决共同面临的重点和难点问题，如TCFD着重解决信息披露问题等；有的旨在推动全球金融机构跨境绿色业务合作，如GIP着力促进金融机构“一带一路”沿线研究和业务合作；有的致力于产品相关标准制定，如CBS、GBP等已经成为全球绿色金融产品的国际标准。

二是总体思路一致，适用范围有所不同。可持续金融原则的总体思路是联合更多金融机构形成合力，促进交流与合作，持续提升可持续金融能力，为应对气候变化做出贡献，如PRI成员已超过4000家，TCFD的支持机构超过2300家。但不同的原则适用范围有差异，如GIP、TCFD等覆盖了金融和产业部门，PRI覆盖了银行、保险、资管等多种金融业态，PRB针对银行业。

三是配套了相关措施，具体实施方式有差别。大部分原则都配套了相关措施，以推动原则的实施。部分原则采用问卷、年度报告或上述两项相结合的方式，如TCFD等；有的原则成立了工作组，帮助成员解决困难、贡献方法和方案，形成了有力的推动和约束机制，如GIP成立了三个工作组，组织会员单位就环境风险分析、信息披露、产品创新等重要议题开展工作，形成的工作成果包括在线工具、项目库、案例集、操作模板等；CBI和ICMA等机构为全球绿色债券发行提供绿色认证，保证绿色债券符合其发布的标准。

三、可持续发展目标与可持续金融

近年来，联合国逐渐意识到推动可持续发展的关键在于引导资本投入可持续发展目标相关领域。“联合国可持续发展目标网站”披露的数据显示，要实现2030年可持续发展目标（SDGs），全球每年需要5万亿~7万亿美元资金，其中发展中国家每年需要3.3万亿~4.5万亿美元，而公共财政仅能覆盖约1.4万亿美元，尚有2.5万亿美元资金缺口；发达国家每年需要0.5万亿~3.7万亿美元。市场机遇尚在远处，而资金挑战却迫在眉睫。破解全球性难题，需要建立通用语言、重塑商业逻辑以及变革金融市场。可持续发展呼唤着可持续发展金融。

2017年，联合国社会影响力基金改名为联合国可持续发展目标影响力融资（SDGIF）委员会，并于第72届联合国大会期间联合全球9个知名大学发起了可持续发展目标影响力融资研究项目。

2019年9月，联合国秘书长古特雷斯在第74届联合国大会期间发布了《达成可持续发展目标的融资路线图》，提出了1大目标、3项计划、6大领域和15项倡议，成为金融推动可持续发展的全球行动指南。同年，联合国宣布组建全球可持续发展投资者联盟（GISD），拟采取多项措施提升可持续发展投融资规模。

2021年10月，G20财长和央行行长会议指出，可持续金融对绿色转型至关重要，核准了由人民银行与美国财政部共同牵头起草的《G20可持续金融路线图》和《G20可持续金融综合报告》，可持续金融的发展方向和实现路径进一步清晰。

目前，可持续金融围绕经济、社会和环境的可持续发展问题逐步建立起了新的金融体系，衍生了社会责任投资、ESG投资、绿色金融、普惠金融、影响力投资等概念。

第二节　全球可持续金融进展

一、全球可持续金融的发展

近年来，全球对环境、社会及治理（ESG）因素的关注度持续提升，包括G20在内的国际组织纷纷发布相应倡议，呼吁将ESG因素纳入信息披露中，并对ESG信息披露制定了相应的政策指南，包含ESG因素在内的金融产品备受机构投资者青睐。

（一）联合国环境规划署金融倡议组织（UNEP FI）

1992年，联合国环境规划署（UNEP）成了联合国环境规划署金融倡议组织（UNEP FI），致力于全球金融机构的可持续发展。UNEP FI是一个合作型的机构，是联合国环境规划署和全球金融机构之间的合作机制，现有289个合作伙伴，主要来自银行业、保险业、投资业，同时也有全球性的合作网络。

联合国环境规划署金融倡议组织（UNEP FI）主要工作是关注在经济

和金融领域出现的、环境变化所带来的风险，先后倡导了针对银行业的《负责任银行原则》（*Principles for Responsible Banking*，PRB）、针对资产管理者的《负责任投资原则》（*Principles for Responsible Investment*，PRI）以及针对保险业的《可持续保险原则》（*Principles for Sustainable Insurance*，PSI）。截至2021年末，中国内地共有17家银行签署《负责任银行原则》，共有84家资产管理机构签署《负责任投资原则》，共有2家保险机构签署《可持续保险原则》。

2021年4月，联合国气候行动和金融问题特使马克·卡尼（Mark Carney）等发起成立了"格拉斯哥净零金融联盟"（The Glasgow Financial Alliance for Net Zero，GFANZ），致力于加速实现向净零排放的过渡，最迟不晚于2050年。GFANZ联盟成员包括重大资产所有者和管理者，以及在向净零过渡过程中有能力筹集数万亿美元资金的银行等机构。GFANZ目前汇集了450多家机构，覆盖45个国家，资产总额超过130万亿美元。GFANZ联盟成员根据联合国"奔向零碳"（Race to Zero）行动标准，制定科学的中期和长期目标，以期在2050年前实现净零排放。

GFANZ联盟汇集了全球金融系统中的最先进的净零倡议，包括由联合国环境规划署金融倡议组织召集成立的机构。GFANZ联盟现有成员组织包括："净零资产所有者联盟"（Net-Zero Asset Owner Alliance，NZAOA）、"净零银行业联盟"（Net-Zero Banking Alliance，NZBA）、"净零保险联盟"（Net-Zero Insurance Alliance，NZIA）、"净零资产管理人倡议"（Net-Zero Asset Managers Initiative，NZAMI）、"遵守巴黎协定的投资倡议"（Paris Aligned Investor Initiative，PAII）等。

（二）G20 可持续金融研究小组（SFSG）

2016年，中国在担任G20主席国期间，倡议发起成立了G20绿色金融研究小组，首次将"绿色金融"引入G20议题。G20绿色金融研究小组由中国人民银行和英格兰银行共同主持，联合国环境规划署（UNEP）担任秘书处。研究小组的主要任务是识别绿色金融发展所面临的体制和市场障碍，提升金融体系动员私人部门绿色投资的能力。2016—2018年，研究小组连续三年完成《G20绿色金融综合报告》，有关政策建议被纳入G20峰会成果，推动形成了发展绿色金融的国际共识。

2018年，阿根廷担任G20主席国期间，G20绿色金融研究小组改名为“G20可持续金融研究小组”（SFSG）。2月22日，G20可持续金融研究小组第一次会议讨论并通过了2018年的三个主要研究议题，即：可持续资产证券化、发展可持续私募股权（PE）和风险投资（VC）、运用金融科技发展可持续金融；6月6日至7日，可持续金融研究小组第二次会议讨论并原则通过了《2018年G20可持续金融综合报告》内容摘要；7月22日，G20财政部长和中央银行行长第三次会议就可持续金融有关内容达成以下重要共识：“推动可持续金融发展对于实现全球增长至关重要。我们欢迎《2018年G20可持续金融综合报告》，该报告提出了动员私人资本开展可持续投资的可选措施。”

2019年，日本担任G20主席国期间，取消了可持续金融研究小组，中国人民银行继续积极推动G20延续绿色金融共识，2019年、2020年G20峰会宣言均肯定了可持续金融对全球经济增长和稳定的重要作用。

2021年，意大利担任G20主席国期间，恢复设立G20可持续金融研究小组（G20 SFSG）。2月26日，G20财政部长和中央银行行长第一次会议，同意恢复设立G20可持续金融研究小组，中国人民银行继续担任研究小组联合主席，研究应对气候变化带来的金融风险，加强气候相关信息的披露，支持绿色转型。

4月7日，G20财政部长和中央银行行长视频会议同意将G20可持续金融研究小组升级为工作组（G20 SFWG），通过了可持续金融工作计划，即制定G20可持续金融的总体路线图。

10月13日，G20财政部长和中央银行行长会议核准了由中国人民银行与美国财政部共同牵头起草的《G20可持续金融路线图》和《G20可持续金融综合报告》。

（三）国际证监会组织（IOSCO）

2017年，国际证监会组织（IOSCO）成立可持续融资联络组；2018年，中国证监会加入可持续金融联络组及其指导小组，参与IOSCO新兴市场委员会可持续融资工作组。

2019年1月，国际证监会组织（IOSCO）发布《关于发行人ESG信息披露事项的声明》（*Statement on Disclosure of ESG Matters by Issuers*），强调在披露和备案中加入ESG因素的重要性，并要求发行人提供完整、准确、及时的财务状况与风险披露；同时，声明鼓励发行人在其业务、风险与机遇评估过程中加入对发行企业财务业绩和价值创造潜在影响、ESG相关重大风险治理与监管意见以及ESG披露预计使用的风险评估方法与框架。

2019年6月，国际证监会组织（IOSCO）发布《新兴市场可持续金融与证券监管者的角色》（*Sustainable Finance in Emerging Markets and the Role of Securities Regulators*）最终报告，提出了十条建议以供IOSCO成员在发布有关可持续发展主题的资本市场产品和ESG披露要求的指南或规章时参考，旨在强化信息透明度，推动可持续金融发展，通过可持续性手段促进国际证券监管者的协调。这十条建议包括：由发行人和其他受监管主体（包括董事会）在风险评估和治理中整合ESG重大问题；由机构投资者（包括资产管理者和资产所有者）将ESG特殊问题纳入投资分析政策；由监管机构要求披露ESG特殊风险、报告数据；关于可持续性手段的具体要求；等等。

2021年3月10日，国际证监会组织（IOSCO）发布2021—2022年的年度工作计划，该工作计划涵盖的重点领域包括可持续金融等。

（四）气候相关财务信息披露工作组（TCFD）

2015年12月，金融稳定理事会（FSB）宣布组建气候相关财务信息披露工作组（Task Force on Climate-related Financial Disclosures，TCFD），主

要是应G20财政部长和中央银行行长会议要求审查金融行业如何在最大程度上应对气候相关问题，旨在为金融机构和非金融机构提供一致的气候相关财务风险信息自愿披露指导和建议，以帮助投资者、债权人、保险公司及其他财务利益相关方将与气候相关的风险纳入决策，合理评估气候相关风险与机遇。

2017年起，TCFD开始发布年度建议——《TCFD建议报告》以及特定行业补充指南，将气候变化纳入公司治理并对11项与气候相关的金融风险信息披露提出建议。建议涵盖企业治理、经营战略、风险管理、指标和目标四大主题，分别对企业在识别气候风险与机遇、评估气候风险和机遇的指标与目标、预估风险与机遇对组织战略和财务计划的实际与潜在影响、治理气候相关风险的过程中的信息披露给出建议，并强调通过董事会审计和风险管理委员会加强对气候风险和机遇的监督，强化可持续发展、气候治理、财务合规等部门之间的合作。

为了使建议报告在全球更好地落地，2020年以来，TCFD加快了整个工作进程，制定了多项补充指南，涵盖风险管理、情景分析、气候相关指标和目标及转型计划、投资组合调整技术等多个方面，每年对全球TCFD建议执行情况和企业披露情况进行统计分析，并发布年度现状报告。在上述成果文件中，《TCFD建议报告》建立了气候风险信息披露的全球参考标准；“风险管理整合指南”确立了将气候风险纳入全面风险管理体系的方法论；“情景分析指南”提供了一个在不确定条件下识别和评估气候风险潜在影响的方法，提出了如何提出问题、开发情景、制定战略和做好风险管理决策；“指标、目标及转型计划指南”确立了气候风险量化指标的制定原则，包括相关性、可理解性、可检验性、客观性、可比性和一致性。

2021年12月，TCFD向全球发布了《2021年TCFD现状报告》，主要分析评估各企业披露情况与TCFD建议的一致程度，这是TCFD成立以来发布的第四份年度现状报告。

（五）央行与监管机构绿色金融网络（NGFS）

2017年12月，中国人民银行与荷兰央行、法国央行和宏观审慎与处置委员会、英格兰银行、德国央行、瑞典金融管理局、新加坡金融管理局以及墨西哥央行等八家央行和监管机构共同发起成立央行与监管机构绿色金融网络（Central Banks and Supervisors Network for Greening the Financial System，NGFS），重点关注气候变化对宏观金融稳定、微观审慎监管的影响，旨在强化金融体系风险管理，动员资本进行绿色低碳投资。截至2021年末，NGFS共有105家成员和16家观察员。

（六）可持续金融国际平台（IPSF）

2019年10月18日，可持续金融国际平台（International Platform on Sustainable Finance，IPSF）在美国华盛顿宣布成立。可持续金融国际平台由欧盟牵头、会同中国等8个国家发起成立，旨在推动深化可持续金融国际合作，动员私人部门进行环境可持续投资，推动实现《巴黎协定》和联合国2030年可持续发展目标。

2020年7月，由中国人民银行提议，IPSF发起设立可持续金融分类目录工作组（Taxonomy Working Group），中国人民银行和欧盟委员会相关部门担任共同主席。工作组通过对中国《绿色债券支持项目目录》和欧盟《可持续金融分类方案——气候授权法案》开展全面和细致的比较，在此基础上编制了《共同分类目录》。

2020年10月16日，IPSF举办一周年线上活动，中国与欧盟联合牵头成立了可持续金融分类目录工作组，将与各方共同推动绿色金融发展，促进金融业向绿色和可持续发展转型，推动形成全球通用的绿色分类语言。

2021年11月4日，IPSF在联合国气候变化大会（COP26）期间发布了《可持续金融共同分类目录报告——气候变化减缓》（*Common Ground Taxonomy*：*Climate Change Mitigation*），即《共同分类目录》。

《共同分类目录》包括了中欧绿色与可持续金融目录所共同认可的、

对减缓气候变化有显著贡献的经济活动清单，目前版本覆盖了能源、制造、建筑、交通、固废和林业六大领域的主要经济活动。

《共同分类目录》融合了中欧各自目录的特点和优势，对推动中欧绿色投融资合作、引导跨境气候投融资活动、降低跨境交易的绿色认证成本具有重要意义。市场主体可在自愿基础上采用《共同分类目录》在国际市场发行和交易绿色金融产品。可持续金融分类目录工作组将进一步扩展《共同分类目录》的覆盖领域，纳入更多的可持续经济活动，推动提升全球可持续金融分类标准的可比性、兼容性和一致性。

（七）ISO 可持续金融技术委员会（ISO/TC 322）

2018年，国际标准化组织（ISO）批准成立ISO可持续金融技术委员会（ISO/TC 322），其工作范围是可持续金融，目的是促进在金融支持经济活动中融入环境、社会和治理实践等因素。标准制定方面主要是制定全球通用的分类标准、术语、指导原则和评价标准。

ISO可持续金融标准以实现联合国可持续发展目标为宗旨，希望通过标准的制定推动可持续金融的发展，将大量资本转移到更具可持续性的低碳行业，解决全球面临的气候变化、不平等和自然资源严重枯竭的问题。

2021年，ISO/TC 322发布《可持续金融——基本概念和关键倡议》（ISO/TR 32220）标准，其是国际标准化组织发布的第一项关于可持续金融的国际标准。目前，《可持续金融框架：原则和指南》（ISO 32210）和《支持绿色金融发展的项目、资产和活动环境准则指南》（ISO 14100，ISO环境管理技术委员会与ISO可持续金融技术委员会联合项目）正在起草阶段。

（八）其他推进可持续金融的组织

从可持续金融的全球进展来看，除了联合国机构、政府和监管合作平台之外，还有国际金融公司（IFC）发布的绩效原则、多家跨国银行联合发起的赤道原则、气候债券倡议组织（CBI）发布的气候债券标准（CBS）、国际资本市场协会（ICMA）发布的《绿色债券原则》（GBP）等。

2021年11月，第26届联合国气候变化大会（COP26）期间，国际财务报告准则（IFRS）基金会宣布成立国际可持续发展标准理事会（ISSB），旨在制定一个全面的高质量可持续发展披露标准的全球基准，以满足全球投资者关于气候和其他可持续发展事项的信息需求。国际可持续发展标准理事会（ISSB）将与国际会计准则委员会（IASB）并驾齐驱，两个委员会均由IFRS基金会受托人监督。IFRS基金会表示，董事会将是独立的，并将密切合作，建立互补的标准，为投资者和其他资本提供者提供全面的信息。随着ISSB的成立，全球重要的可持续发展报告标准组织——气候信息披露标准委员会（CDSB）和价值报告基金会（VRF）将于2022年6月并入IFRS基金会。

二、欧盟可持续金融的发展

欧盟是环保领域一大领先且活跃的经济体，于1972年首次通过环境行动计划，并颁布一系列环境保护条例。2015年，《巴黎协定》与《2030年可持续发展议程》的签署促使欧盟开始重点探索可持续金融转型道路。在此背景下，欧盟可持续金融取得了快速发展。

2016年12月，欧盟委员会（EC）宣布成立可持续金融高级别专家组（HLEG），该小组挂靠在欧盟资本市场联盟（Capital Markets Union，CMU）下运营，主要目的是就把可持续发展纳入金融部门的监管规则向欧盟委员会提出相关建议，包括以下三个方面：引导公共资本和私人资本流向可持续投资；探索金融机构和监管机构在保护金融体系的稳定性方面应采取的有效措施和操作步骤；在泛欧洲范围采取以上措施。

2018年1月31日，欧盟可持续金融高级别专家组（HLEG）发布《2018总结报告：为可持续的欧洲经济提供融资》（*Final Report* 2018：*Financing a Sustainable European Economy*），针对欧盟可持续金融发展提出若干重要建议，并认为可持续金融有两项要务：一是改善金融对可持续和包容性增长以及减缓气候变化的贡献；二是通过将环境、社会及治理（ESG）纳入投资决策，提升金融稳定性。

2018年3月8日，欧盟委员会（EC）发布《为可持续增长融资的行动计划》（*Action Plan：Financing Sustainable Development*），制定了欧盟可持续金融战略以及未来整个金融体系工作的路线图，主要包括十个行动要点：为可持续性的经济活动建立一个欧盟分类体系；为绿色金融产品建立标准和标签；促进对可持续性项目的投资；在提供融资建议时纳入可持续性；可持续性基准；更好地将可持续性纳入评级和市场研究；澄清机构投资人和资产管理人的职责；将可持续发展要求纳入审慎要求；加强可持续性信息披露和会计准则制定；提升企业可持续治理能力并减少资本市场的短期行为。

2018年6月，欧盟委员会成立了可持续金融技术专家组（TEG），用以协助开发欧盟分类系统（可确定经济活动在环境方面的可持续性）、欧盟绿色债券标准、欧盟气候基准及信息披露规范、企业气候相关信息披露指南等内容。

2019年6月，欧盟可持续金融技术专家组（TEG）连续发布《欧盟可持续金融分类方案》（*EU Sustainable Finance Taxonomy*）、《欧盟绿色债券标准》（*EU Green Bond Standard*）以及《自愿性低碳基准》（*Voluntary Low-carbon Benchmarks*）三份报告，向应对气候变化、实现可持续发展目标迈出重要一步。

2019年12月6日，欧洲银行管理局（EBA）发布《可持续金融行动计划》（*Action Plan on Sustainable Finance*），将环境、社会及治理（ESG）因素正式纳入金融可持续性评估体系，成为欧洲进一步开展可持续发展的重要指导文件。

2020年2月6日，欧洲证券和市场管理局（ESMA）发布《可持续金融战略》（*Strategy on Sustainable Finance*），详细阐明了欧洲证券和市场管理局计划如何将环境、社会及治理（ESG）因素嵌入其工作中，并促使可持续发展理念成为市场发展的核心。该战略的主要优先事项包括信息透明度、绿色债券的风险分析、ESG投资、与ESG因素相关的国家监管融合与实践等内容。

2020年3月，《欧盟可持续金融分类方案》（*EU Sustainable Finance Taxonomy*）的最终报告与政策建议正式发布，该分类法是用于帮助投资者、公司与发行人向低碳经济过渡的高效金融工具。欧盟可持续金融技术专家组（TEG）工作的核心内容旨在促使欧盟分类法成为有效推动经济可持续发展的过渡性工具，激励资本流向保护环境的经营活动，改善经济的环境绩效。

2021年3月10日，欧盟《可持续金融披露条例》（*Sustainable Finance Disclosure Regulation*，SFDR）正式生效，涉及主体涵盖所有欧盟金融市场参与者、顾问，以及向欧盟投资者推销产品的外来参与者。该条例要求金融市场参与者收集并报告指定的ESG数据，包括可持续发展风险如何影响投资者回报的信息；反之，亦应披露投资如何对气候变化等可持续性因素产生负面影响。

2021年7月6日，欧盟委员会（EC）通过了一份旨在制定欧盟《绿色债券标准》的条例草案，连同《可持续金融信息披露条例》《非财务信息披露指令》等法规，形成了初具规模的可持续投资产品信息披露框架体系。该体系为投资者提供金融产品是否具有环境可持续性的判断标准，为资产管理人提供评估自身环境、社会、治理绩效和进行信息披露的方法，有助于提升可持续投资产品的透明度、可比性和可识别性。

综上，欧盟正在从搭建国际可持续金融沟通平台、标准迭代、构建信息披露审核框架、建设可持续金融系统四个方面扩大可持续金融标准在欧洲乃至全球范围的应用。

三、英美可持续金融的发展

（一）英国

2008年，英国正式颁布《气候变化法》，成为世界上首个以法律形式明确中长期减排目标的国家。2019年6月，英国新修订的《气候变化法案》生效，正式确立到2050年实现温室气体“净零排放”，即碳中和。

2020年3月，英国标准学会（BSI）发布《在金融服务组织中嵌入可持续金融原则的框架——指南》（PAS 7340），是BSI关于可持续金融主题的第一个PAS标准，也是由英国政府和英国金融业支持的5年可持续金融3个系列项目中的第一个项目。

2020年11月，英国政府又宣布一项涵盖10个方面的“绿色工业革命”计划，包括大力发展海上风能、推进新一代核能研发和加速推广电动车等。2020年12月，英国政府再次宣布最新减排目标，承诺到2030年英国温室气体排放量与1990年相比，至少降低68%。

2021年11月，第26届联合国气候变化大会（COP26）在英国召开期间，英国财政部（HMT）发布一份名为“绿色金融：可持续投资路线图”的可持续披露要求（SDR）路线图。

2021年，在英国格拉斯哥举行的第26届联合国气候变化大会（COP26）上，总计占全球GDP总量78%的国家承诺到2050年实现净零排放，中国和巴西则承诺到2060年实现净零排放。

（二）美国

2021年2月，美国宣布重新加入了《巴黎协定》，并计划在2050年实现“碳中和”目标。2021年11月1日，在第26届联合国气候变化大会（COP26）期间，美国发布《迈向2050年净零排放的长期战略》，公布了美国实现碳中和终极目标的时间节点与技术路径。

2021年2月，美国证券交易委员会（SEC）支持审查上市公司披露气候变化对其业务所构成风险的情况。

2021年3月，美联储成立了监督气候委员会（Supervision Climate Committee）和金融稳定气候委员会（Financial Stability Climate Committee），旨在评估气候对银行业和整个金融体系构成的风险。

2021年10月21日，美国金融稳定监督委员会（FSOC）发布《气候相关金融风险报告》，这是自2016年以来，FSOC发布的第一份重要报告。美联储主席鲍威尔就该报告发表声明，指出美联储将以严谨、透明和协作的分析性方式应对与气候有关的风险。这是鲍威尔第一次对外宣布开始关注气候风险。

2021年是美国可持续金融发展的关键一年，虽然美国在可持续金融方面的行动有限，但气候风险和ESG监管规则开始成为监管部门的工作重心。近日，美国证券交易委员会主席加里·根斯勒（Gary Gensler）表示："气候风险和ESG监管规则都是2022年的优先任务。"

四、亚太可持续金融的发展

2020年3月3日，亚洲证券业与金融市场协会（Asian Securities Industry and Financial Markets Association，ASIFMA）发布《亚太地区的可持续金融：监管状况》(以下简称《亚太可持续金融报告》)，概述了亚太地区可持续金融的最新发展情况，同时探讨了国际政策环境对金融机构投资者与各国政府部门的实际影响。

《亚太可持续金融报告》是亚太地区对自身可持续金融发展现状的一次发声，旨在增强全球对亚太地区可持续金融发展状况的了解，从而构建其与全球其他地区积极互动的平台。该报告也为亚太地区之间监管方式的兼容与协调提供可操作性，鼓励亚太地区不同政府间、私营与公共部门间加强沟通，同时提供有效的信息通道。

总体来看，部分亚太地区发达经济体，包括新加坡、澳大利亚、中国香港等在内，都制定了较为严格的环境、社会及治理（ESG）信息披露制度；日本与中国内地的ESG信息披露则正处于由自愿向强制转变的过程中（见表2-1）。新加坡、澳大利亚、中国内地和中国香港、新西兰以及日本等国家和地区均已加入央行与监管机构绿色金融网络（NGFS），并积极践行气候相关财务信息披露工作组（TCFD）框架所强调的ESG信息披露工作。

表 2-1　亚太地区 ESG 信息披露政策实施进展

分类	国家或地区	ESG 信息披露
成熟市场	中国香港	强制
	新加坡	强制
	日本	鼓励
	中国内地	鼓励
	澳大利亚	强制
	新西兰	未提及
新兴市场	印度尼西亚	未提及
	马来西亚	强制
	印度	未提及
	泰国	未提及

资料来源：《亚太可持续金融报告》。

（一）日本

2020年10月底，日本宣布将在2050年实现温室气体“净零排放”。为实现这一目标，日本政府于2020年12月25日发布了“绿色成长战略”，将在海上风力发电、电动车、氢能源、航运业、航空业、住宅建筑等14个重点领域推进减排。

全球可持续投资联盟（GSIA）公布的《全球可持续投资评论（GSIR 2020）》显示，日本金融服务管理局（FSA）、日本经济产业省（METI）与日本环保局联合发布了《气候转型融资基本准则》，有利于帮助日本ESG责任投资的发展。另外，东京证券交易所在《企业治理条例》《股东公司对话引导》等文件中，新增了与气候变化、人权、社会公平等相关的可持续发展议题。

日本市场的ESG信息披露仍处于非强制性的鼓励状态。日本政府发布的新版《公司治理准则》（*Amended Corporation Governance Code*）鼓励上市公司披露可持续发展活动的信息，修订后的《受托管理准则》（*Amended Stewardship Code*）鼓励机构投资人可在其投资决策中考虑ESG因素，但均未提出强制性要求。日本政府养老投资基金（GPIF）在2017年10月发布的《投资原则》中纳入了ESG因素，并鼓励投资人将ESG因素纳入投资决策。

（二）新加坡

新加坡自2016年来采取了一系列措施不断提高金融市场、保险业、银行业等金融产业的ESG能力，以撬动全市场企业的可持续发展能力。2016年新加坡证券交易所宣布自2018年起对新加坡交易所上市公司的年度可持续发展报告实行“不披露就解释”规定，要求公司披露其可持续发展实践。此外，2019年11月，新加坡金融监管局宣布实施《绿色金融行动计划》，其中一项重要工作即为银行、保险和资产管理部门制定环境风险管理指南。此外，新加坡银行业拟将客户ESG表现纳入其授信评估流程，保险业拟将ESG纳入投资和承保流程。

（三）澳大利亚

澳大利亚的ESG信息披露目标重在管理其面对的气候变化风险。2018年，澳大利亚会计准则理事会和审计与鉴证准则理事会（AUASB）发布《关于在财务报表范围内评估气候风险的联合指南》（*Joint Guidance on Assessing Climate-related Risks in the Context of Financial Statements*），要求财务报告编制和审计时，对气候相关信息的陈述以等同于其他财务指标的要求来看待。2019年，澳大利亚证券交易所发布《公司治理原则》，就上市公司披露其对于气候变化造成的环境风险管理情况提出了系统性的披露指引。澳大利亚审慎监管局（APRA）在其2019年的退休金审慎框架中指出，在制定投资策略时应及时考虑ESG因素。

2019年3月，澳大利亚可持续金融倡议（ASFI）启动，该倡议结合《2030年可持续发展议程》和《巴黎协定》的相关要求提出了一套针对本国发展可持续金融的建议，为全面推动澳大利亚金融体系转型吹响了号角。2020年，ASFI制定并发布了可持续金融发展路线图（Sustainable Finance Roadmap），为金融服务机构提供发展建议、政策、框架等，以帮助其向更具可持续性的方向转型。

2021年，澳大利亚审慎监管局（APRA）和储备银行（RBA）积极论证了气候变化的宏观经济影响和其对金融稳定的影响，并于11月发布了第一份针对银行、保险公司和养老基金管理气候相关风险的综合指南。

（四）中国香港

香港联合交易所自2012年发布《环境、社会及管治报告指引》（以下简称《ESG报告指引》）起，不断提升ESG信息披露要求，加强上市公司在ESG表现方面的信息透明度。《ESG报告指引》开始作为上市公司自愿性披露建议，自2016年起将部分建议上升至半强制披露层面，实施“不披露就解释”规则。2019年12月，香港联合交易所发布新修订的《ESG报告指引》，进一步扩大了强制披露的范围，将披露建议全面调整为“不披露就解释”，持续提升对在香港上市公司的ESG信息披露要求。

2018年9月24日，香港证监会公布绿色金融策略框架；2019年5月9日，香港金融管理局公布绿色金融策略框架；2020年5月5日，香港金融管理局和香港证监会共同发起成立绿色和可持续金融跨机构督导小组，成员包括环境局、财经事务及库务局、香港联合交易所、保险业监管局、强制性公积金计划管理局。香港绿色和可持续金融跨机构督导小组将以监管政策和市场发展为重点，加快香港绿色和可持续金融发展，支持特别行政区政府的气候策略，巩固香港作为亚洲和全球领先的绿色和可持续金融中心的地位，并促进包括粤港澳大湾区在内的区域合作。

2021年11月5日，香港联交所发布《气候信息披露指引》，同时发布了《有关2020/2021年IPO申请人企业管治及ESG常规情况的报告》及ESG教育平台（ESG Academy），为上市公司和相关市场参与者开展ESG工作提供指导。整体来看，香港已步入ESG强监管时代。

（五）中国内地

中国内地已初步构建ESG信息披露框架，目前正处于由自愿披露向强制披露转变的过程中。在绿色发展理念框架下，中国内地高度重视绿色金融体系的构建。在ESG信息披露领域，2018年9月，中国证监会修订并发布了《上市公司治理准则》，其中第八章“利益相关者、环境保护与社会责任”初步搭建了上市公司ESG信息披露框架。2020年1月，中国银保监会发布《关于推动银行业和保险业高质量发展的指导意见》，其中一项重点任务是大力发展绿色金融，提出建立健全环境与社会风险管理体系，将环境、社会、治理要求纳入授信全流程，强化环境、社会、治理信息披露和与利益相关者的交流互动。

（六）其他地区

在亚太地区的新兴市场中，多数经济体尚未搭建完整的ESG信息披露框架。马来西亚大马交易所要求上市发行人在其年度报告中，对重大经济、环境与社会风险管理等内容发表叙述性声明。同时，根据大马交易所的《可持续发展报告指南》，相关声明必须包含全面、可比且有意义的信息。印度尼西亚金融服务局在2015年发布了全面的《可持续金融路线图》，将发展可持续金融、加强可持续金融实施的监督与协调作为主要目标之一。

第三节 中国可持续金融进展

一、可持续金融的中国实践

2021年3月，清华大学国家金融研究院绿色金融发展研究中心发布研究报告《中国绿色金融发展的历程、经验及展望》，梳理了我国近年来在发展绿色金融方面取得的进展，并研究了帮助绿色金融市场建设取得成功的主要因素，包括标准体系、信息披露、激励机制、产品设计以及国际合作等。

我国最早的绿色金融产品是绿色贷款，可追溯到2012年，绿色债券市场则从2016年开始蓬勃发展，目前我国已经成为全球最大的绿色金融市场之一。中国人民银行发布的数据显示，截至2021年末，我国绿色贷款余额超过15.9万亿元，同比增长33%，存量规模居全球第一。2021年，境内绿色债券发行量超过6000亿元，同比增长180%，余额达1.1万亿元；截至2021年末，我国金融机构和企业在境内外资本市场累计发行的绿色债券超过2.2万亿元。

（1）在顶层设计方面，我国是全球绿色金融政策体系较为完备的国家之一。2015年，《生态文明体制改革总体方案》首次提出“建立绿色金融体系”总体目标。2016年，《关于构建绿色金融体系的指导意见》明确提出构建绿色金融体系的重点任务和具体措施，为绿色金融规范发展提供政策保障。2020年，党的十九届五中全会再次强调“发展绿色金融”。2021年，中共中央、国务院印发《关于完整准确全面贯彻新发展理念做好碳达峰碳中和工作的意见》，要求积极发展绿色金融，建立健全绿色金融标准体系，为做好金融支持碳达峰、碳中和工作提供了基本遵循。

（2）在法律法规方面，2016年8月，中国人民银行联合其他六部委发布了《关于构建绿色金融体系的指导意见》，为绿色金融体系建设提供了一个全面的政策框架。2021年11月5日，工信部和“一行两会”联合发布的《关于加强产融合作推动工业绿色发展的指导意见》（工信部联财〔2021〕159号）进一步丰富了绿色金融政策框架。

（3）在标准体系方面，我国已经制定了三套绿色标准，涵盖绿色贷款、绿色债券和绿色产业，分别为中国银监会（现为中国银保监会）2013年发布的《绿色信贷统计制度》、中国人民银行于2015年12月核准的《绿色债券支持项目目录（2015年版）》以及国家发展改革委等七部委于2019年3月发布的《绿色产业指导目录（2019年版）》。2021年4月22日，中国人民银行、国家发展改革委和中国证监会联合发布《绿色债券支持项目目录（2021年版）》，成为金融机构开展绿色金融业务的指导性文件。

（4）在信息披露方面，我国正逐步建立强制性的环境信息披露制度。2017年，证监会对上市公司定期报告准则进行了修订，强制要求环境保护部门所圈定的重点排污单位披露有关环境信息，对重点排污单位之外的公司的环境信息披露则实行“遵守或解释”政策。

（5）在激励机制方面，我国逐渐发展出了由中央到地方、多层次、创新性的一系列激励机制，包括绿色再贷款、贴息、增信、将绿色信贷和债券纳入合格担保品范围、将绿色信贷绩效纳入宏观审慎评估等，鼓励金融机构支持具有良好环境效益的项目和企业。2021年5月27日，中国人民银行印发《银行业金融机构绿色金融评价方案》，优化了绿色金融激励约束机制。

（6）在产品体系方面，我国的绿色金融产品不断创新，除了传统的绿色信贷、绿色债券外，还发展出绿色基金、绿色保险、绿色PPP等结合我国国情和行业特点的金融产品。

（7）在国际合作方面，我国深度参与绿色金融议题，2016—2018年担任了二十国集团（G20）绿色金融研究小组联合主席，参与发起了央行与监管机构绿色金融网络（NGFS）和国际可持续金融平台（IPSF），并与英国、法国建立了双边合作机制；2021年起与美国共同主持G20可持续金融工作小组。与此同时，中国还积极与发展中国家围绕绿色金融的知识和实践展开交流。

二、可持续金融的国际合作

近年来，中国人民银行、中国银保监会和中国证监会积极健全可持续金融政策体系，发展可持续金融市场，通过二十国集团（G20）等多双边渠道加强国际交流，并参与发起了央行与监管机构绿色金融网络（NGFS）、可持续金融国际平台（IPSF）等多边平台，逐渐推进绿色金融国际合作，取得了积极进展。

一是利用2016年中国担任G20主席国的契机，推动形成了发展绿色金融的全球共识。2016年，中国人民银行首次将绿色金融引入G20议题，牵头成立G20绿色金融研究小组，与英格兰银行共同担任小组主席，联合国环境规划署（UNEP）担任秘书处，识别绿色金融面临的体制和市场障碍，动员社会资金用于绿色投资。2016—2018年，研究小组连续三年完成《G20绿色金融综合报告》，有关政策建议被纳入G20峰会成果，推动形成发展绿色金融的国际共识。2021年2月26日，G20财政部长和中央银行行长第1次会议同意恢复设立G20可持续金融研究小组，中国人民银行继续担任研究小组联合主席，研究应对气候变化带来的金融风险，加强气候相关信息的披露，支持绿色转型。10月13日，G20财政部长和中央银行行长会议核准了由中国人民银行与美国财政部共同牵头起草的《G20可持续金融路线图》和《G20可持续金融综合报告》。

二是共同发起央行与监管机构绿色金融网络（NGFS），推动央行和监管机构间绿色金融合作。NGFS由中国人民银行与荷兰央行、法国央行和宏观审慎与处置委员会、英格兰银行、德国央行、瑞典金融管理局、新加坡金融监管局以及墨西哥央行等8家央行和监管机构于2017年12月共同发起。该网络已成为央行和金融监管机构开展绿色金融研究合作的重要平台。

三是发起成立中英绿色金融工作组，共同发布《“一带一路”绿色投资原则》（*Green Investment Principles for the Belt and Road*，GIP）。2016年11月10日，第8次中英经济财金对话提出两国共同推动全球绿色金融市场发展，随后中英双方共同发起中英绿色金融工作组；2018年11月30日，中英绿色金融工作组第3次会议在伦敦举行，中国金融学会绿色金融专业委员会与“伦敦金融城绿色金融倡议”在会议期间共同发布了《“一带一路”绿色投资原则》，在现有责任投资倡议基础上，将低碳和可持续发展议题纳入“一带一路”倡议，以提升投资环境和社会风险管理水平，进而推动“一带一路”投资的绿色化。作为一套鼓励投资企业自愿参加和签署的行为准则，该原则从战略、运营和创新三个层面制定了七条原则性倡议，包括公司治理、战略制定、项目管理、对外沟通以及绿色金融工具运用等，供参与“一带一路”投资的全球金融机构和企业在自愿的基础上采纳和实施。

四是中国与欧盟共同发起可持续金融国际平台（IPSF），推动绿色金融标准国际趋同。目前，中国人民银行正在与欧盟牵头研究中欧绿色金融分类标准的异同，2021年11月4日，IPSF在联合国气候变化大会（COP26）期间发布了《可持续金融共同分类目录报告——气候变化减缓》，即《共同分类目录》。

三、可持续金融的发展阶段

从可持续金融在中国的实践以及国际合作来看，中国可持续金融大概经历了以下几个阶段：

（1）政策酝酿期（2007—2010年）。为贯彻落实《国务院关于落实科学发展观加强环境保护的决定》（国发〔2005〕39号）、《国务院关于印发节能减排综合性工作方案的通知》（国发〔2007〕15号）等宏观调控政策，原中国银监会发布了《节能减排授信工作的指导意见》（银监发〔2007〕83号），原国家环保总局和原中国保监会联合发布了《关于环境污染责任保险工作的指导意见》（环发〔2007〕189号），原环保总局发布了《关于加强上市公司环境保护监督管理工作的指导意见》（环发〔2008〕24号）等，绿色信贷、绿色证券和绿色保险等系列政策措施出台，形成了绿色金融三大支柱产品的基本运行规则。

（2）生态建设期（2011—2014年）。为贯彻落实《国务院“十二五”节能减排综合性工作方案》（国发〔2011〕26号）、《国务院关于加强环境保护重点工作的意见》（国发〔2011〕35号）等宏观调控政策，原中国银监会印发了《绿色信贷指引》（银监发〔2012〕4号）和《绿色信贷统计制度》（银监办发〔2013〕185号），从组织管理、政策制度与能力建设、流程管理、内控管理与信息披露、监督检查等方面要求银行业金融机构从战略高度推进绿色信贷，加大对绿色经济、低碳经济、循环经济的支持，防范环境和社会风险，提升自身的环境和社会表现。碳排放权交易试点、绿色信贷指引和绿色信贷统计体系的建立，以及《关于开展环境污染强制责任保险试点工作的指导意见》（环发〔2013〕10号）的推进等，使绿色金融发展的生态逐步形成。2014年5月8日，中国发行了首只绿色债券；2014年7月，中国人民银行研究局和联合国环境规划署联合发起成立了中国金融学会绿色金融专业委员会和中国绿色金融工作小组，并提出了“关于构建绿色金融体系的14条建议”，为绿色金融的发展打下了坚实的基础。

（3）政策完善期（2015—2017年）。为全面贯彻中共中央、国务院《关于加快推进生态文明建设的意见》和《关于印发〈生态文明体制改革总体方案〉的通知》精神，国家发展改革委发布《绿色债券发行指引》

（发改办财金〔2015〕3504号），对绿色金融企业债券进行规范的同时，梳理了绿色金融支持的重点项目领域。2016年8月13日，中国人民银行、财政部等七部委联合印发了《关于构建绿色金融体系的指导意见》（银发〔2016〕228号），中国成为全球首个建立了比较完整的绿色金融政策体系的经济体。

随后，中国证监会发布《关于支持绿色债券发展的指导意见》（中国证券监督管理委员会公告〔2017〕6号）、上海证券交易所发布《关于开展绿色公司债券试点的通知》、深圳证券交易所发布《关于开展绿色公司债券业务试点的通知》、中国银行间市场交易商协会发布《非金融企业绿色债务融资工具业务指引》，将绿色公司债券和绿色债务融资工具纳入绿色金融产品范围。

（4）国际合作期（2018年至今）。随着绿色金融转向可持续金融，中国积极参与可持续金融国际合作，参与发起了央行与监管机构绿色金融网络（NGFS）和国际可持续金融平台（IPSF），联合发布了《"一带一路"绿色投资原则》（GIP），联合推进G20可持续金融研究小组工作。

同时，中国积极深化国内可持续金融的发展。一是在国家层面对可持续发展进行了顶层设计，2021年相继发布了《关于推动城乡建设绿色发展的意见》《关于完整准确全面贯彻新发展理念做好碳达峰碳中和工作的意见》《关于印发〈2030年前碳达峰行动方案〉的通知》等，进一步明确了可持续发展的根本遵循；二是不断完善可持续金融政策体系，在《关于构建绿色金融体系的指导意见》框架下，2021年相继发布了《关于加强产融合作推动工业绿色发展的指导意见》《银行业金融机构绿色金融评价方案》等，进一步丰富了绿色金融政策框架；三是可持续金融产品体系不断优化，除绿色信贷、绿色债券、绿色投资、绿色发展基金、绿色保险、各类碳金融产品（主要包括碳远期、碳掉期、碳期权、碳租赁、碳债券、碳资产证券化、碳基金以及碳排放权期货交易等）之外，中国人民银行还相继推出了碳减排支持工具以及专项再贷款；四是建立绿色金融试验区，中国先后在六省的九个市（州、区）建立了绿色金融改革创新试验区，支持试验区在绿色金融政策架构、绿色金融产品服务创新、激励约束机制等方面积极探索，目前已取得阶段性成功经验。

第三章
可持续保险新进展

第一节　可持续保险

一、可持续保险的概念

可持续保险（Sustainable Insurance），英文由Sustainable和Insurance两个单词组成，同样是跨界整合。第一个领域是Sustainable Development（可持续发展），涉及环境与社会的可持续发展；第二个领域是Insurance（保险），涉及保险价值创造、风险治理以及资源配置的效率。可持续保险将保险和可持续发展结合在一起，旨在将保险导入人类可持续发展的重要领域，如环境污染责任保险、巨灾保险、突发公共卫生事件公共责任保险、普惠保险等。

可持续保险，就是将ESG理念嵌入保险业务中，以负责任和前瞻性的方式完成保险价值链中的所有活动，在保险产品的开发设计和承保过程中充分考虑ESG有关因素，降低承保风险；同时，通过开发创新解决方案，将保险业务与联合国2030年可持续发展目标（SDGs）进行对标与融合，为环境、社会和经济可持续发展做出贡献，推动全球实现可持续发展。

联合国环境规划署金融倡议组织（UNEP FI）是第一批推动将可持续

金融纳入政治议程的国际组织。30多年来，UNEP FI一直致力于界定可持续保险的内涵。在其看来，可持续保险可定义为包含保险机构所有层面的可持续发展实践——从简单的提高能效，到嵌入更高决策层的环境、社会及治理（ESG）问题。

根据UNEP FI发布的《可持续保险原则》（PSI），可持续保险是一项战略方针，这个方针要求通过识别、测量、管理及监督与ESG有关的风险与机会，使得保险价值链中的全部活动（包括与股东的互动）以一种负责任的、前瞻性的方式进行。

环境、社会及治理（ESG）问题是一系列与可持续发展相关的问题，每一个问题都涉及若干子议题。例如，环境问题的子议题包括工业污染和自然资源消耗等；社会问题的子议题包括职业健康和安全、劳动条件、人权歧视、产品安全、社区、知识产权、商业伦理和社会责任等；治理问题的子议题涵盖贪腐、欺诈以及公司治理的透明度和赔偿等。

保险行业相关的ESG问题主要包括：气候变化和极端天气事件、自然灾害风险、减少灾害风险、资源枯竭、生物多样性丧失和生态系统退化、水资源管理和水资源短缺、食品不安全、污染、人权和劳工标准、社会和金融排斥（Social and Financial Exclusion）、新出现的健康风险和流行性疾病、人口老龄化、监管（建筑规范、工作场所和产品安全标准、环境法规）、信息披露、透明度和问责制、商业原则和道德、利益联盟等。《中国保险业可持续发展报告（2021）》详细阐述了可持续保险的定义、分类、属性等内容，本书不再详述。

二、可持续保险的原则

全球金融业为贯彻落实联合国2030年可持续发展目标（SDGs），相继提出了可持续金融、可持续保险等概念，联合国环境规划署金融倡议组织

（UNEP FI）先后倡导了针对银行业的《负责任银行原则》（PRB）、针对资产管理者的《负责任投资原则》（PRI）以及针对保险业的《可持续保险原则》（PSI）。

建立《可持续保险原则》的主要目标是建立自愿和期望的全球性原则（包括可能采取的行动），以便更好地了解和管理在保险业与ESG问题相联系的风险和机遇；通过建立一个由联合国支持的机构，来促进《可持续保险原则》在全球范围内的采用和实施。

《可持续保险原则》包括：将与保险业务相关的环境、社会及治理（ESG）问题纳入决策中；与客户和业务伙伴合作，以提高环境、社会及治理（ESG）问题意识，减少风险，并制订解决方案；与政府、监管机构和其他主要利益相关者合作，以促进全社会对环境、社会及治理（ESG）问题的普遍行动；定期公开披露在实施这些原则中取得的进展，以体现问责机制和透明度。

如果把《可持续保险原则》与《负责任银行原则》《负责任投资原则》放在一起比较，可以看到三者有不少共同点，譬如都关注风险管理、强调信息披露（见表3-1）。

表 3-1　可持续金融三大原则的比较

原则类别	原则内容
可持续保险原则（PSI）	原则 1：将 ESG 议题融入保险的决策过程 原则 2：与客户和业务伙伴一起提升认识，管理风险，寻求解决方案 原则 3：与政府、监管机构和其他主要利益相关方合作 原则 4：定期披露在实施原则方面的进展
负责任银行原则（PRB）	原则 1：确保业务战略与 SDGs、《巴黎协定》保持一致 原则 2：提升正面影响，减少负面影响，管理风险，设定目标 原则 3：本着负责任的原则与客户和顾客合作，鼓励可持续实践 原则 4：主动且负责任地与利益相关方进行磋商、互动和合作 原则 5：通过有效的公司治理和负责任的银行文化来履行承诺 原则 6：定期评估履行情况，披露正面和负面影响，并对相关影响负责

续表

原则类别	原则内容
负责任投资原则（PRI）	原则 1：将 ESG 议题纳入投资分析和决策过程 原则 2：成为积极的所有者，将 ESG 议题整合至所有权政策与实践中 原则 3：要求投资机构适当披露 ESG 资讯 原则 4：促进投资行业接受并实施 PRI 原则 原则 5：建立合作机制，提升 PRI 原则实施的效能 原则 6：汇报 PRI 原则实施的活动与进程

根据表3-1中的可持续金融三大原则，保险业ESG问题和银行、投资（资管）行业的不同主要体现在原则1中，即ESG与保险公司的业务和决策过程相结合，保险产品的独特性造就了保险业ESG的独特性。

第一，保险公司可以通过产品创新，分摊、减少客户及社会的ESG风险。保险存在的意义就是分摊风险，当风险发生时，保险可以对投保人予以一定赔偿，这种属性在银行和投资行业中是没有的。ESG领域有不少风险点属于可保风险，保险公司可以发挥作用。例如，常见的环境污染责任保险，企业投保后，可在突发污染事故时寻求保险赔付，减少损失；保险公司出于风险控制考虑，会密切关注投保企业的污染风险，从而降低全社会污染事故发生的概率，创造社会价值。

第二，保险公司要同时考虑ESG对负债端和资产端的影响。与银行和投资行业主要考虑资产端的ESG影响不同，保险公司既要考虑ESG对资产端的影响，也要考虑ESG对负债端的影响。以空气污染与气候变化为例，这两个问题有同源性，即石油、煤炭等化石能源的开采和使用。低效率地使用化石能源既会造成PM2.5等空气污染，也会因排放温室气体加剧气候变化。空气污染导致人们健康受损，增加健康保险的赔付；气候变化引致极端天气事件增多，除了会增加农业保险的赔付外，还会导致保险投资的投资组合价值贬损。此时，ESG对保险公司就形成双重夹击之势，保险公司自然不能轻视。

第三，保险资金具有长期、系统的属性，与ESG理念相一致。在成熟金融市场，保险资金占有重要位置，一方面是保险资金具有长期属性，另一方面是保险资金因为规模巨大具有系统重要性。代际投资（Generational Investment）和全球投资（Universal Investment）这两个词分别对应了这两种属性。代际投资是说保险资金投资周期长，可以跨越世代；全球投资是说保险资金规模大，投资组合要分布于全球市场，才足以分散风险。因此，保险资金会更关注长期因素，更追求长期稳健收益，而不是短期超额收益，这与ESG投资理念相一致。

三、可持续发展目标与可持续保险

《可持续保险原则》将“可持续发展”作为保险业发展的重要任务，提出保险是一个可加强全社会可持续发展意识和实现经济可持续发展的强有力的中介。联合国也期待与保险业开展更多的合作，以促进整个社会对可持续发展的认同，并对相关决策者和产业界进行产业结构调整并施加影响。以新冠肺炎疫情为例，在保险服务突发公共卫生安全事件风险管理过程中，应当将“可持续发展”作为核心诉求、工作重点和基本原则，推动保险理论、模式、技术和服务的创新。

从可持续保险原则（PSI）的适用范围看，可持续保险可以用三个“所有”进行概括：一是所有的保险，包括意外及健康险、农林业保险、航空保险、责任险、信用险、保证保险、工程险、寿险、海洋险、车险及财产险等；二是所有的保险市场参与者，包括风险承担者（即保险公司、再保险公司、转分保接受人）、风险中介机构（即保险代理、保险经纪）、风险服务供应商（例如风险模型的供应商）等；三是所有地区，包括非洲、亚洲、欧洲、南美洲和加勒比地区、中东和北非、北美、大洋洲等。

从社会管理的视角看，保险服务可持续发展，可以分为三类主体，包括政府、企业和家庭。

（1）就政府而言，分为稳定财政预算和稳定经济与社会发展两个方面。前者是从政府稳定财政预算的需求出发，通过安排相关保险，转移可能产生的“预算外开支”。如近年来一些地方政府就通过“农房保险”“自然灾害公众责任保险”和“政府扶贫救助保险”的方式，缓解了因各种灾害可能产生的转移、救助和灾后重建的财政压力。面向未来，在有条件的地方，也可以尝试开展“突发公共卫生事件公众责任保险”，缓解因突发公共卫生事件可能产生的财政压力，平滑财政预算。后者是从稳定经济与社会发展的角度出发，通过宣传教育和政策引导，围绕可持续发展问题，强化全社会的风险意识，解决供给和需求的制度与能力建设问题，尤其是要引导保险业高度关注可持续发展领域的产品和服务创新，增加有效供给，提升服务社会和经济的能力。

（2）就企业而言，分为宏观和微观两个层面。从宏观层面看，主要是强调并推广“商业可持续计划”（BCP），亦称“业务连续性”，是指通过全面的流程管理，识别威胁企业的潜在影响，提供可以增强业务复原能力和有效反应能力的框架，强化企业管理的韧性，保护企业关键利益相关者的利益、机构的声誉、品牌和价值创造活动。同时，将保险作为一种风险管理工具，全面融入商业可持续计划。从微观层面看，可持续保险主要是指营业中断保险（利润损失保险）和取消保险。传统财产保险主要是针对各种风险导致的企业财产直接损失，但并不包括企业在损失恢复期间可能面临的营业中断导致的间接损失，营业中断保险则是针对这类间接损失的。取消保险主要是针对旅游相关行业和大型赛事、大型活动的举办方因气候、突发公共事件和各种意外事件使得营业减少和活动取消导致的损失。

（3）就家庭而言，分为宏观和微观两个层面。从宏观层面看，主要是强调并推广“生活方式保护保险”（Lifestyle Protection），该保险承保被保险人由于意外事故、疾病、失能和非自愿失业而不能工作，可能导致其生活方式或生活水平改变的风险。从微观层面看，主要是家庭成员的人身保险，尤其是健康保险，一方面是为可能产生的医疗费用提供保障，解决农民和低收入家庭的“因病返贫”问题；另一方面是为由于家庭主要劳动力因意外事故和疾病丧失工作能力，导致家庭收入减少或中断，降低生活水准，还可能导致还贷困难而提供保障。

综上，可持续保险要求保险体制和保险机制随着环境、社会及治理（ESG）的发展而不断调整，从而合理有效地动员和配置保险资源，提高保险效率，为环境、社会和经济可持续发展做出贡献，推动全球实现可持续发展。

第二节　全球可持续保险进展

一、全球可持续保险的发展

可持续保险的目的是降低风险，开发创新的解决方案，提升经营业绩，以及对环境、社会和经济的可持续发展做出贡献。

（一）净零资产所有者联盟（NZAOA）

2019年9月，联合国环境规划署金融倡议组织（UNEP FI）基于《负责任投资原则》（PRI）召集成立了“净零资产所有者联盟”（UN-Convened Net-Zero Asset Owner Alliance，NZAOA），目前共有69名成员，总资产超过10.4万亿美元。NZAOA致力于在2030年前将与其投资相关的碳排放减少49%~65%，以响应政府间气候变化专门委员会（IPCC）提出的控制升温不超过1.5℃的倡议；NZAOA最新发布的第二个目标设定协议（TSP）显示，2020—2025年，其成员的目标是将投资组合的绝对碳排放量减少22%~32%。

（二）净零保险联盟（NZIA）

2021年7月11日，德国安联集团（Allianz）、法国安盛集团（AXA）、意大利忠利保险（Generali）、英国英杰华集团（Aviva）、苏黎世保险集团（Zurich）、慕尼黑再保险（Munich Re）、法国再保险（SCOR）和瑞士再保险（Swiss Re）等8家全球性保险和再保险公司联合成立“净零保险联盟”（Net-Zero Insurance Alliance，NZIA），以实现碳中和的共同目标，加速向净零排放经济的过渡。8家发起成员都已加入基于《负责任投资原则》（PRI）成立的净零资产所有者联盟（NZAOA）。

NZIA是基于《可持续保险原则》（PSI）发起成立的，现有21名成员，将根据联合国可持续发展目标和“奔向零碳”行动标准，制定科学的中期和长期目标，在2050年前实现净零排放。

NZIA在其发起声明中表示，联盟成员将通过倡导企业和行业行动以及支持经济部门低碳转型的公共政策，寻求实现其净零承诺，通过促进负责任的投资实践，将全球气温上升幅度控制在不超过1.5℃，并致力于在2050年前实现承保组合的净零排放。每一家公司将每5年设定为一个中间目标，每年报告进展情况，并将在风险管理框架中纳入净零风险和脱碳风险标准。

NZIA通过承保、理赔和风险管理实践来帮助确保和实现气候目标，从而进一步提高气候目标向有弹性的净零全球经济过渡。具体的措施包括：

（1）为其承保组合中温室气体排放最密集的活动制定承保标准和指南。

（2）与从事温室气体排放最密集活动的客户和潜在客户就其脱碳战略和净零转型路径进行接触。

（3）为低排放和零排放技术，以及吸收温室气体排放的解决方案开发提供保险和再保险方案。

（4）将净零和脱碳相关风险标准纳入其风险管理框架。

（三）净零银行联盟（NZBA）

2021年4月21日，全球43家大型银行机构发起成立了“净零银行业联盟”（Net-Zero Banking Alliance，NZBA）。NZBA是基于《负责任银行原则》（PRB）发起成立的，现有100名成员，覆盖40多个国家，总资产超过全球银行业总资产的40%；NZBA将根据联合国可持续发展目标和“奔向零碳”行动标准，制定科学的中期和长期目标，在2050年前实现净零排放。

NZBA由联合国环境规划署金融倡议组织召集，由行业发起，联盟成员将致力于：

（1）实现贷款和投资组合运营与温室气体排放转型，确保在2050年前实现净零排放。

（2）在加入NZBA的18个月内，设定2030年（或更早）和2050年减排目标，并从2030年开始每5年设立一个中间目标。所有目标都将受到定期审查，确保其与最新科学意见的一致性。

（3）银行的第一个2030年目标将专注于自身可以产生最大影响的优先部门，例如其投资组合中温室气体排放量最大的部门。

（4）在加入NZBA的36个月内，为所有或大多数碳排放密集型行业设定进一步的部门级目标，涉及的领域包括农业、铝、水泥、煤炭、商业和住宅房地产、钢铁、油气、发电和运输。

（5）参与客户机构的转型和脱碳计划，促进实际经济转型。

（6）每年发布绝对排放和排放强度情况，并在设定目标的一年内披露过渡战略进展，确立拟议行动和与气候相关的部门政策。

二、《可持续保险原则》履行情况

可持续保险（保险服务于可持续发展）是指在《可持续保险原则》（PSI）下实现保险业的高质量、可持续发展。截至2022年2月15日，全球共有116家再保险公司、保险公司和保险经纪公司签署了《可持续保险原则》，共有91家保险组织或协会签署了《可持续保险原则》。

2021年12月，瑞士再保险（Swiss Re）、法国再保险（SCOR）、挪威嘉德保赔协会（Gard）、挪威船东协会（Norwegian Hull Club）、美国希腊海运交互社管理公司（Hellenic Hull Management）和维克多国际（Victor International）等6家全球领先的再保险公司和航运保险公司签署"波塞冬海上保险原则"（The Poseidon Principles for Marine Insurance，PPMI），将通过提供碳排放透明度来支持航运业的绿色转型。

"波塞冬海上保险原则"是一个定量评估和披露海上保险公司承保业务组合与气候目标一致性的框架。这一开创性举措使海上保险业建立了特定行业法规以支持净零保险联盟（NZIA）的目标。"波塞冬海上保险原则"的签署者承诺通过两条路径推进目标：一是与2008年相比，到2050年将每年二氧化碳排放量减少50%；二是到2050年实现100%减排。此外，还将引入第三条路径，使完全脱碳轨迹与零生命周期温室气体排放保持一致，以达成NZIA联盟净零排放承诺的目标。

三、《负责任投资原则》履行情况

负责任投资（投资服从于可持续发展）是指在《负责任投资原则》（PRI）下实现保险业的高质量、可持续发展。截至2022年2月15日，全球共有4751家资产所有者（Asset Owner）、投资管理人（Investment Manager）和投资服务机构（Service Provider）签署了《负责任投资原则》；资产所有者、投资管理人和投资服务机构分别为675家、3576家和500家；其中，保险集团公司、再保险公司、保险公司属于资产所有者或投资管理人类别，保险资管公司属于投资管理人类别。

保险公司作为风险管理者、风险承担者和投资者，除了可持续保险行动以外，作为机构投资者有责任使保单受益人获得最好的长期收益。在履行保险人职责时，相信环境、社会及治理（ESG）因素会影响投资组合的回报（影响程度因公司、行业、地区和资产等级以及时期的不同而不同）。负责任投资行动（责任投资行动）就是在保险业务投资管理期中贯彻落实联合国环境规划署金融倡议组织（UNEP FI）的《负责任投资原则》（PRI），旨在调动保险资金以实现可持续发展目标，确保保险资金投资支持有韧性的经济。

第三节　中国可持续保险进展

一、可持续保险的中国实践

“十四五”时期是我国由全面建成小康社会向基本实现社会主义现代化迈进的关键时期，“十四五”规划是站在这一历史起点下，开启全面建设社会主义现代化国家新征程的第一个五年规划，是适应社会主要矛盾历史性变化新要求的第一个五年规划。党的十九届五中全会站在党和国家事业发展全局的高度，描绘了面向未来的“十四五”以及2035年远景发展蓝图，审议通过了《中共中央关于制定国民经济和社会发展第十四个五年规划和二〇三五年远景目标的建议》（以下简称《“十四五”规划建议》），提出了“十四五”时期经济社会发展指导思想和必须遵循的原则；第十三届全国人民代表大会第四次会议审查通过了《中华人民共和国国民经济和社会发展第十四个五年规划和2035年远景目标纲要》（以下简称《“十四五”规划纲要》），明确了“十四五”时期经济社会发展的发展环境、指导方针和发展主要目标。

对照《“十四五”规划建议》和《“十四五”规划纲要》，对中国保险业而言，“十四五”期间关键是要解决三个问题：一是如何实现自身的高质量发展，即“高质量保险”问题；二是如何助力经济社会的可持续发展，即“可持续保险”和“负责任投资”问题；三是实现“高质量”与“可持续”的统一，即“可持续保险”问题。综上，可持续保险目标包含了两部分：一是保险助力可持续发展（可持续发展保险）；二是实现保险高质量发展（保险可持续发展）。

（一）《可持续保险原则》履行情况

截至2022年2月15日，中国共有4家再保险公司和保险集团公司签署了《可持续保险原则》，中国内地为中国平安和中国太保，中国香港为鼎睿再保险（Peak Re）和美国国际集团香港公司（AIG Hong Kong）。

2020年4月22日，中国平安宣布签署《可持续保险原则》，成为中国内地首家签署《可持续保险原则》的公司。

2021年12月14日，中国太保宣布签署《可持续保险原则》，成为中国内地第二家签署《可持续保险原则》的公司。

从绿色保险到可持续保险，中国保险业持续拓宽服务路径，创新保险产品，为绿色能源、绿色交通、绿色建筑、绿色技术、气候治理和森林碳汇等可持续发展领域提供风险保障，服务我国实体经济向可持续发展、高质量发展转型，助推我国可持续发展目标的达成。

中国保险业协会发布的《保险业聚焦碳达峰碳中和目标助推绿色发展蓝皮书》显示，2018—2020年保险业累计为全社会提供了45万亿元保额的绿色保险保障，支付赔款534亿元，有力发挥了绿色保险的风险保障功效。2020年绿色保险保额达18万亿元，较2018年年均增长23.43%（见图3-1）；2020年绿色保险赔付金额为214亿元，较2018年年均增长28.77%（见图3-2）。2021年，中国保险业绿色保险承保金额预计超过25万亿元，赔付支出预计超过250亿元。

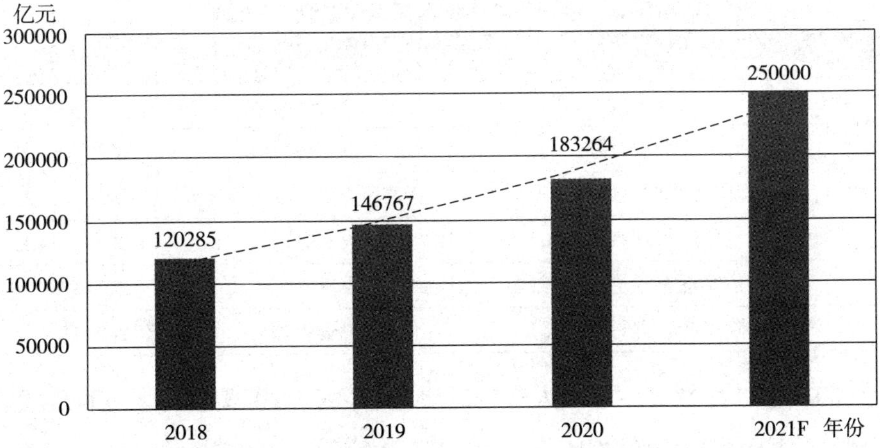

图 3-1　中国保险业绿色保险承保金额增长趋势

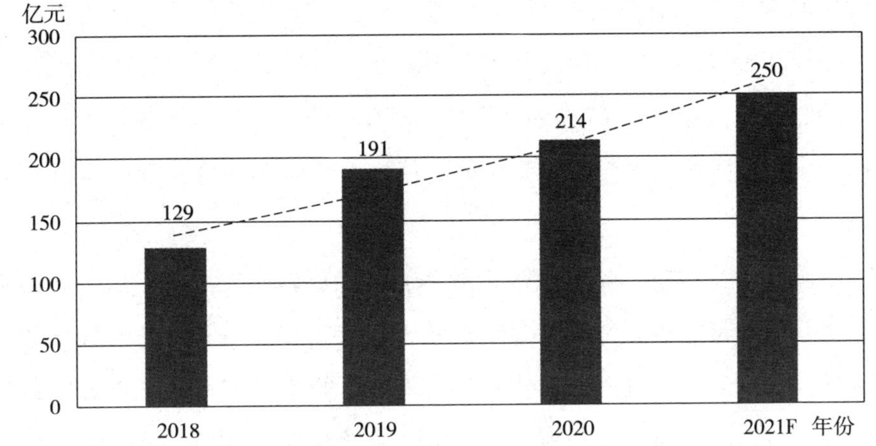

图 3-2　中国保险业绿色保险赔付支出增长趋势

（二）《负责任投资原则》履行情况

截至2022年2月15日，中国共有88家资产所有者、投资管理人和投资服务机构签署了《负责任投资原则》；资产所有者、投资管理人和投资服务机构分别为4家、65家和19家；其中，保险集团公司有3家，保险资产管理公司有3家，中国太平洋保险（集团）股份有限公司以资产所有者和投资管理人双重身份签署（见表3-2）。

表 3-2 中国签署《负责任投资原则》的公司

公司名称	类别	签署时间
中国平安保险（集团）股份有限公司	资产所有者	2019-08-23
泰康保险集团股份有限公司	资产所有者	2021-06-03
中国太平洋保险（集团）股份有限公司	资产所有者 / 投资管理人	2021-12-21
中国人寿资产管理有限公司	投资管理人	2018-11-22
泰康资产管理有限责任公司	投资管理人	2021-06-03
安联保险资产管理有限公司	投资管理人	2021-12-24

2018年11月22日，中国人寿资产管理有限公司正式签署《负责任投资原则》，成为中国内地首家签署《负责任投资原则》的保险资产管理公司。

2021年12月21日，中国太平洋保险（集团）股份有限公司签署《负责任投资原则》，成为中国内地首家以资产所有者和投资管理人双重身份签署《负责任投资原则》的保险集团公司。

2021年12月24日，安联保险资产管理有限公司正式签署《负责任投资原则》，成为中国内地首家签署《负责任投资原则》的外资保险资产管理公司。

中国保险业积极参与可持续金融体制机制创新，发挥保险资金独特优势，为我国经济向可持续发展、高质量发展转型提供融资支持。深度融合负责任投资理念，高度参与负责任投资实践，重点投向清洁能源和绿色基础设施建设；丰富负责任投资理念，拓宽负责任投资领域，建立负责任投资长效机制，全面服务于可持续发展目标，助推可持续发展；优化负责任投资生态，完善负责任投资体系，助推可持续金融发展。

2021年10月，中国保险资产管理业协会责任投资（ESG）专业委员会正式成立，将从以下四个方面推动行业ESG投资发展：一是配合监管部门尽快完成保险资产管理行业ESG投资指引，为行业绿色转型与可持续发展提供支持；二是加强国内外先进ESG经验的交流，为行业搭建更好的学习与交流平台；三是加强行业自律管理，加速构建信息披露机制，推动形成相关标准体系；四是不断总结行业实践，加大宣传和推广，全面推动责任投资深入开展。

中国保险业协会发布的《保险业聚焦碳达峰碳中和目标助推绿色发展蓝皮书》显示，保险资金运用于绿色投资的存量从2018年的3954亿元增加到2020年的5615亿元，年均增长19.17%（见图3-3）。2021年，中国保险业绿色投资余额预计超过6000亿元，保险资金向绿色投资领域的倾斜力度逐步加大，对绿色产业、绿色技术的资金扶持力度也在进一步提升。

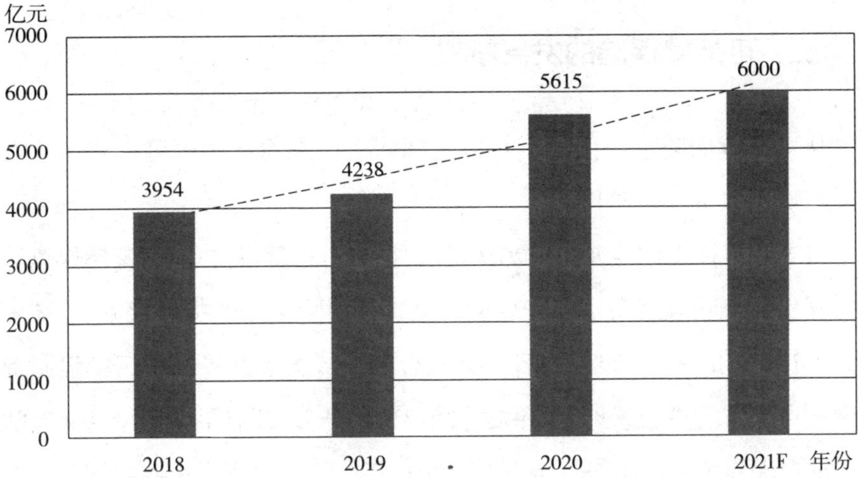

图 3-3　中国保险业绿色投资余额增长趋势

二、可持续保险的国际合作

2020年7月28日，在中国银保监会的指导下，中国“一带一路”再保险共同体正式成立，并于11月19日正式运营。中国“一带一路”再保险共同体由国内11家保险公司共同发起设立，是保险业护航“一带一路”的重要机制和行业平台。通过制度化安排和商业化模式，共同体聚焦海外风险管理亟须但国内技术相对薄弱的特殊风险领域，充分聚合国内保险业力量，补齐行业保障短板，深化政策落地，搭建行业交流平台，增强服务“一带一路”的能力和水平。未来，中国“一带一路”再保险共同体将积极发挥好政策“推进器”、风险“稳定器”、行业“聚合器”的作用，在更大范围、更宽领域、更深层次为国际和区域合作提供保险服务。

2021年10月，中国保险资产管理业协会责任投资（ESG）专业委员会正式成立，其主要责任之一就是加强国内外先进ESG经验的交流，为行业搭建更好的学习与交流平台。

三、可持续保险的发展阶段

从可持续保险在中国的实践以及国际合作来看，中国可持续保险发展大概经历了以下几个阶段：

（1）政策探索期（2007—2016年）。2007年12月4日，原国家环保总局和原中国保监会联合发布《关于环境污染责任保险工作的指导意见》（环发〔2007〕189号）；2013年1月21日，又联合印发《关于开展环境污染强制责任保险试点工作的指导意见》（环发〔2013〕10号），开启了中国绿色保险的发展，绿色保险发展的生态逐步形成。2015年，新《中华人民共和国环境保护法》提出“国家鼓励投保环境污染责任保险”；《加快推进生态文明建设的意见》提出“深化环境污染责任保险试点”；《生态文明体制改革总体方案》强调“在环境高风险领域建立环境污染强制责任保险制度”，将强制性环境污染责任保险制度确定为重要改革任务。2017年，《生态环境损害赔偿制度改革方案》要求在全国范围内试行生态环境损害赔偿制度。截至2021年末，全国31个省（区、市）均已开展环境污染强制责任保险试点。

2014年7月8日，原中国保监会发布《中国保险业社会责任白皮书》，首次展示了保险业履行社会责任状况。2015年12月24日，原中国保监会印发《关于保险业履行社会责任的指导意见》（保监发〔2015〕123号），目的是推动保险企业积极履行社会责任，促进现代保险服务业更好地适应经济社会发展需求。2016年起，部分保险公司开始发布《年度企业社会责任报告》，披露公司参与社会管理的各项企业社会责任实践。

2015年4月16日，中国城乡居民住宅地震巨灾保险共同体成立，这是中国保险业对建立巨灾保险制度开展的有益探索，推动我国地震巨灾保险制度在全国范围内先行先试。2016年5月27日，原中国保监会和财政部联合印发《建立城乡居民住宅地震巨灾保险制度实施方案》（保监发〔2016〕39号）。

（2）政策完善期（2017—2020年）。2016年8月13日，中国人民银行、财政部等七部委联合印发了《关于构建绿色金融体系的指导意见》（银发〔2016〕228号），将发展绿色保险作为独立章节并提出指导意见，“在环境高风险领域建立环境污染强制责任保险制度、鼓励和支持保险机构创新绿色保险产品和服务、鼓励和支持保险机构参与环境风险治理体系建设，为绿色保险的发展提供了顶层设计”。8月23日，原中国保监会发布《中国保险业发展“十三五”规划纲要》（保监发〔2016〕74号），提出“配合国家新能源战略，加快发展绿色保险，完善配套保险产品研发”。

2020年1月6日，中国银保监会印发《关于推动银行业和保险业高质量发展的指导意见》（银保监发〔2019〕52号），提出大力发展绿色金融，“探索碳金融、气候债券、蓝色债券、环境污染责任保险、气候保险等创新型绿色金融产品”。9月29日，中国保险行业协会发布《2019年中国保险业社会责任报告》，它是《中国保险业社会责任白皮书》的延续；近期该协会又发布了《2020年中国保险业社会责任报告》。

（3）国际合作期（2021年至今）。中国保险业在可持续金融方面开始与国际合作，一是积极参与国际相关组织；二是部分保险机构签署了《可持续保险原则》《负责任投资原则》《负责任银行原则》等。

第二篇

新成效

党的十九届五中全会站在党和国家事业发展全局的高度，描绘了面向未来的“十四五”以及2035年远景发展蓝图，审议通过了《“十四五”规划建议》，提出“加快推动绿色低碳发展。强化绿色发展的法律和政策保障，发展绿色金融”。第十三届全国人民代表大会第四次会议审查通过了《“十四五”规划纲要》，明确了要“大力发展绿色金融”。这些都表明国家对于可持续金融体系建设的重视程度日益提升。

但是，目前保险体系处在实现这种变革的正轨上吗？尽管已经有很多保险集团、保险资产管理公司开始参与到这场变革中来，但保险市场在实践中仍然存在重重问题……

可持续保险作为可持续金融体系的一部分，应在国家可持续发展和高质量发展中发挥重要作用，以不断更新的产品体系，支撑国家产业化结构调整、保护环境、防灾减灾、减少碳排放、绿色发展的目标。

党的十八大以来，我国可持续保险的制度框架和政策体系不断完善，保险资金规模持续扩大，保险产品和服务创新日益丰富，可持续发展效益逐渐显现，国际合作扎实推进。但在标准制定、管理工具、风险定价、信息披露、机构建设、市场环境以及监管激励等方面还存在一些短板和问题。

立足新发展阶段、贯彻新发展理念、构建新发展格局，应将可持续保险作为深化可持续金融供给侧结构性改革的重要任务，正确处理政府和市场的关系，不断增强保险服务经济社会发展的可持续性，持续提升可持续保险服务绿色、低碳、循环经济发展质效。发展可持续保险，减缓和适应气候变化，也是我国落实国家自主贡献目标新举措、推动构建人类命运共同体的重要体现。探索符合中国实际、反映全球趋势和开放合作的系统性可持续保险中国方案，为世界各国应对气候变化、节能减排、环境治理和生态保护贡献中国智慧，既有助于推动保险业对外开放和加强可持续保险国际交流，也能彰显我国负责任大国的形象。

第四章

2021年保险业经营数据回顾

第一节　保险业经营数据回顾

一、2021 年金融业发展概况

2021年是中国共产党建党100周年，是“十四五”开局之年，是开启全面建设社会主义现代化国家新征程的第一年。这一年，面对百年变局和疫情起伏反复的严峻考验，中国经济以韧克艰、迎难而上，经济发展和疫情防控成效保持全球领先。这一年，金融业认真贯彻落实党中央、国务院和“一委一行二会”关于金融业改革发展的决策部署，应对各种风险挑战，承压而上，保持平稳运行的良好态势。

2021年末，我国金融业机构总资产为381.95万亿元，同比增长8.1%。其中，银行业机构总资产为344.76万亿元，同比增长7.8%；证券业机构总资产为12.30万亿元，同比增长21.2%；保险业机构总资产为24.89万亿元，同比增长6.8%。

2021年末，金融业机构负债为346.58万亿元，同比增长7.9%。其中，银行业机构负债为315.28万亿元，同比增长7.6%；证券业机构负债为9.35万亿元，同比增长24.4%；保险业机构负债为21.96万亿元，同比增长6.9%。

2021年末，金融业机构净资产为35.37万亿元，同比增长10.5%。其中，银行业机构净资产为29.48万亿元，同比增长10.7%；证券业机构净资产为2.95万亿元，同比增长12.2%；保险业机构净资产为2.93万亿元，同比增长6.5%。

二、2021年保险业发展概况

2021年，保险业坚定不移推进高质量发展，持续深化供给侧结构性改革，充分发挥保险的风险保障、社会管理和资金融通等功能，在服务实体经济中取得了新的成绩。

我国保险业历经40余年的发展，市场主体不断丰富，市场规模显著扩大，发展水平持续提升。2017年第五次全国金融工作会议以来，保险业从规模扩张转向质量提升，进入高质量发展阶段。

截至2021年末，我国保险业共有法人机构238家，总资产共计24.89万亿元，提供保险金额12146.20万亿元，保险资金通过多种方式为实体经济融资超过20万亿元，已经连续四年保持全球第二大保险市场地位。2021年，我国保险业实现保费收入4.49万亿元，赔付支出1.56万亿元，较好地发挥了保险的保障功能作用。

一是坚持以人民为中心的发展理念，保障水平明显提升。积极参与医疗、养老等多层次社会保障体系建设，大病保险覆盖12.2亿人。参与企业年金发展，推出税优健康险、税延养老险等试点；保险资金发挥长期投资优势，积极参与长江经济带建设、粤港澳大湾区建设、京津冀协同发展等国家重大战略项目建设。持续推进农业保险“扩面”“增品”“提标”，为农业生产提供风险保障4.72万亿元，支持疫情防控和复工复产。

二是不断深化改革创新，体制机制日益完善。制定完善重疾险、意外险、互联网人身保险等领域监管制度。专属商业养老保险试点政策落地实施，养老保险公司积极探索创新产品、服务和管理机制。车险综合改革稳步推进，农业保险领域改革深入推进，车险“降价、增保”目标效果显现，市场乱象得到规范。

三是持续扩大对外开放，全球影响力逐步扩大。截至2021年末，境外保险机构在我国设立了66家外资保险机构，在华外资保险公司总资产超过2万亿元。

四是牢牢守住安全底线，风险抵御能力不断增强。保险业资本补充的长效机制进一步健全，通过增资扩股、发行次级债和资本补充债充实资本。

总的来看，我国保险业仍处于发展的初级阶段，保险深度和保险密度还不高，在发展理念、公司治理、经营方式等方面仍然存在一些问题，特别是以客户为中心的企业文化薄弱，距离高质量发展的要求还有较大差距。面向“十四五”，保险业要进一步以习近平新时代中国特色社会主义思想为指导，认真贯彻落实党的十九大、十九届历次全会和中央经济工作会议精神，加快转型发展步伐，提升服务实体经济质效，持续深化改革创新，推动保险业高质量发展迈上新台阶。

三、2021 年保险业经营数据

（一）保险收入

2021年，保险业实现保费收入44900.17亿元，同比负增长0.79%。

从产寿险公司来看，产险公司为13676.48亿元，同比增长0.68%；人身险公司为31223.67亿元，同比负增长1.42%；人身险公司未计入合同核算的保户投资款和独立账户本年新增交费为7173.60亿元，同比负增长4.57%。

从产寿险业务来看，产险业务为11671.11亿元，同比负增长2.16%；寿险业务为23571.85亿元，同比负增长1.71%；健康险业务为8447.02亿元，同比增长3.35%；意外险业务为1210.19亿元，同比增长3.08%。

从意健险业务来看，全行业意健险保费为9657.21亿元，占比21.51%；

产险公司意健险保费为2005.38亿元，占产险公司保费的14.66%；寿险公司意健险保费为7653.81亿元，占寿险公司保费的24.51%。

（二）保险金额

2021年，保险业承保的保险金额达12146.20万亿元，同比增长39.45%；新增保单件数达488.96亿件，同比负增长7.10%。

从产险公司来看，保险金额为10860.29万亿元，同比增长44.57%；签单件数为479.41亿件，同比负增长7.32%。

从寿险公司来看，保险金额为1285.91万亿元，同比增长7.34%；新增保单为9.54亿件，同比增长5.31%。

（三）赔款和给付支出

2021年，保险业赔款和给付支出达15608.64亿元，同比增长12.24%。

从产寿险公司来看，产险公司为8848.03亿元，同比增长12.28%；寿险公司为6760.51亿元，同比增长12.17%。

从产寿险业务来看，产险业务赔款为7687.50亿元，同比增长10.53%；寿险业务给付为3540.25亿元，同比负增长4.70%；健康险业务赔款和给付为4028.50亿元，同比增长37.92%；意外险业务赔款为352.39亿元，同比增长11.52%。

（四）资金运用情况

2021年末，保险业资金运用余额达232280.06亿元，较年初增长7.14%。其中，银行存款为26178.59亿元，占比11.27%；债券为90683.36亿元，占比39.04%；股票和证券投资基金为29505.27亿元，占比12.70%；其他投资为85912.84亿元，占比36.99%。

（五）总资产和净资产情况

2021年末，保险业总资产达248874.05亿元，较年初增长6.82%；净资产达29305.64亿元，较年初增长6.47%。

第二节　保险业经营数据分析

一、产险经营数据分析

2021年，产险公司实现保费收入13676.48亿元，同比增长0.68%。其中，财产险保费收入为11671.11亿元，同比负增长2.16%；意外险保费收入为627.30亿元，同比增长15.95%；健康险保费收入为1378.08亿元，同比增长23.71%。

表4-1给出了2017—2021年产险业经营情况，包括保费收入、赔款支出、保险金额、保单件数、总资产等数据。总体来看，2021年的发展并未再现以往数年的迅猛态势，产险业增速远低于同期GDP增速，处于一个较为尴尬的发展阶段，对国民经济增长的贡献率也呈现下降趋势。

表4-1　2017—2021年产险业经营情况　　单位：亿元，万件

项目	2017年	2018年	2019年	2020年	2021年	2021年增幅（%）
原保险保费收入	10541	11756	13016	13584	13676	0.68
其中：企业财产保险	392	423	464	490	520	6.07
家庭财产保险	63	77	91	91	98	7.87
机动车辆保险	7521	7834	8188	8245	7773	-5.73
工程保险	110	121	118	138	144	4.12
责任保险	451	591	753	901	1018	13.03
保证保险	379	645	844	689	521	-24.35
农业保险	479	573	672	815	976	19.74
健康险	394	569	840	1114	1378	23.71
意外险	313	417	527	541	627	15.95
赔款支出	5497	6455	7279	7880	8848	12.28
保险金额	30305432	57773700	53687759	75118890	108602905	44.57
其中：机动车辆保险	1691122	2112549	2523440	3238024	5115107	57.97

续表

项目	2017 年	2018 年	2019 年	2020 年	2021 年	2021 年增幅（%）
责任险	2516046	8656206	15601946	27674782	49279414	78.07
农业保险	27890	34648	38061	41324	47150	14.10
健康险	2746313	4120019	6296213	10874300	12040427	10.72
意外险	23887855	31723072	23525830	27092289	35862185	32.37
保单件数	1661064	2825434	4874102	5172783	4794129	–7.32
其中：机动车辆保险	39968	44800	49738	53998	56668	4.94
责任险	400110	727000	934673	1163016	918506	–21.02
货运险	370707	489000	494400	410724	430847	4.90
保证保险	168559	228600	280842	542149	248813	–54.11
健康险	60198	311391	1097403	1421188	1153612	–18.83
意外险	235055	631146	1314614	729453	498607	–31.65
总资产	24997	23485	22940	23423	24513	4.65

资料来源：笔者根据中国银保监会网站公布的数据整理。

2022年，对于产险业来说，所需要的不仅是变革，更是重构、重启，亟待寻求一个全新的可持续发展模式，这是当前能够打开产险业新生之门的钥匙。

二、寿险经营数据分析

2021年，寿险公司实现保费收入31223.67亿元，同比负增长1.42%。其中，寿险保费收入为23571.85亿元，同比负增长1.71%；意外险保费收入为582.89亿元，同比负增长7.92%；健康险保费收入为7068.94亿元，同比增长0.14%。

表4–2给出了2017—2021年寿险业经营情况，包括保费收入、保户投资款新增交费、投连险独立账户新增交费、赔付支出、保险金额、保单件

数、总资产等数据。总体来看，2021年寿险业发展遇到巨大挑战，总保费、新单保费双双下滑，营销员队伍规模大幅缩减，队伍平均收入甚至已低于社会平均工资，吸引力急速下滑，寿险业已经走到了关乎自身未来命运的十字路口。

表 4-2　2017—2021 年寿险业经营情况　　单位：亿元，万件

项目	2017 年	2018 年	2019 年	2020 年	2021 年	2021 年增幅（%）
原保险保费收入	26040	26261	29628	31674	31224	–1.42
其中：寿险	21455	20723	22754	23982	23572	–1.71
意外险	589	659	649	633	583	–7.92
健康险	3995	4879	6226	7059	7069	0.14
保户投资款新增交费	5892	7954	8711	7044	6479	–8.03
投连险独立账户新增交费	470	333	376	473	695	46.95
赔付支出	5683	5843	5615	6027	6761	12.17
保险金额	11185514	11196700	11012628	11980219	12859087	7.34
其中：寿险	317301	299976	389039	359248	317631	–11.58
意外险	4793045	6365163	4720405	4164206	3472120	–16.62
健康险	2574879	3862834	5903183	7456766	9069335	21.63
保单件数	88362	80887	79722	90613	95427	5.31
其中：寿险	11128	8918	10083	8509	7831	–7.97
其中：普通寿险	6966	5549	7094	6649	6397	–3.79
意外险	6974	18725	39002	45317	42983	–5.15
健康险	1681	8694	30638	36787	44614	21.28
总资产	132144	146087	169575	199790	213895	7.06

资料来源：笔者根据中国银保监会网站公布的数据整理。

2022年，对于寿险业来说，改革已进入攻坚阶段，其根本在于文化、价值观的变革，所需要的是针对“逻辑重构”和“再定位、再规划、再出发”的思考。

三、地区经营数据分析

2021年，从全国各地区的保费收入来看，全险种、财产险、寿险、意外险、健康险的增长情况差异比较大，表4-3分别给出了全国各地区2021年全险种、财产险、寿险、意外险、健康险的保费收入及增长情况。

表4-3 全国各地区2021年保费收入情况 单位：亿元，%

地区	全险种		财产险		寿险		意外险		健康险	
	保费	增幅	保费	增幅	保费	增幅	保费	增幅	保费	增幅
全国合计	44900	-0.8	11671	-2.2	23572	-1.7	1210	3.1	8447	3.4
集团、总公司本级	37	-38.7	31	-42.5	0	—	4	18.0	3	-33.2
北京	2527	9.7	443	0.6	1499	12.3	62	-5.4	522	13.0
天津	660	-1.7	154	-6.0	372	-2.5	18	-8.8	116	9.1
河北	1995	-4.5	545	-8.0	1045	-5.2	44	10.7	361	1.6
辽宁	980	1.0	289	-3.6	495	2.0	21	-0.3	175	6.8
大连	378	2.5	83	-3.0	230	4.0	8	-5.8	57	6.2
上海	1971	5.7	524	2.9	1048	4.8	75	0.4	324	15.2
江苏	4051	0.9	1002	0.9	2345	-0.1	94	8.5	610	4.0
浙江	2485	0.3	745	-2.7	1288	0.6	63	1.2	389	5.3
宁波	375	-4.1	176	1.0	145	-10.7	11	13.9	43	-3.4
福建	1052	4.6	257	-1.6	541	7.0	30	2.8	224	6.6
厦门	243	2.8	71	-6.3	122	6.9	7	1.3	43	9.1
山东	2816	-5.2	668	-2.6	1473	-8.7	69	11.1	607	-0.4
青岛	462	-9.6	144	2.3	210	-19.1	11	2.5	96	-3.9
广东	4153	-1.1	1019	0.9	2283	-3.6	139	8.5	712	2.6
深圳	1427	-1.9	377	3.8	638	-8.2	45	-5.2	367	5.4
海南	198	-3.7	74	2.8	80	-10.1	6	-9.6	38	-0.2

续表

地区	全险种		财产险		寿险		意外险		健康险	
	保费	增幅	保费	增幅	保费	增幅	保费	增幅	保费	增幅
山西	998	6.9	231	–3.2	579	11.9	22	3.1	167	6.3
吉林	691	–2.6	171	–9.3	349	–1.4	16	4.4	156	1.9
黑龙江	995	0.9	199	–5.5	549	4.0	17	–4.9	231	–0.1
安徽	1380	–1.7	437	–7.3	657	0.0	37	6.9	249	3.2
江西	910	–2.0	265	–4.4	444	–0.4	25	1.1	176	–2.5
河南	2360	–5.8	550	–3.7	1264	–7.6	52	–1.4	494	–4.1
湖北	1878	1.3	380	2.6	1087	–0.7	43	2.0	369	6.2
湖南	1509	–0.3	391	–4.3	749	–1.6	41	1.7	328	8.0
重庆	966	–2.3	214	–7.1	519	–3.7	26	–2.8	206	8.0
四川	2205	–3.0	557	1.7	1173	–6.8	61	4.6	414	1.2
贵州	496	–3.1	215	–4.6	181	–1.3	21	8.7	80	–4.5
云南	690	–8.7	262	–11.5	252	–12.0	28	8.9	148	–0.5
西藏	40	–0.1	27	1.6	5	8.0	3	–2.0	4	5.0
陕西	1052	–4.6	255	7.0	598	–10.2	24	–1.4	176	1.0
甘肃	490	1.1	131	–9.0	258	8.4	14	1.9	87	–2.1
青海	107	2.8	45	2.0	42	4.8	3	13.0	17	–1.7
宁夏	211	0.1	65	–3.9	101	3.9	7	15.8	38	–4.9
新疆	686	0.5	229	–2.6	304	1.7	18	1.7	135	3.6
内蒙古	646	–12.8	205	–5.4	302	–16.1	16	–1.7	123	–17.2
广西	781	6.3	241	3.5	346	6.1	29	1.9	165	12.3

注：表中辽宁数据不含大连、浙江数据不含宁波、山东数据不含青岛、福建数据不含厦门、广东数据不含深圳。

资料来源：笔者根据中国银保监会网站公布的数据整理。

第三节　保险业社会责任概览

一、2021 年保险业社会责任概况

2021年，保险业坚持以习近平新时代中国特色社会主义思想为指导，深入贯彻落实党中央、国务院决策部署，充分发挥保险保障功能，勇担社会责任，彰显行业价值，全面服务经济社会高质量发展和共同富裕。

2021年，保险业实现保费收入4.49万亿元，资产总额达到24.89万亿元；全年为全社会提供风险保障金额12146.20万亿元，同比增长39.45%，全年赔付支出1.56万亿元，同比增长12.24%。具体到社会责任履行情况，主要包括以下几个方面：

（1）服务国家重大战略，在促进经济社会发展大局中承担责任。保险业主动聚焦国家重大战略，助推乡村振兴战略，为1.89亿多户次农户提供风险保障4.72万亿元；充分发挥保险保障功能，为京津冀、长江经济带和粤港澳大湾区发展提供长期稳定的资金支持，截至2021年末，保险资金通过多种方式为实体经济融资超过20万亿元；大力发展科技保险投资，扶持创新科技产业，服务创新驱动发展战略。

（2）保障民生安康，坚持人民至上，为人民群众提供全面风险保障。2021年，健康险为人民群众提供风险保障2111万亿元，同比增长超过15%；意外险为人民群众提供风险保障3933万亿元，同比增长超过25%。全国开展大病保险业务，已覆盖12.2亿人。为适应人口老龄化需要，我国大力发展养老保险和养老产业，不断提升养老服务水平。积极参与应对重大灾害事故，地震巨灾保险共同体累计为全国1500多万户次城乡居民提供超过6000亿元的巨灾风险保障。保险成为应对重大灾害事故的重要机制，在重大突发事故、自然灾害方面发挥重要作用，社会“稳定器”功能得到有效发挥，为人民群众恢复生产生活提供经济补偿。积极发挥保险在灾后重建

中的作用，构建快速理赔通道，截至2021年末，河南“7·20”强降雨事件保险业累计赔付金额超过100亿元。

（3）践行“双碳”目标，助力我国经济社会加快绿色转型发展。保险业创新保险产品和服务方式，丰富绿色保险产品支持新能源发展，聚焦制造、建筑、交通等重点行业降碳行动，提升保险业服务绿色发展的能力。2021年，保险业为全社会提供超过25万亿元的绿色保险保障，用于绿色投资的资金余额超过6000亿元。

（4）强化风险防控，有效防范系统性金融风险。保险业深化偿付能力监管改革、反洗钱反垄断反欺诈、创新风险防范机制、完善风险应急处置预案，有效应对重大突发风险事件和风险挑战。截至2021年末，179家保险公司平均综合偿付能力充足率约为240%，保险业风险总体可控。

（5）推进改革创新，助力经济高质量发展与保险业转型升级。保险业立足于服务国家治理体系和治理能力现代化，积极改革创新。大力发展普惠金融，服务小微企业发展，截至2021年末已经上线的“惠民保”类产品超过150款，累计惠及超过9000万人；2021年作为商业车险综合改革的第一个完整年度，车险风险保障增长超过58%。

（6）推动国际合作，服务“一带一路”倡议，不断提升跨境保险服务能力。保险业成立中国“一带一路”再保险共同体，创新产品与服务供给，加强项目保障，服务经贸往来，成为“一带一路”项目建设的重要“护航者”。截至2021年末，来自16个国家和地区的境外保险机构在华设立了66家外资保险机构、84家代表处、17家保险专业中介机构，在华外资保险公司总资产达2万亿元。

2022年，保险业需要立足新发展阶段，完整、准确、全面贯彻新发展理念，将社会责任融入转型发展，充分发挥保险保障功能，全面服务新发展格局，助力经济社会高质量、可持续发展。

二、2022 年保险业发展趋势洞见

党的十九届五中全会明确了“十四五”规划的总体要求，即要统筹中华民族伟大复兴战略全局和世界百年未有之大变局，深刻认识我国社会主要矛盾变化带来的新特征新要求，深刻认识错综复杂的国际环境带来的新矛盾新挑战，增强机遇意识和风险意识，立足社会主义初级阶段基本国情，保持战略定力，办好自己的事，认识和把握发展规律，发扬斗争精神，树立底线思维，准确识变、科学应变、主动求变，善于在危机中育先机、于变局中开新局，抓住机遇，应对挑战，趋利避害，奋勇前进。

“十四五”时期，我国发展仍然处于重要战略机遇期，保险业也处于发展的黄金时期。社会治理和社会保障体系的完善，为保险业的发展营造了良好的外部环境，科技和制度创新也成为保险业创新发展的新动能。与此同时，保险业将继续推动全面深化改革，在提升行业发展能力和质量的同时，推动行业深化转型。保险业将继续保持平稳发展的基本面，保险深度和密度将进一步提升，但市场竞争日趋激烈，竞争手段更趋多样化和专业化，竞争方式进一步升级，保险增长将由外延式增长进一步向内涵式增长转变，逐步进入高质量发展阶段。从市场主体看，大型保险企业的规模优势将进一步显现，尤其是在推动和实现创新发展方面，并不断改变市场格局。中小型保险公司将面临更大的挑战和压力，需要通过体制机制的创新，打造自身发展的独特优势，探索新的发展模式和路径。专业性保险公司将成为未来保险市场发展的一个重要形态，聚焦专业领域和客户，提高专业服务能力并打造竞争优势，实现专业化和差异化发展。面向未来，中国保险市场将逐步形成主体多元化、竞争差异化、服务功能化、运行规范化的市场格局，并实现从简单追求规模的粗放式发展向更注重质量和效益的高质量发展的跨越。

2022年，是保险业实施“十四五”规划关键之年，也是保险业深化改

革转型、实现高质量发展的关键之年。站在2022年，保险业要总结过去五年的发展成绩（见表4-4），重新观察和思考保险业发展趋势及其规律，分析、研判和确定行业未来的发展目标。

表4-4　2017—2021年保险业经营情况　　单位：亿元，万件

项目	2017年	2018年	2019年	2020年	2021年	2021年增幅（%）
原保险保费收入	36581	38017	42645	45257	44900	-0.79
1. 财产险	9835	10770	11649	11929	11671	-2.16
2. 人身险	26746	27247	30995	33329	33229	-0.30
（1）寿险	21456	20723	22754	23982	23572	-1.71
（2）健康险	4389	5448	7066	8173	8447	3.35
（3）意外伤害险	901	1076	1175	1174	1210	3.08
保险金额	41490946	68970400	64700386	87099109	121461992	39.45
保单件数	1749426	2906321	4953824	5263396	4889556	-7.10
原保险赔付支出	11181	12298	12894	13907	15609	12.24
1. 财产险	5087	5897	6502	6955	7688	10.53
2. 人身险	6093	6401	6392	6952	7921	13.94
（1）寿险	4575	4389	3743	3715	3540	-4.70
（2）健康险	1295	1744	2351	2921	4029	37.92
（3）意外伤害险	224	268	298	316	352	11.52
业务及管理费	4288	4718	5491	5728	5225	-8.78
资金运用余额	149206	164088	185271	216801	232280	7.14
其中：银行存款	19274	24363	25227	25973	26179	0.79
债券	51613	56383	64032	79329	90683	14.31
股票和证券投资基金	18354	19220	24365	29822	29505	-1.06
资产总额	167489	183309	205645	232984	248874	6.82
其中：再保险公司	3150	3650	4261	4956	6057	22.22
资产管理公司	491	557	641	761	1030	35.35
净资产	18845	20154	24808	27525	29306	6.47

资料来源：笔者根据中国银保监会网站公布的数据整理。

2022年是党的二十大召开之年，保险业要坚持以习近平新时代中国特色社会主义思想为指导，全面贯彻党的十九大和十九届历次全会及中央经济工作会议精神，深入落实习近平总书记关于金融工作的重要指示要求，弘扬伟大建党精神，坚持稳中求进工作总基调，完整、准确、全面贯彻新发展理念，主动服务和融入新发展格局，全面深化改革开放，坚持创新驱动发展，推动高质量发展，坚持以供给侧结构性改革为主线，统筹保险业发展和金融安全，坚定不移抓好既有工作部署，以优异成绩迎接党的二十大胜利召开。

一是不断提高政治站位。从政治上和组织上强化和改进党的建设，把党的领导融入公司治理各个环节，把自身发展融入国家大局，积极推进供给侧结构性改革，服务构建国内国际双循环相互促进的新发展格局，在巩固脱贫攻坚成果、推动乡村振兴、完善社会保障体系方面做出应有的贡献。

二是坚持走高质量发展道路。保持战略定力，坚定不移地回归保障本源，积极参与健康中国、应对人口老龄化等国家战略的顶层制度设计。坚决整治恶性竞争，改变低水平重复建设，着力构建结构合理、功能完备、保障全面、竞争有序的保险供给体系。积极推动差异化发展和错位竞争，顺应数字化转型趋势，提升发展质量。

三是推动完善公司治理机制。夯实公司治理主体责任，严格管理股东股权行为，加强董事会建设，做实监事会功能，发挥独立董事作用，加强高管人员履职管理。保障股东特别是中小股东对公司重大事项的知情权、决策权和监督权。鼓励积极探索、建立和完善既具有中国特色又符合国际规则的现代企业制度。

四是提升服务社会民生能力。牢固树立以人民为中心的理念，优化保险产品供给，更好地满足社会大众日益增长的养老、健康等保障需求。发展服务“三农”领域等的普惠保险，加强对小微企业和弱势群体的金融服务，切实促进共同富裕。

五是牢牢守住风险底线。全面加强内控建设，培育合规文化，增强保险机构合规经营内生动力。加强风险监测预警，稳定经营管理。对出现的风险，公司和股东要各负其责。风险化解过程中要特别注重保护保险消费者的权益。

六是加强和改善保险监管。进一步完善制度体系，弥补监管短板。构建保险机构非现场监测与风险评估体系，增强风险识别和处置能力。发挥属地银保监局贴身监管、一线监管优势，强化上下联动和协作共享，形成合力，推动保险业健康平稳快速发展。

面对社会、经济、思想和科技的变化，保险业要审时度势，重新思考保险的内涵和外延，思考保险的功能和定位，特别是要立足于“科技+制度+管理+服务”模式下的新型保险。同时，保险公司还要思考在新发展时代下的新起点、新使命、新战略、新动力和新愿景。

第五章
可持续保险核心议题

第一节 “双碳”目标与可持续保险

一、碳达峰、碳中和

“双碳”目标是中国统筹国际国内两个大局做出的重大战略决策，事关中华民族永续发展和人类命运共同体的构建，影响深远、意义重大。从国内来讲，“双碳”目标对我国当前和今后一个时期应对气候变化、绿色低碳发展和生态文明建设工作提出了更高的要求，并指明了方向和路径。

近年来，国家高度重视“双碳”战略，积极进行“双碳”战略的顶层设计。正是长期一以贯之的探索和思考，才有了“双碳”目标的诞生。

2012年11月，党的十八大报告首次把“美丽中国”作为生态文明建设的宏伟目标。

2013年9月，习近平主席指出：“我们既要绿水青山，也要金山银山。宁要绿水青山，不要金山银山，而且绿水青山就是金山银山。”①

2015年4月，中共中央、国务院印发《关于加快推进生态文明建设的

---

① 习近平在纳扎尔巴耶夫大学的演讲[EB/OL]. 新华网，http：//www.xinhuanet.com//world/2013-09/08/c_117273079.htm.

意见》，提出了中国生态文明建设的总体目标。

2015年9月，中共中央、国务院印发《生态文明体制改革总体方案》，明确了生态文明体制改革的“四梁八柱”。

2015年10月，党的十八届五中全会首次提出“创新、协调、绿色、开放、共享”五大发展理念。

2017年1月，习近平主席在联合国日内瓦总部发表主旨演讲，首次提出构建人类命运共同体的伟大设想，倡导全世界：“坚持绿色低碳，建设一个清洁美丽的世界。”①

2018年6月，中共中央、国务院印发《关于全面加强生态环境保护 坚决打好污染防治攻坚战的意见》，就生态环境治理做出全面部署。

2020年12月，中央经济工作会议将做好碳达峰、碳中和工作列为2021年八大重点工作之一。

2021年2月，国务院印发《关于加快建立健全绿色低碳循环发展经济体系的指导意见》，就加快建立健全绿色低碳循环发展的经济体系进行全面部署，在大力发展绿色金融方面明确提出“发展绿色保险，发挥保险费率调节机制作用”。

2021年3月5日，李克强总理在《政府工作报告》中指出：“扎实做好碳达峰、碳中和各项工作。制定2030年前碳排放达峰行动方案。优化产业结构和能源结构。……实施金融支持绿色低碳发展专项政策，设立碳减排支持工具。”②

2021年3月15日，习近平总书记在主持召开中央财经委员会第九次会议时指出：“实现碳达峰、碳中和是一场广泛而深刻的经济社会系统性变革，要把碳达峰、碳中和纳入生态文明建设整体布局，拿出抓铁有痕的劲

① 习近平主席在联合国日内瓦总部的演讲[EB/OL]. 新华网，http：//www.xinhuanet.com/politics/2017-01/19/c_1120340081.htm.

② 政府工作报告[EB/OL]. 新华网，http：//www.news.cn/politics/2022lh/2022-03/12/c_1128464987.htm.

头，如期实现2030年前碳达峰、2060年前碳中和的目标。”[①]会议从“构建以新能源为主体的新型电力系统、实施重点行业领域减污降碳行动、推动绿色低碳技术实现重大突破、完善绿色低碳政策和市场体系、倡导绿色低碳生活、提升生态碳汇能力、推进国际规则标准制定”七大方面提出实施“双碳”战略的总路径。

2021年5月27日，国务院副总理韩正主持召开碳达峰、碳中和工作领导小组第一次全体会议时指出：“推进碳达峰、碳中和工作，要坚持问题导向……围绕推动产业结构优化、推进能源结构调整、支持绿色低碳技术研发推广、完善绿色低碳政策体系、健全法律法规和标准体系等，研究提出有针对性和可操作性的政策举措。”[②]

2021年12月，中央经济工作会议指出，碳达峰、碳中和工作要坚持全国统筹、节约优先、双轮驱动、内外畅通、防范风险的原则。传统能源的逐步退出必须要建立在新能源安全可靠的替代基础上。

从2020年9月“双碳”目标正式提出以来，国家进行了一系列高效部署，清晰表明确保实现“双碳”目标、促进经济社会发展全面绿色转型的坚定决心；保险业应坚定不移贯彻新发展理念，要思想到位、措施到位、行动到位，保质保量完成各项任务，有力助推“双碳”目标达成。

二、保险业与“双碳”目标

为实现碳中和目标，金融支持手段不可或缺，其中可持续保险和负责任投资（以ESG投资为核心）作为最主要的绿色金融工具之一，对支持社

① 习近平主持召开中央财经委员会第九次会议[EB/OL]. 新华网，http：//m.xinhuanet.com/2021-03/15/c_1127214324.htm.

② 韩正主持碳达峰碳中和工作领导小组第一次全体会议并讲话[EB/OL]. 新华网，http：//www.xinhuanet.com/politics/leaders/2021-05/27/c_1127500195.htm.

会经济绿色转型和可持续发展具有重要的作用。

2021年1月4日，中国人民银行工作会议将“落实碳达峰碳中和重大决策部署，完善绿色金融政策框架和激励机制”列入2021年度重点工作并提出工作思路：“要做好政策设计和规划，引导金融资源向绿色发展领域倾斜，增强金融体系管理气候变化相关风险的能力，推动建设碳排放权交易市场为排碳合理定价。逐步健全绿色金融标准体系，明确金融机构监管和信息披露要求，建立政策激励约束体系，完善绿色金融产品和市场体系，持续推进绿色金融国际合作。”

2021年1月26日，中国银保监会在工作会议上将“积极发展绿色信贷、绿色保险、绿色信托，为构建新发展格局提供有力支持”列入2021年度重点工作。

2021年4月28日，中国银保监会在研究部署银行业保险业支持长江经济带发展的工作会议上提出，“大力发展绿色金融，完善产品服务体系和组织体系，精准支持绿色发展……全力服务碳达峰、碳中和目标达成，创新产品服务，助力生态产品价值实现”。

在经济社会发展全面绿色转型的关键时期，保险业努力发挥保险在“风险识别、风险管理、风险保障、风险投资”方面的独特优势，自觉将行业发展与全力服务“双碳”大局、助推“双碳”目标达成相结合。

（1）以保险保障服务低碳转型。从绿色金融的提出到绿色保险的实践，保险业持续拓宽服务路径，创新保险产品，为绿色能源、绿色交通、绿色建筑、绿色技术、气候治理和森林碳汇等领域提供风险保障，服务实体经济和绿色转型，助推“双碳”目标达成。

（2）以保险资金助力绿色发展。保险资金积极参与绿色金融体制机制创新，发挥保险资金独特优势，为我国经济绿色化转型提供融资支持。深度融合绿色投资理念，高度参与绿色投资实践，重点投向清洁能源和绿色基础设施建设；丰富绿色投资理念，拓宽绿色投资领域，建立绿色投资长效机制，全面服务于“双碳”重点行业和领域，助推绿色发展；优化绿色投资生态，完善绿色投资体系，助推绿色产业发展，引导“双碳”目标下的绿色转型。

（3）以绿色运营加强自我挖潜。保险业在为绿色转型发展提供保险保障和资金支持的同时，充分挖掘自身潜力，积极加快数字化转型，推进绿色运营和绿色办公，展现行业的责任感和使命感。

要落实碳达峰、碳中和的重大决策部署，需完善绿色金融政策框架和激励机制，引导金融资源向绿色发展领域倾斜，增强金融体系管理气候变化相关风险的能力，推动建设碳排放交易市场为排碳合理定价。对于保险公司来说，作为风险管理者、风险承担者和投资者的统一体，要以环境、社会及治理（ESG）为抓手，通过提供多样化的可持续保险产品，促进低碳、循环经济的发展及碳中和目标的实现，重点在于可持续保险和负责任投资的落实。

第二节　乡村振兴与可持续保险

一、乡村振兴

党的十八大以来，在以习近平同志为核心的党中央领导下，中国组织实施了人类历史上规模空前、力度最大、惠及人口最多的脱贫攻坚战。2021年2月25日，习近平总书记在全国脱贫攻坚总结表彰大会上庄严宣告：“经过全党全国各族人民共同努力，在迎来中国共产党成立一百周年的重要时刻，我国脱贫攻坚战取得了全面胜利。”[①]中国提前10年实现《联合国

① 习近平：在全国脱贫攻坚总结表彰大会上的讲话[EB/OL]. 新华网，http：//www.xinhuanet.com/2021-02/25/c_1127140240.htm.

2030年可持续发展议程》减贫目标，相应地，实现乡村振兴就成为中国实现现代化的关键性工程。

2017年10月18日，党的十九大报告指出，农业农村农民问题是关系国计民生的根本性问题，必须始终把解决好“三农”问题作为全党工作的重中之重，实施乡村振兴战略。中共中央、国务院连续发布一系列重要文件，对新发展阶段优先发展农业农村、全面推进乡村振兴做出总体部署，为做好当前和今后一个时期“三农”工作指明了方向。

2018年3月5日，国务院总理李克强在《政府工作报告》中讲到，要大力实施乡村振兴战略[①]。5月31日，中共中央政治局召开会议，审议了《国家乡村振兴战略规划（2018—2022年）》。9月26日，中共中央、国务院印发《乡村振兴战略规划（2018—2022年）》，要求各地区、各部门结合实际认真贯彻落实。

2019年2月19日，中共中央、国务院印发《关于坚持农业农村优先发展做好“三农”工作的若干意见》；2020年2月5日，中共中央、国务院印发《关于抓好“三农”领域重点工作确保如期实现全面小康的意见》。

2020年10月29日，党的十九届五中全会站在党和国家事业发展全局的高度，描绘了面向未来的“十四五”以及2035年远景发展蓝图，审议通过了《“十四五”规划建议》，提出“优先发展农业农村，全面推进乡村振兴”。

2021年2月21日，中共中央、国务院印发《关于全面推进乡村振兴加快农业农村现代化的意见》；2月25日，国务院直属机构国家乡村振兴局正式挂牌；3月11日，第十三届全国人民代表大会第四次会议审查通过了《“十四五”规划纲要》，明确了“坚持农业农村优先发展，全面推进乡村振兴”；3月23日，中共中央、国务院印发《关于实现巩固拓展脱贫攻坚

---

① 政府工作报告[EB/OL]. 新华网，http：//www.xinhuanet.com/politics/2018lh/2018-03/22/c_1122575588.htm.

成果同乡村振兴有效衔接的意见》；4月29日，十三届全国人大常委会第二十八次会议表决通过了《中华人民共和国乡村振兴促进法》。

2022年2月22日，中共中央、国务院印发《关于做好2022年全面推进乡村振兴重点工作的意见》，这是21世纪以来第19个指导“三农”工作的中央一号文件。文件提出“强化乡村振兴金融服务”，加强农村金融知识普及教育和金融消费权益保护，积极发展农业保险和再保险，优化完善“保险+期货”模式。

二、保险业与乡村振兴

为全面贯彻落实党中央、国务院关于乡村振兴战略的决策部署，中国银保监会积极推进乡村振兴金融服务。

2021年3月10日，中国银保监会、财政部、中国人民银行、国家乡村振兴局联合发布《关于深入扎实做好过渡期脱贫人口小额信贷工作的通知》（银保监发〔2021〕6号），深入落实党中央、国务院关于巩固拓展脱贫攻坚成果同乡村振兴有效衔接的决策部署。

4月2日，中国银保监会印发《关于2021年银行业保险业高质量服务乡村振兴的通知》（银保监办发〔2021〕44号），从八个方面提出了2021年银行业、保险业高质量服务乡村振兴工作要求，就保险业充分发挥保险保障作用服务好乡村振兴战略做出具体要求和安排。

6月29日，中国人民银行、中国银保监会等六部门联合发布《关于金融支持巩固拓展脱贫攻坚成果 全面推进乡村振兴的意见》（银发〔2021〕171号），就切实做好“十四五”时期农村金融服务工作，支持巩固拓展脱贫攻坚成果、持续提升金融服务乡村振兴能力和水平提出要求。

9月7日，中国银保监会印发《关于印发支持国家乡村振兴重点帮扶县工作方案的通知》（银保监办发〔2021〕97号），对银行业保险业支持国家乡村振兴重点帮扶县工作做出安排部署。

12月28日，中国保险行业协会发布《保险业服务乡村振兴蓝皮书（2021）》。该蓝皮书指出，保险业服务乡村振兴，要大力推进保险产品创新和服务创新，不断提高保险保障水平，推动实现产业有支持、民生有保障、生态有涵养的乡村振兴目标。

《保险业服务乡村振兴蓝皮书（2021）》数据显示，2016—2020年保险业累计创新开发保障扶贫产业发展的农业保险产品2808个，提供风险保障16157.57亿元，支付赔款159.12亿元。进入乡村振兴阶段后，保险业将提升三大主粮作物农业保险覆盖率，推动收入保险成为我国农业保险的重要险种。在原先保障物化成本的基础上，将地租和劳动力成本纳入保障范围，对农业可能出现的生产损失实现全成本保障。进一步完善我国制种保险制度，拓宽制种保险的覆盖面，将关系国计民生的重要农牧产品种子繁育都纳入种业保险保障范围。大力发展农业巨灾保险，大力推进粮食主产区农业巨灾保险有效覆盖。另外，在宜居生态环境建设方面，保险业将积极参与乡村环境整治，开发设计乡村环境污染责任保险。

在助推脱贫攻坚、巩固脱贫攻坚成果阶段，保险业不断创新，形成了较为完善的保险产品体系和保险模式，展现了保险业独有的功能作用。民族要复兴，乡村必振兴，新发展阶段、新发展理念、新发展格局下的“三农”工作极其重要，须臾不可放松，务必抓紧抓实。保险业要把助力全面推进乡村振兴作为职责和使命，聚焦专业提升、创新发展、科技赋能三大重点方向，深度探索助力乡村振兴的破局之道、发展之路。

保险业服务乡村振兴，要坚持问题导向、目标导向，大力推进保险产品创新和服务创新，不断提高保险保障水平，推动实现产业有支持、民生有保障、生态有涵养的乡村振兴目标。

第三节　共同富裕与可持续保险

一、共同富裕

共同富裕是全体人民通过辛勤劳动和相互帮助最终达到丰衣足食的生活水平，也就是在消除两极分化和贫穷基础上的普遍富裕，是邓小平建设中国特色社会主义理论的重要内容之一。中国人多地广，共同富裕不是同时富裕，而是一部分人一部分地区先富起来，先富带动后富，逐步实现共同富裕。共同富裕是社会主义的本质规定和奋斗目标，也是我国社会主义的根本原则。

2021年1月11日，习近平总书记在省部级主要领导干部学习贯彻党的十九届五中全会精神专题研讨班开班式上强调，实现共同富裕这项工作“不能等”[①]。

7月1日，在庆祝中国共产党成立100周年大会上，习近平总书记提出，着力解决发展不平衡不充分问题和人民群众急难愁盼问题，推动人的全面发展、全体人民共同富裕取得更为明显的实质性进展！[②]

8月17日，习近平总书记在中央财经委员会第十次会议上提出了促进共同富裕的时间表：到“十四五”末，全体人民共同富裕迈出坚实步伐，居民收入和实际消费水平差距逐步缩小；到2035年，全体人民共同富裕取得更为明显的实质性进展，基本公共服务实现均等化；到21世纪中叶，全体人民共同富裕基本实现，居民收入和实际消费水平差距缩小到合理

---

① 习近平：把握新发展阶段，贯彻新发展理念，构建新发展格局[EB/OL]. 新华网，http：//www.xinhuanet.com/politics/leaders/2021-04/30/c_1127397175.htm.

② 习近平：在庆祝中国共产党成立100周年大会上的讲话[EB/OL]. 新华网，http：//www.xinhuanet.com/nzzt/144/index.htm.

区间。[①]

12月10日，习近平总书记在中央经济工作会议上着重阐述了几个重大问题，其中之一就是，正确认识和把握实现共同富裕的战略目标和实践途径。[②]

一年来，在不同场合，习近平总书记多次提及“共同富裕”。他强调，我们决不能允许贫富差距越来越大、穷者愈穷富者愈富，决不能允许在富的人和穷的人之间出现一道不可逾越的鸿沟。他指出，促进全体人民共同富裕“必须摆在更加重要的位置”。

2021年6月10日，中共中央、国务院印发《关于支持浙江高质量发展建设共同富裕示范区的意见》，支持鼓励浙江先行探索高质量发展，建设共同富裕示范区。

新时代中国取得了历史性成就，发生历史性变革：近一亿农村贫困人口实现脱贫，历史性地解决了绝对贫困问题；国内生产总值、人均国内生产总值分别突破110万亿元和1.2万美元；中等收入群体超过4亿人，实现从低收入国家到中等偏上收入国家的历史性跨越……这一切，为促进共同富裕创造了良好条件。

共同富裕是社会主义的本质要求，是中国式现代化的重要特征，要坚持以人民为中心的发展思想，在高质量发展中促进共同富裕，把握好以下几个方面：

第一，什么是共同富裕。我们已经全面建成小康社会，在这个基础上，要继续把做大“蛋糕”和分好“蛋糕”两件事情办好，大力推动高质量发展，普遍提高城乡居民收入水平，逐步缩小分配差距，坚决防止两极分化。共同富裕是全体人民的富裕，不是少数人的富裕；是人民群众物质

① 习近平主持召开中央财经委员会第十次会议[EB/OL]. 新华网，http：//www.xinhuanet.com/2021-08/17/c_1127770343.htm.

② 中央经济工作会议在北京举行[EB/OL]. 新华网，http：//www.gszg.gov.cn/2021-12/11/c_1128157814.htm.

生活和精神生活双富裕，不是仅仅物质上富裕而精神上空虚；是仍然存在一定差距的共同富裕，不是整齐划一的平均主义同等富裕。

第二，我们靠什么来实现共同富裕。共同富裕要靠共同奋斗，这是根本途径。要鼓励勤劳致富、创新致富，鼓励辛勤劳动、合法经营、敢于创业的致富带头人，允许一部分人先富起来，先富带后富、帮后富，不搞“杀富济贫”。要坚持在发展中保障和改善民生，要提高人民受教育程度，增强其发展能力，创造更加普惠、公平的条件，畅通社会向上流动的通道，给更多人创造致富的机会。要扎实推进基本公共服务均等化，坚持尽力而为、量力而行，防止落入福利主义的陷阱，扼制“等靠要”思想，不能养懒汉。要构建初次分配、再分配、三次分配协调配套的基础性制度安排，加大税收、社保、转移支付等的调节力度，扩大中等收入群体，形成中间大、两头小的橄榄形分配结构。第三次分配是在自愿基础上的，不是强制的，国家税收政策要给予适当激励，通过慈善捐赠等方式，起到改善分配结构的补充作用。

第三，要充分估计实现共同富裕的长期性、艰巨性、复杂性。我国正在全面建设社会主义现代化国家，由全面小康迈向共同富裕，由中等收入国家发展成为高收入国家。实现共同富裕是一个在动态中向前发展的过程，不可能一蹴而就，也不可能齐头并进。我们要坚持稳中求进、循序渐进、久久为功，一件事情接着一件事情办，一年接着一年干，在新时代促进人的全面发展，使全体人民共同富裕取得实质性进展。

二、保险业与共同富裕

共同富裕的核心要务从宏观上看就是要解决发展不充分、不平衡问题，推动整体经济的高质量发展；从微观角度看就是要打破资源配置不均衡对共建共享的制约，让所有社会成员平等地拥有追求富裕的权利，并平等地享有社会经济高质量发展的成果。

共同富裕包括做大“蛋糕”与分好“蛋糕”两大相互交织的路径。这实际上为保险促进共同富裕提供了基本思路，即通过深化保险供给侧结构性改革，优化保险资源配置，完善保险保障，在推动整体经济社会高质量发展、做大共同富裕“蛋糕”的同时，调节保险资源配置，提升保险服务的适配性、普惠性，实现分好“蛋糕”。

从做大“蛋糕”角度出发，就是要发挥保险杠杆对实体经济的保障作用，加大对实体经济发展风险的保障力度，从不同维度推动经济结构的优化和高质量发展，夯实共同富裕的物质基础。

从分好“蛋糕”的角度出发，就是要发展普惠保险，实现保险服务均等化，保障市场主体保险服务的可获得性，维护市场主体致富机会的均等性，通过保险资源的合理配置，为社会成员合法合规致富提供保险保障，缩小社会贫富差距。

2021年8月20日，中国人民银行召开党委（扩大）会议，传达学习了习近平总书记在中央财经委员会第十次会议上的重要讲话以及会议精神。会议要求，各单位要坚持以习近平新时代中国特色社会主义思想为指导，认真学习贯彻习近平总书记在中央财经委员会第十次会议上的重要讲话精神，进一步提高政治站位，增强“四个意识”，坚定“四个自信”，做到“两个维护”，切实把思想和行动统一到以习近平同志为核心的党中央对促进共同富裕和金融稳定发展的重大决策部署上来，坚持稳中求进工作总基调，保持宏观政策稳定性，为促进共同富裕提供有力的金融支持，坚决守住不发生系统性金融风险的底线。

10月25日，中国银保监会浙江监管局、浙江省地方金融监管局联合发布《浙江银行业保险业支持高质量发展建设共同富裕示范区行动方案（2021—2025年）》，共同推动金融支持共同富裕建设。以助力解决地区差距、城乡差距、收入差距为目标，注重金融资源向农村、基层、相对欠发达地区倾斜，向困难群众倾斜，要求银行保险机构围绕夯实共同富裕经济基础，聚焦强链补链，强化金融保障，促进经济高质量发展；围绕探索共同富裕有效路径，聚焦薄弱环节，强化金融普惠，促进城乡协调发展；围绕推动中等收入群体双倍增计划，聚焦保险、理财，完善多层次保险保障体系，促进橄榄型社会发展；围绕共建共享高品质生活环境，聚焦绿色金融和数字生活，完善便民服务，促进和谐社会建设。

2022年2月15日，中国银保监会浙江监管局发布《浙江银行业保险业坚持“靶向破难” 全力助推高质量发展建设共同富裕示范区》，指出浙江省银行业、保险业聚焦破解金融助力共同富裕普遍性难题，持续深化金融服务实体经济质效，全力助推浙江高质量发展建设共同富裕示范区。截至2021年末，浙江（含宁波，下同）实现保费收入2859.76亿元，为全省提供风险保障1655.45万亿元。

（1）积极帮助企业减负降本。一是深化运用保险机制推进保证金领域改革，盘活企业沉睡资金，有效缓解企业资金压力；二是推动“双保”融资机制的常态化运用，探索完善逆周期信贷方式，支持更多暂遇困难但发展前景良好的中小微企业。

（2）持续深化小微金融服务，大力发展线上金融，全力助推乡村振兴。一是制定《浙江银行业保险业支持26县跨越式高质量发展行动方案（2021—2025年）》，梳理差异化金融服务机制，明确银行业保险业支持山区26县发展的工作目标和18项重点任务，推动银行保险机构加大对山区26县的支持力度；二是进一步完善构建农村保险保障服务体系，积极探索省定险种为主、地方特色险种为辅、商业保险补充的农险供给体系。

（3）不断扩大保险保障覆盖面。一是在浙江全省范围内建立“基本医保+大病保险+普惠型商业补充医保”的多层次保障体系；二是开展专属商业养老保险试点相关工作，探索个人养老金制度，按照“一个机制引领，两个维度推进”的整体思路，整体推动商业养老保险第三支柱建设进程。

在拥有超14亿人口的大国，实现共同富裕是一项极为复杂的历史任务，保险在某种程度上是实现和保障社会共同富裕的“底座”。在促进共同富裕的过程中，保险业发挥着风险保障、资金融通和社会管理的功能作用。

一是发挥保险风险保障功能，助力提高共同富裕中的困难群体保障水平。作为社会风险管理的重要手段，保险特有的风险转移和损失补偿机制，以及互帮互助、扶危济困、雪中送炭的属性，在促进共同富裕中作用明显，特别是在支农惠农、扶贫开发等领域，保险对于低收入群体这一促进共同富裕中需要重点帮扶保障的人群，可以发挥其他金融工具难以替代的重要作用。

二是发挥保险资金融通功能，助力夯实财力基础。促进共同富裕，资金支持是重要条件。随着共同富裕的扎实推进，欠发达地区经济社会发展对资金的需求增大，迫切需要更多社会资金参与到帮扶开发中来。

三是发挥保险社会管理功能，助力满足共同富裕中的社会治理。保险是社会发展的“稳定器”，发挥保险社会管理功能，助力完善治理机制，提升基层社会治理能力和公共服务供给水平，是推动共同富裕的重要一环。

实现共同富裕，关系到我们每一个人。保险业高质量发展是升级，也是“回归”，是转型升级的重新定位，是坚持以人民为中心的发展思想、顺应人民群众对美好生活的向往、坚守本源和初心之下的精进与突破；是聚焦长期主义价值，强化价值业务上规模、规模业务提价值，真正实现规模与价值的有机统一，从而以保险业的高质量发展推进共同富裕目标的实现。

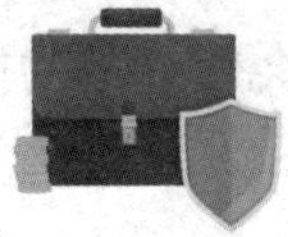

第六章 可持续保险案例分析

第一节 可持续发展理念与管理

一、可持续发展案例选择

截至2022年2月15日，中国内地共有2家保险集团公司签署《可持续保险原则》，共有6家保险集团、保险资产管理公司签署《负责任投资原则》，具体名单见表6–1。

表 6–1 中国签署《可持续保险原则》和《负责任投资原则》的公司

原则名称	公司名称	类别	签署时间
可持续保险原则（PSI）	中国平安保险（集团）股份有限公司	保险集团	2020–04–22
	中国太平洋保险（集团）股份有限公司	保险集团	2021–12–14
负责任投资原则（PRI）	中国平安保险（集团）股份有限公司	资产所有者	2019–08–23
	泰康保险集团股份有限公司	资产所有者	2021–06–03
	中国太平洋保险（集团）股份有限公司	资产所有者 / 投资管理人	2021–12–21
	中国人寿资产管理有限公司	投资管理人	2018–11–22
	泰康资产管理有限责任公司	投资管理人	2021–06–03
	安联保险资产管理有限公司	投资管理人	2021–12–24

截至2022年3月31日，除中国平安保险（集团）股份有限公司（以下

简称“中国平安”或“平安集团”）之外，其他公司尚未公布详细的可持续发展政策和可持续发展报告。鉴于此，本章选择平安集团作为研究案例。平安集团官网“可持续发展”专栏公布了历年披露的可持续发展报告及可持续发展研究报告，并披露了与可持续发展相关的主要政策，上述报告和政策资料的截止时间为2022年3月31日。

（1）平安集团商业守则。

（2）平安集团责任投资政策。

（3）平安集团可持续保险政策。

（4）平安集团煤炭相关业务声明。

（5）平安集团信息安全管理政策。

（6）平安集团隐私保护声明。

（7）平安集团AI治理声明与政策。

（8）平安集团责任产品声明。

（9）平安集团可持续供应链政策。

（10）平安集团员工及代理人权益与福利政策。

（11）平安集团低碳业务和运营政策。

（12）平安集团绿色运营政策。

（13）平安集团社区影响力指引等。

平安集团于1988年诞生于深圳蛇口，是中国第一家股份制保险企业，至今已发展成为我国三大综合性金融集团之一。平安集团为香港联合交易所主板及上海证券交易所两个市场的上市公司，股票代码分别为2318和601318。

平安集团成员公司包括平安寿险、平安产险、平安养老险、平安健康险、平安银行、平安信托、平安证券、平安基金等，涵盖金融业各个领域，已发展成为中国少数能为客户同时提供保险、银行及投资等全方位金融产品和服务的金融企业之一。

随着我国“碳达峰”“碳中和”目标的提出，平安集团全方位升级绿色金融行动，依托综合金融优势，充分发挥绿色保险、绿色投资和绿色信贷作用，采取有力措施支持绿色发展，助力国家“双碳”目标的实现。2019年8月21日，平安集团宣布签署了联合国环境规划署金融倡议组织（UNEP FI）的《负责任投资原则》，成为中国第一家加入该组织的资产所有者；2020年4月22日，平安集团宣布签署了联合国环境规划署金融倡议组织（UNEP FI）的《可持续保险原则》，成为中国内地第一家加入该组织的保险公司。目前，平安集团尚未签署《负责任银行原则》，但平安银行已连续三年发布可持续发展报告。

二、可持续发展承诺与模型

平安集团在可持续发展战略驱动下，将ESG核心理念和标准全面融入企业管理，结合业务实践，构建科学、专业的可持续发展管理体系。同时，平安集团致力于打造“有温度的金融”，全力以赴推动“综合金融+医疗健康”服务，践行“专业，让生活更简单”的品牌承诺，为股东、客户、员工、社区与环境、合作伙伴创造价值，不断寻求商业价值和社会价值双重提升，助力人民群众实现美好生活。平安集团可持续发展模型如图6–1所示。

（1）环境方面。平安集团运用领先科技赋能环境保护与治理，推动构建环境友好型商业生态。

（2）社会方面。平安集团坚守责任投资理念，全方位升级绿色金融行动，依托综合金融优势，充分发挥绿色保险、绿色投资和绿色信贷作用，全力支持绿色发展，助力国家碳达峰、碳中和目标达成。

（3）经济方面。平安集团积极响应国家号召，坚持金融服务实体经济，持续为中小微企业发展赋能，助力社会经济发展。

（4）治理方面。平安集团将保障客户利益、推动股东参与、支持员工发展以及确保合作伙伴互利共赢作为企业治理的基本出发点。

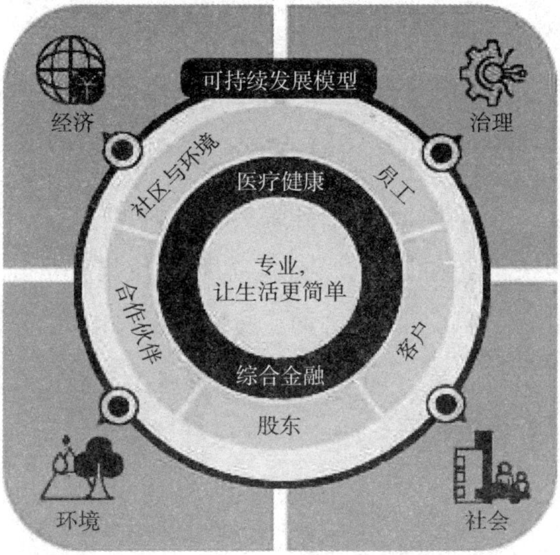

图 6-1　平安集团可持续发展模型

资料来源：中国平安集团官网。

三、可持续发展组织架构

平安集团为积极应对气候变化对公司业务的潜在影响，不断推动公司业务可持续发展，将可持续发展融入发展战略，建立和实践专业、科学的可持续发展管理体系和清晰的ESG治理架构。

在ESG治理架构中，平安集团规定了董事会和执行委员会在ESG和气候变化方面的监督管理职责，并明确由董事会负责集团的风险管理。董事会下的审计与风险管理委员会定期向董事会提供对风险管理的意见和建议，以最大程度地降低由于气候变化带来的市场调整、拖延或潜在不确定性等风险对平安集团的不利影响。

此外，ESG治理架构明确了管理目标、责任和考核机制。通过持续完善ESG事务及风险的管理和定期汇报机制，确保董事及高级管理层了解ESG风险管理、目标、计划及执行情况与进展，进而确保ESG管理的有效性。平安集团的ESG管理从董事会贯穿到所有业务部门，建立了以董事会为主导，以专业委员为核心，以ESG办公室和集团各职能部门为驱动力，以业务公司矩阵式管理为主要实施力量的可持续内部管理架构（见图6-2）。具体来看，平安集团ESG治理架构共分为4层：

L1层为公司董事会和其下设的战略与投资决策委员会，全面监督ESG事宜，负责ESG战略规划、风险管理、政策制定等相应工作。

L2层为集团执行委员会和其下设的投资者关系及ESG委员会，负责识别ESG风险和机遇，制订与ESG相关的具体计划、目标和绩效考核等工作。

L3层为集团ESG办公室与集团职能中心组成的ESG执行小组，共同协调集团ESG内部和外部的工作。

L4层由集团各职能单元和各专业公司组成，是ESG工作的落实主力。

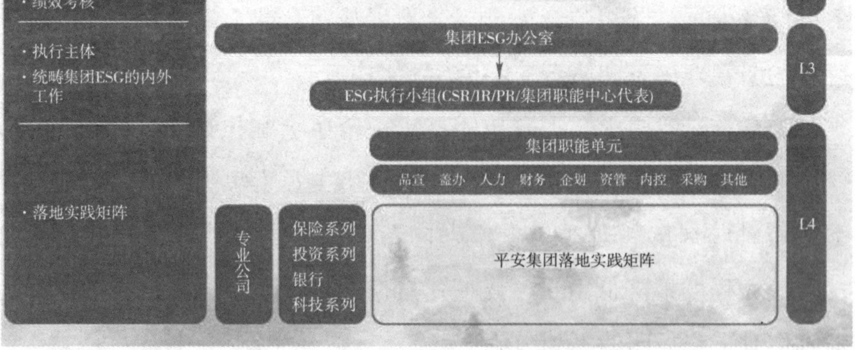

图6-2　平安集团ESG治理架构

资料来源：中国平安集团官网。

此外，2021年初，平安集团成立了集团绿色金融委员会，由董事会主席主持，由负责不同业务的联席CEO和集团主要高管担任副主任。绿色金融委员会作为集团绿色金融工作责任主体，负责平安集团绿色金融战略、规划、制度等的制定与审议。绿色金融委员会下设集团绿色金融办公室，是推动绿色金融相关工作进展的执行机构，由集团ESG办公室统筹协调整体工作。

四、可持续发展沟通

平安集团积极与各利益相关者进行沟通，并主动参与国内外组织机构，推动可持续发展议程。

（1）与利益相关者沟通。股东、客户、员工、社区与环境、合作伙伴是平安集团最重要的利益相关者。为了充分了解各利益相关者对平安集团的期望，明确信息要求，分析评估公司经营活动对于利益相关者群体的具体影响，平安集团建立了多种渠道，保持与利益相关者的定期沟通。

平安集团依据香港联合交易所的《环境、社会及管治报告指引》中对利益相关者参与的相关指引要求，在日常ESG事务推进过程中以日常会议、ESG主题研讨会、ESG工作坊等多种方式征求内外部利益相关者对平安集团ESG体系的意见与建议。平安集团还关注国内外先进企业在ESG议题上的界定与披露情况，持续完善ESG议题的识别与重大性判定流程，确保准确、全面披露重大ESG议题，并在日常运营中加强重大ESG议题的管理与履行工作。

（2）会员与评级。作为全球知名的综合性金融集团，平安集团为扩大在可持续发展领域的行业影响力，积极加入国内外组织进行沟通并履行成员责任。目前，平安集团已签署《负责任投资原则》和《可持续保险原则》，响应G20金融稳定理事会（FSB）的号召加入了中英金融机构TCFD

气候变化披露工作试点小组，并加入了中国金融学会绿色金融专业委员会等。平安集团也在一直不断地参与制定ESG在中国的应用标准，并推动中国企业在世界可持续发展领域地位的提升。

第二节　可持续发展核心议题

可持续发展核心议题分为三大板块：内部管治、可持续业务整合、社区与环境。

一、内部管治

诚信、科学、公开和透明的企业管治，为平安集团可持续发展奠定了牢固的基础。

（一）商业守则

完善的商业守则是企业治理的根基。平安集团从内部管控出发，以身作则，确保与合作伙伴互利共赢。

平安集团作为领先的综合性金融集团，积极践行严格的商业守则，依据法律法规、行业标准、公司实际、可持续发展要求制定了相关政策。完善的商业守则和披露体制时刻提醒公司和员工以保障客户利益、推动股东参与、支持员工发展、确保与合作伙伴互利共赢为企业治理的基本出发点，给环境、社区和商业发展带来了积极的影响。

（1）公司商业道德声明。平安集团严格遵守全部所经营行业领域与地区的法律、法规，并十分注重商业道德给公司带来的影响。平安集团制定了如《反洗钱管理政策》《集中采购业务供应商管理办法》《信访工作管理制度》等严格的规章制度，以推进管理规范化和信息透明化。平安集团对税务政策，反垄断与公平交易，反洗钱、反恐怖融资和制裁合规，公平和员工权益保护，以及信访管理等相关问题做出了坚定的承诺，坚决维护公平守法的商业原则。

（2）员工商业行为声明。平安集团极为关注员工的商业行为。为确保系统化的宣导教育和透明统一化的管理，平安集团制定了《信息安全管理规定》《员工利益冲突管理办法》《反舞弊制度》等一系列体系化的员工管理制度和行为规范。平安集团对信息管理与社会媒体管理，利益冲突和未公开信息管理，以及反贿赂、贪腐和舞弊行为等方面都做出了明确的规定，杜绝一切违反商业行为的操作，遵守所有法律法规、行业制度和内部管控规定。

关于平安集团商业守则的更多信息，请参考平安集团官网公布的《平安集团商业守则》文件。

（二）董事会规章

平安集团综合国内外企业董事会管理经验，规范集团董事会运作办法和董事工作管理办法，增强董事会运作的透明度和公信力。

（1）多元化政策。平安集团董事会提名委员会特制定《董事会提名委员会工作细则》，以确保公司董事会的成员在技能、经验以及多元化视角方面达到适当的平衡，从而提升董事会的有效运作并保持高标准的公司治理水平。选举过程和结果严格遵循有关法律法规进行规范和披露。

（2）独立董事工作指引。平安集团严格规定独立董事的任职资格，通过股东大会进行选举和更换。公司董事会设置独立董事，并且董事会成员中至少包括1/3的独立董事。独立董事应当诚信、独立、勤勉履行职责，切实维护公司、保险消费者和中小股东的合法权益，不受公司主要股东、实际控制人、管理层或者其他与公司存在重大利害关系的单位或者个人的影响。董事应当对股东大会或者董事会讨论事项发表客观、公正的独立意见。监事会将定期根据董事履职期间的各项义务进行评价，得出评分结果，予以告知以及管理。

关于平安集团公司治理的更多信息，请参考平安集团官网“投资者关系”专栏。

二、可持续业务整合

平安集团通过各项业务和产品，多维度支持企业可持续发展目标。

（一）责任投资

平安集团将责任投资理念应用在集团的所有投资活动中，促进ESG投资在平安集团的融合和发展，实现稳定长期的投资回报。

平安集团责任投资体系的建立严格依照《负责任投资原则》（PRI），参考了国内监管机构的相关指引，并涵盖组织架构与政策、责任投资策略、产品应用和沟通交流四个方面，促进ESG投资在平安集团的融合和发展。

（1）责任投资原则。平安集团积极响应国家监管机构倡议，对标国际最佳实践，参考联合国《负责任投资原则》（PRI）建议，将责任投资原则融入各类投资活动中。

（2）产品应用。从投资风险管理的角度来说，平安集团将ESG相关的资产安全风险纳入集团投资风险管控体系，并从气候变化、社会风险两大类出发，识别出二级细分的主题风险类别，并建立相应的风险标准，结合集团资产分布（行业、地区）进行风险判断。平安集团积极响应G20金融稳定理事会（FSB）倡议：在TCFD的框架下对气候变化相关风险进行了全面梳理，从治理、战略和风险策略、风险指标和目标方面进行披露。

关于平安集团责任投资的更多信息，请参考平安集团官网公布的《平安集团责任投资政策》文件。

（二）可持续保险

平安集团充分考虑气候环境和社会因素对集团保险业务的影响，实现合理的风险定价，并打造可持续保险产品体系。

平安集团作为一家负责任的多元保险公司，致力于将ESG理念融入保险业务中。这一努力主要体现在保险风险管理（保险产品风险定价、承保企业风险管理）和可持续保险产品体系两个维度。

（1）保险风险管理。平安集团持续研究和监控全球气候变化风险（全球气温上升、极端气候灾害等）和社会变化风险（社会人口结构变化、人口老龄化、高发疾病等），管控和规避承保过程中的风险。在保险产品精算和定价过程中融入ESG风险调控，以实现保险产品的合理ESG风险定价。

（2）可持续保险产品体系。与ESG相关的风险会催生新险种或者增加需求。同时平安集团也致力于普惠型保险产品的开发设计，来为社会弱势群体提供风险保障。平安集团致力于携同行及专家共同研究，不断提升平安集团绿色保险和普惠保险产品的多元性和专业性。

目前，平安集团已经形成了可持续保险产品体系来履行环境和社会责任，在服务客户的同时，也推动了平安集团自身业务的发展。

关于平安集团可持续保险的更多信息，请参考平安集团官网公布的《平安集团可持续保险政策》文件。

（三）煤炭业务相关声明

平安集团基于个案评估法承保和投资煤炭相关项目。平安集团积极响应国家监管机构和联合国《负责任投资原则》（PRI）的倡议，将负责任的投资纳入各种类型的投资活动，同时建立了可持续保险体系，将ESG因素纳入承保业务。平安集团自2015年开始采取行动，到2030年之前逐步将煤炭投资比例降低30%。平安集团根据每家公司的环保表现，考虑能源转换效率、公司治理和环境破坏风险等相关细节，对煤炭行业客户进行严格的承保限制。在未来数十年中，努力确保清洁能源和新能源行业在投资和承保业务方面持续增长。

关于平安集团煤炭业务相关声明的更多信息，请参考平安集团官网公布的《平安集团煤炭相关业务声明》文件。

（四）信息安全和 AI 治理

平安集团以最高标准实施信息安全管理，严格保护客户隐私，保证提供符合伦理道德审查要求的人工智能应用。

（1）信息安全和隐私保护。隐私保护是平安集团信息安全管理体系的重中之重，也是管理的红线。平安集团制定了《数据管理办法》《对外数据合作管理办法》等制度，补充制度执行细则并严格执行和监督，开展一系列数据泄露防御措施，例如敏感信息脱敏处理，根据“最小权限”原则进行授权等。

关于平安集团信息安全和隐私保护的更多信息，请参考平安集团官网公布的《平安集团信息安全管理政策》和《平安集团隐私保护声明》文件。

（2）AI治理。平安集团人工智能应用场景主要包括金融、医疗、政务、交通、法律等。针对所有的人工智能应用，平安集团遵循“以人为本、人类自治、安全可控、公平公正、公开透明”的五大伦理原则，致力于提供符合伦理道德审查要求的人工智能应用。平安集团从数据、算法、应用三个方面制定了伦理目标，建立了AI治理框架。

关于平安集团AI治理的更多信息，请参考平安集团官网公布的《平安集团AI治理声明与政策》文件。

（五）责任产品

平安集团始终秉承为社会带来积极影响的理念开发和推广各项产品，完善产品生命周期的管理。作为一家综合性金融生活服务集团，平安集团提供包含保险、银行、投资以及科技在内的多种产品和服务。在各项产品和服务的生命周期中，平安集团坚持遵守合规、公平、普惠、环保等原则。平安集团承诺，所有的产品和服务均以环保和公平为原则，以合规、合法为底线；坚决不涉及侵犯客户合法权益以及政治迫害，并保护言论自由和公平对待；不涉及高排放高污染、破坏生态、破坏动物权益；不参与垄断、不正当竞争、传销、恐怖主义等方面的活动，并避免出现违法违规或违背道德准则的事件。

关于平安集团责任产品的更多信息，请参考平安集团官网公布的《平安集团责任产品声明》文件。

（六）可持续供应链

平安集团将可持续发展从自身拓宽到整个产业链，与合作伙伴共同建立和优化可持续发展管理。ESG管理和风险不仅涉及企业本身，也间接存在于与供应商的合作过程中。可持续供应链通过对商业合作行为进行全流程和多方面的规范，来实现长远合作与共赢。随着业务发展和合作的加深，平安集团积累了十分广阔和多元的业务合作伙伴，供应链上下游关系也变得十分复杂。平安集团针对自身情况制定了可持续供应链政策以降低供应链环节风险，从入选审核、合作通过、过程管理、追踪反馈四个环节针对性地加入可持续发展的要求，实现全流程的管理与把控，着重关注供应商在环境保护、员工权益等ESG方面的表现。

平安集团秉持诚信透明、合法合规的原则进行供应商管理，建立明确的惩罚机制和投诉通道，以保证诚信与公正。

关于平安集团可持续供应链的更多信息，请参考平安集团官网公布的《平安集团可持续供应链政策》文件。

（七）员工权益与福利

平安集团提倡平等待遇和多元化政策，并保障员工的自由、发展与福利。

（1）员工权益。平安集团尊重且认可《国际劳工公约》的八项核心内容以及业务所在国批准的相关协约，非常重视每一位员工的合法权益，并通过反歧视条例消除不公平对待现象。公司通过举办各类活动来倡导多元化与友善的办公环境。公司建有完善的意见反馈渠道以保障员工自由表达的权利。同时，公司不干涉员工参与任何合法社团或组建社团。公司特别重视基本权益议题，诸如关怀弱势群体，反对歧视、霸凌及骚扰行为，禁止雇用儿童劳工和强迫劳动等。

（2）员工福利。平安集团给予每一位员工参与多种形式培训的权利，以此为员工提供充分的进步与发展空间；员工享有相应的医疗、保险保障；公司会定期开展员工满意度调查，并根据调查结果改善现有工作环境。

关于平安集团员工权益与福利的更多信息，请参考平安集团官网公布的《平安集团员工及代理人权益与福利政策》文件。

三、社区与环境

平安集团希望借助自身的影响力，为解决社区与环境问题贡献力量。

（一）绿色业务与运营

平安集团承诺低碳发展，并从绿色业务与运营两个方面践行低碳政策。

（1）绿色业务。平安集团严格规避可能对环境造成破坏的相关业务，并持续研发和推广创新绿色金融产品，涵盖保险、投资和信贷三大板块，并努力提高产品多元化、覆盖率和可得率。

（2）绿色运营。平安集团在业务运营中坚持通过节能改造、节能习惯、智慧办公和电子业务等方式，保证企业运作不对环境造成直接破坏，并实现节能减排。平安集团制定了以下环保目标：

① 碳排放密度：以2018年为基础，2020年降低5%，2025年降低10%，最终实现2030年降低20%。

② 用纸密度：以2016年为基础，3年内减少50%，5年内减少60%，10年内减少80%。

③ 低碳潜力：以2016年为基础，3年内增长60%，5年内增长80%，最

终实现电子化业务常态化。

④ 绿色建筑：平安集团承诺拥有的所有新建大楼，都会通过中国绿色建筑二星或者LEED同等标准认证。2020年完成集团总部现有建筑的绿色改造，并得到认证。

关于平安集团绿色业务与运营的更多信息，请参考平安集团官网公布的《平安集团低碳业务和运营政策》和《平安集团绿色运营政策》文件。

（二）可持续生态

平安集团通过五大生态圈来响应联合国可持续发展目标，实现商业价值与社会价值的共同提升。联合国可持续发展目标旨在总结全人类所面临的发展问题，从社会、经济和环境三个维度，为实现可持续发展提供了指导框架与实践目标。平安集团希望通过响应联合国可持续发展目标（SDGs）并携手全集团、利益相关者和各界合作伙伴来实现全球化的可持续发展。在SDGs框架下，平安集团的业务、产品、服务能够给社会带来积极的影响，如表6-2所示。

表 6-2　平安集团可持续发展目标分解

类别	对应联合国可持续发展目标（SDGs）
保险	3、10、11、12、13、17
科技	1、5、8、10、12、13、16
金融	2、3、6、7、8、9、11、17
智慧城市	3、4、9、11、12、13、16、17
医疗	3、9、11、17
“三村工程”	1、2、3、4、7、8、9、10、17
公益基金会	4、7、11、13、15

平安集团在“金融服务、医疗健康、汽车服务、房产服务、智慧城市”五大生态圈内，拥有庞大的客户基础和合作伙伴资源。平安集团通过践行SDGs目标，给社会、环境等多个方面带去积极的改变，以实现集团生态圈内的共同可持续发展。

关于平安集团可持续生态的更多信息，请参考平安集团官网公布的《平安集团社区影响力指引》文件。

（三）“三村工程”

“三村工程”是平安集团积极响应党和政府的号召，充分利用自身资源和科技优势，于2018年初启动的扶贫工程。以“智慧扶贫”为核心，面向“村官、村医、村教”三个方向，在产业、健康、教育等关键领域帮助贫困地区，全力实现贫有所助、病有所医、学有所教。

第三节　可持续发展内容披露

一、可持续发展报告

平安集团通过年度报告、专项报告、相关新闻等方式分享了公司可持续发展的管理与成效情况。平安集团自2018年开始发布可持续发展报告，已连续发布四年，可持续发展报告的内容体系逐步完善。下面简要分析平安集团2018—2021年的可持续发展报告。

（一）2018 年

平安集团《2018可持续发展报告》包含七部分内容，分别为序言、公司概况、核心议题（深度结合业务与责任）、实践聚焦（全面回应利益相关方）、回应与展望、可持续发展成绩（绩效报告、社会认可、ESG指标索引、第三方审验报告）、意见反馈。《2018可持续发展报告》的主要内容如下：

（1）报告主题：智慧生活，美好明天。

（2）核心议题：精准扶贫；拥抱科技变革；金融服务实体经济；解决

健康医疗难题；应对气候变化风险；责任投资。

（3）关键指标：平安集团2018年度可持续发展的关键指标见表6–3。

表 6-3　平安集团 2018 年度可持续发展的关键指标

影响力角色	关键指标	关键绩效
正直透明的上市公司	总资产	总资产 7.14 万亿元
	营业收入	营业收入 0.98 万亿元
	营业利润	营运利润 1258.04 亿元
	反贪污	廉政教育覆盖率 100%，年度开展廉政主题专项活动 2000 次
	信息安全	信息安全培训覆盖率 100%
	净推荐值（NPS）	集团净推荐值（NPS）41%
	个人客户数	个人客户数 18022 万人
	互联网客户数	互联网客户数 44359 万人
	其他	—
负责任的投资者	责任投资总额	
	绿色产品投资	
	绿色信贷贷款	绿色信贷贷款余额 262.84 亿元
	社会普惠类投资	
	普惠信贷贷款	
	其他	—
值得信赖的保险公司	可持续保险金额	
	可持续保险产品	
	其他	—
有温度的企业公民	碳排放密度	碳排放密度每人 3.68 吨二氧化碳当量
	低碳潜力	低碳潜力 61552 吨二氧化碳当量
	关键活动	全年发放扶贫资金 53.94 亿元
		升级挂牌村卫生所 400 所 / 村医培训人数 5702 人
		援建挂牌乡村学校 391 所 / 村教培训人数 4819 人
	公益	平安集团公益投入 4.5 亿元
	志愿者	平安集团志愿者协会注册志愿者 69 万人
	其他	—

续表

影响力角色	关键指标	关键绩效
有吸引力的雇主	员工人数	员工人数 37.69 万人
	代理人规模	代理人规模 141.7 万人
	薪酬总额	薪酬总额 499.02 亿元
	企业年金	全年支付企业年金总额为 6.43 亿元，年金覆盖员工比例为 48.95%
	员工长期服务计划	
	培训	员工每年面授及网络培训人均时长 9.21 小时
	其他	—

（二）2019 年

平安集团《2019可持续发展报告》包含十部分内容，分别为开篇（高管对话、抗击疫情、公司概况、核心奖项与评级、平安集团的影响力绩效）、可持续发展战略（ESG战略、管理与模型、ESG风险管理、平安集团SDGs地图、利益相关方沟通）、深度参与国家社会发展、平安集团的角色影响力、角色影响力绩效、董事会声明、报告概况、ESG指标索引、第三方审验报告、意见反馈等。《2019可持续发展报告》的主要内容如下：

（1）报告主题：成为积极的全球影响者。

（2）核心议题：抗击疫情；“三村工程”，智慧模式助力脱贫攻坚；金融担当，助力社会经济发展；科技赋能，服务社会民生。

（3）关键指标：平安集团2019年度可持续发展的关键指标见表6–4。

表 6–4　平安集团 2019 年度可持续发展的关键指标

影响力角色	关键指标	关键绩效
正直透明的上市公司	总资产	总资产 8.22 万亿元
	营业收入	营业收入 1.17 万亿元
	营业利润	营运利润 1477.22 亿元
	反贪污	廉政教育覆盖率 100%，年度开展廉政主题活动 2046 次
	信息安全	信息安全培训覆盖率 100%

续表

影响力角色	关键指标	关键绩效
正直透明的上市公司	净推荐值（NPS）	集团净推荐值（NPS）43%
	个人客户数	个人客户数 20048 万人
	互联网客户数	互联网客户数 51550 万人
	其他	100 家供应商参与了 ESG 专题培训
负责任的投资者	责任投资总额	责任投资总额 0.95 万亿元
	绿色产品投资	绿色产品投资 512.45 亿元
	绿色信贷贷款	绿色信贷贷款余额 242.73 亿元
	社会普惠类投资	社会普惠类投资 9032.04 亿元
	普惠信贷贷款	普惠信贷贷款余额 8989.21 亿元
	其他	—
值得信赖的保险公司	可持续保险金额	可持续保险金额 121.21 万亿元
	可持续保险产品	可持续保险产品 / 服务个数 1053 个
	其他	可持续保险有效承保 7.85 亿人次，可持续保险有效保单 1.34 亿件
有温度的企业公民	碳排放密度	碳排放密度每人 2.12 吨二氧化碳当量
	低碳潜力	低碳潜力 64497 吨二氧化碳当量
	关键活动	“村官工程”累计发放扶贫资金 157.45 亿元
		累计升级乡村卫生诊所 949 所 / 培训村医 11175 人
		累计升级挂牌乡村小学 1054 所 / 培训乡村教学工作者 11826 名
	公益	公益领域总投入 5 亿元
	志愿者	员工和代理人志愿者 47.89 万人，志愿者服务时长 57.1 万小时
	其他	—
有吸引力的雇主	员工人数	员工人数 37.69 万人
	代理人规模	代理人规模 116.69 万人
	薪酬总额	薪酬总额 591.44 亿元
	企业年金	全年支付企业年金总额 7.55 亿元，年金覆盖员工比例 57.27%

续表

影响力角色	关键指标	关键绩效
有吸引力的雇主	员工长期服务计划	员工长期服务计划覆盖 31026 人，覆盖员工比例 8.34%
	培训	面授及网络培训人均时长 11.94 小时，培训总投入 14.52 亿元
	其他	集团员工满意度整体为 4.33 分（总分为 5 分）

（三）2020 年

平安集团《2020可持续发展报告》包含六部分内容，分别为开篇（报告概况、高管对话、公司概况、年度荣誉、年度绩效回顾）、专题、可持续发展战略（可持续发展理念与管理、组织架构和管理、关键议题分析、ESG全面风险管理、促进中国ESG生态、平安集团SDGs地图）、响应国家战略推动高品质发展、平安集团的角色影响力、ESG绩效（角色影响力绩效、董事会声明、第三方审验报告、ESG指标索引、意见反馈）等。《2020可持续发展报告》的主要内容如下：

（1）报告主题：重塑美好世界。

（2）核心议题：决胜脱贫攻坚，助力乡村振兴；抗击疫情，守护平安；响应国家战略；普惠金融；科技引领未来。

（3）关键指标：平安集团2020年度可持续发展的关键指标见表6–5。

表 6–5　平安集团 2020 年度可持续发展的关键指标

影响力角色	关键指标	关键绩效
正直透明的上市公司	总资产	总资产 9.53 万亿元
	营业收入	营业收入 1.22 万亿元
	营业利润	营运利润 1556.70 亿元
	反贪污	廉政教育覆盖率 100%，年度开展廉政主题专项活动 2088 次
	信息安全	信息安全培训覆盖率 100%

续表

影响力角色	关键指标	关键绩效
正直透明的上市公司	净推荐值（NPS）	集团净推荐值（NPS）48.3%
	个人客户数	个人客户数 21843 万人
	互联网客户数	互联网客户数 59804 万人
	其他	—
负责任的投资者	责任投资总额	责任投资总额 1.03 万亿元
	绿色产品投资	绿色产品投资 1033 亿元
	绿色信贷贷款	绿色信贷贷款余额 359 亿元
	社会普惠类投资	社会普惠类投资 9305 亿元
	普惠信贷贷款	普惠信贷贷款余额 8715 亿元
	其他	—
值得信赖的保险公司	可持续保险金额	可持续保险金额 392.6 万亿元
	可持续保险产品	可持续保险产品数 725 种
	其他	—
有温度的企业公民	碳排放密度	碳排放密度每人 1.47 吨二氧化碳当量
	低碳潜力	低碳潜力 53092 吨二氧化碳当量
	关键活动	三村扶贫工程累计提供产业扶贫资金 298.34 亿元
		援建升级乡村卫生所 1228 所，培训村医 11843 人
		援建升级乡村学校 1054 所，培训乡村教师 14110 人
	公益	平安集团公益捐赠 4.08 亿元
	志愿者	员工和代理人志愿者 53.9 万人，志愿服务 40.54 万小时
	其他	—
有吸引力的雇主	员工人数	员工人数 36.16 万人
	代理人规模	代理人规模 102.24 万人
	薪酬总额	薪酬总额 613.79 亿元
	企业年金	全年支付企业年金总额 9.72 亿元，年金覆盖员工比例 68.65%
	员工长期服务计划	员工长期服务计划覆盖 37947 人，覆盖员工比例 10.48%
	培训	面授及网络培训人均时长 33.19 小时
	其他	—

（四）2021年

平安集团《2021可持续发展报告》包含五部分内容，分别为报告开篇（报告说明、高管献言、关于平安、可持续发展里程牌、年度绩效与认可、年度绩效）、可持续的战略与管理（可持续发展理念、利益相关方和关键议题识别与分析、ESG可持续发展管理体系、ESG风险识别与管理、气候变化战略）、责任专题（发展绿色金融，助力可持续发展；聚焦乡村振兴，助力共同富裕）、可持续的业务与运营（透明的公司治理、负责任投资、可持续保险、产品责任和客户保护、信息安全和AI治理、员工与代理人发展与保障、可持续供应链、绿色运营、社区影响力）、报告附录（年度关键绩效、董事会声明、第三方审验鉴证报告、指标索引、意见反馈）等。《2021可持续发展报告》的主要内容如下：

（1）报告主题：专业，让未来更美好。

（2）核心议题：发展绿色金融，助力可持续发展；聚焦乡村振兴，助力共同富裕。

（3）关键指标：平安集团2021年度可持续发展的关键指标见表6-6。

表6-6　平安集团2021年度可持续发展的关键指标

影响力角色	关键指标	关键绩效
正直透明的上市公司	总资产	总资产10.14万亿元
	营业收入	营业收入1.18万亿元
	营业利润	营运利润1684.79亿元
	反贪污	廉政教育覆盖率100%，年度开展廉政主题专项活动3445次
	信息安全	信息安全培训覆盖率100%
	净推荐值（NPS）	2021年分类别公布的相关数据
	个人客户数	个人客户数22731万人
	互联网客户数	互联网客户数64732万人
	其他	—

续表

影响力角色	关键指标	关键绩效
负责任的投资者	责任投资总额	责任投资总额 1.22 万亿元
	绿色产品投资	绿色产品投资 2245.80 亿元
	绿色信贷贷款	绿色信贷贷款余额 729.74 亿元
	社会普惠类投资	社会普惠类投资 684.67 亿元
	普惠信贷贷款	普惠信贷贷款余额 3821.59 亿元
	其他	—
值得信赖的保险公司	可持续保险金额	可持续保险金额 532.06 万亿元，保险保费 5217.86 亿元
	可持续保险产品	可持续保险产品数 2303 种
	其他	—
有温度的企业公民	碳排放密度	碳排放密度每人 1.21 吨二氧化碳当量
	低碳潜力	—
	关键活动	扶贫及产业振兴帮扶累计提供资金 418.5 亿元
		开展移动体检义诊活动 69 场
		援建挂牌乡村学校 119 所
	公益	平安集团公益捐赠 2.21 亿元
	志愿者	员工和代理人志愿者 55.5 万人
	其他	—
有吸引力的雇主	员工人数	员工人数 35.6 万人
	代理人规模	代理人规模 61.3 万人
	薪酬总额	薪酬总额 612.09 亿元
	企业年金	全年支付企业年金总额 10.02 亿元
	员工长期服务计划	员工长期服务计划覆盖 89304 人，覆盖员工比例约为 25%
	培训	面授及网络培训人均时长 28.54 小时
	其他	—

二、可持续发展专题

（一）2018年

平安集团《2018可持续发展报告》披露的核心议题为：精准扶贫、拥抱科技变革、金融服务实体经济、解决健康医疗难题、应对气候变化风险、责任投资。

（1）精准扶贫。2018年，平安集团启动“三村工程”精准扶贫项目，全面支持国家脱贫攻坚战略。“三村工程”面向“村官、村医、村教”三大方向，全面实施产业扶贫、健康扶贫、教育扶贫，致力于实现农村地区贫有所助、病有所医、学有所教，全面推进可持续发展，助力国家脱贫攻坚。

（2）拥抱科技变革。2018年，平安集团提出“科技赋能金融、科技赋能生态、生态赋能金融”战略，将业务场景和服务交易与底层的金融产品挂钩，实现科技赋能金融；以五大智慧生态圈为起点，实现“场景+客户+服务”的生态闭环，实现科技赋能生态；让客户体验不断提升，满足客户需求并进一步拓宽业务场景，实现生态赋能金融。

（3）金融服务实体经济。2018年，平安集团围绕“一带一路”、京津冀一体化、供给侧结构性改革、经济结构转型等重要战略举措，不断优化金融资源配置、承保重大项目、投资实体经济。平安集团通过债权计划、股权计划等方式，投资铁路、高速公路、清洁能源、发电站、输油输气管道等重大基础设施建设，并与地方政府共同成立大规模发展基金，投资智慧城市、城轨和机场的建设；持续投入农村水电、养老社区、长租公寓等民生工程，创新制定了支持贫困地区水电站建设运营的“211”帮扶模式；支持优质上市公司、民营企业发展，通过提供贷款和设立专项计划，提供资金总额逾千亿元，为民营企业纾困解难。

（4）解决健康医疗难题。2018年，平安集团为发挥企业资源优势、体现企业社会责任，同时响应国家医改政策，抓住共享医疗和第三方医疗行业的发展契机，积极布局大医疗健康战略产业，通过“金融+科技”双轮驱动，充分发挥社会资本在创新管理上的优势，打造“医疗健康生态圈”，优化医疗资源配置，实现行业医疗资源共享，提升服务水平。

（5）应对气候变化风险。2018年，平安集团依托技术手段，积极研究并应对由全球变暖、极端天气等气候变化问题给公司业务和运营所带来的风险，在外部环境不断变化的大背景下，更好地应对气候变化所带来的风险及不稳定因素。

（6）责任投资。2018年，平安集团作为一家负责任的投资机构，希望每一项投资决策都能够带来更加正向的环境及社会价值。同时，平安集团相信责任投资并不是慈善式的绿色优惠，而是可以有效规避风险、获得长期稳定回报的投资工具，最终实现经济效益、社会效益、环境效益的统一。因此，平安集团在投资过程中除财务回报的考量之外，主动将环境、社会和治理等因素纳入投资的评估决策中。

（二）2019年

平安集团《2019可持续发展报告》披露的核心议题为：抗击疫情；“三村工程”，智慧模式助力脱贫攻坚；金融担当，助力社会经济发展；科技赋能，服务社会民生。

（1）抗击疫情。2019年末，新冠肺炎疫情牵动着每个人的心弦。疫情发生后第一时间，平安集团各业务条线密切关注疫情的进展与发展趋势，充分调动多方资源，从公益捐赠、保险保障、快速理赔、医疗服务、金融服务等多方面积极行动，助力全国人民抗击疫情。

（2）“三村工程”，智慧模式助力脱贫攻坚。2019年，平安集团继续深入实施“三村工程”，全方位、多层次地开展产业扶贫、健康扶贫、教育扶贫工作，在支持贫困地区脱贫的同时，促进乡村民众的可持续发展。

（3）金融担当，助力社会经济发展。2019年，平安集团积极响应国家的号召，投身“一带一路”建设、粤港澳大湾区建设、普惠金融发展等重要工作，为重大建设项目提供风险保障，为国家重点发展行业优化金融资源，为民营企业、国有企业和中小微企业增添发展动力，为社会各类群体及欠发达地区提供金融支持，多措并举为实体经济的稳健发展保驾护航。

（4）科技赋能，服务社会民生。2019年，平安集团构建了8大研究院、近50个实验室，以年收入1%的资金投入科技研发，为国家、社会、客户、外界企业提供领先的智慧解决方案。平安集团的科技战略遵循“科技赋能金融、科技赋能生态、生态赋能金融”的三部曲路径推进，助力实现“科技让生活更美好”。围绕“医、食、住、行”等场景，打造“金融服务、医疗健康、汽车服务、房产服务、智慧城市”五大生态圈，着力探索利用科技解决社会民生痛点的途径。

（三）2020 年

平安集团《2020可持续发展报告》披露的核心议题为：决胜脱贫攻坚，助力乡村振兴；抗击疫情，守护平安；响应国家战略；普惠金融；科技引领未来。

（1）决胜脱贫攻坚，助力乡村振兴。2020年，平安集团聚焦重点贫困地区的产业、健康、教育三大领域的根源性致贫问题，打造面向“村官、村医、村教”三个方向的三村扶贫工程，构建出“三村”“三环”“三保”平安集团特色扶贫模式，全面支持国家脱贫攻坚战略。

（2）抗击疫情，守护平安。2020年，平安集团上下同心，全力以赴，在金融、科技、公益三个领域，为全国防疫抗疫、复工复产贡献力量。平安集团为受疫情影响的企业、客户及一线医疗机构提供逾180亿元资金支持。

（3）响应国家战略。2020年，平安集团积极响应国家号召，继续投身“一带一路”建设、粤港澳大湾区建设、服务国家经济双循环等重要工作，为重大建设项目提供风险保障，为重点发展行业优化金融资源，为民营企业、国有企业和中小微企业增添发展动力，为社会各类群体及欠发达地区提供金融支持，多措并举为实体经济的稳健发展保驾护航。

（4）普惠金融。2020年，平安集团持续深入发展普惠金融，致力于通过科技手段和产品服务开发，为新农村建设和小微企业良性发展提供动力。

（5）科技引领未来。2020年，平安集团继续深入探索综合金融、“金融+科技”模式，在产品、服务、渠道等多领域创造了行业第一，服务超2.1亿个人客户和5.9亿互联网用户，在金融科技、医疗科技、人工智能、区块链等诸多领域达到世界领先水平，科技专利数累计超2.8万项，金融科技专利申请数连续两年居全球第一位，数字医疗科技专利申请数居全球第二位。

（四）2021 年

平安集团《2021可持续发展报告》披露的核心议题为：发展绿色金融，助力可持续发展；聚焦乡村振兴，助力共同富裕。

（1）发展绿色金融，助力可持续发展。2021年，平安集团全面深化绿色金融工作，宣布五年业务目标，并承诺2030年实现运营碳中和。为实现全新的绿色金融战略与目标，平安集团成立集团绿色金融委员会，统筹绿色金融相关战略、规划、制度等的制定和审议。在集团绿色金融委员会下设集团绿色金融办公室，各专业子公司均同步设立绿色金融办公室，负责绿色金融工作的具体落地。

平安集团推行健全高效的工作机制，对绿色金融既定战略规划的实施情况进行定期检视、交流和表彰，包括了月度汇报及交流、季度检视、半年度会议、年度表彰等，以确保绿色信贷、绿色保险、绿色投资和气候变化风险资产负债匹配管理等具体工作的顺利推进。平安集团开展绿色金融工作的路径如下：

① 绿色投资（绿色投融资）。增加对绿色标的的投资，鼓励不同形式和领域的绿色金融产品创新（例如碳金融等）。同时，紧密追踪“十四五”

规划下国家与监管部门的碳中和相关法律规范以及指导意见，对高污染、高碳排放的行业做出详细的风险研究和投资规划，形成撤资或退出计划。

② 绿色信贷（绿色银行类业务）。逐渐减少对于“两高一剩”行业和企业的融资支持，加强国家控排企业的贷款审核，缩减贷款规模；增加对于绿色企业和绿色项目的融资支持，开设绿色通道，加快放款速度；以贷款利息补贴的形式切实提供金融优惠（具体可配合当地优惠政策因地制宜）。

③ 绿色保险。鼓励进一步丰富绿色保险产品及服务。针对绿色企业或绿色项目的保险客户，推出相应的优惠政策。寿险、养老险、健康险等专业公司也将积极开发、推广适合企业或个人的人身保险类绿色产品或服务。

④ 气候变化风险资产负债匹配管理。在集团组织下，各单位资产风险管理和精算部门逐步进行资产和负债端的气候风险测试和管理。评估气候风险对于资产端的影响，考虑会受到气候风险影响的保险产品在负债端所受的影响，保证资产和负债在期限、收益、成本等方面相互匹配，以对未来的资产配置进行宏观规划。

（2）聚焦乡村振兴，助力共同富裕。2021年，在我国脱贫攻坚取得全面胜利之后，平安集团根据国家脱贫“摘帽”不摘责任、不摘政策、不摘帮扶的要求，通过产业振兴、健康振兴和教育振兴深入推进“三村工程”，实现巩固扶贫成果与乡村振兴的有效衔接。

① 村官工程：打造综合金融帮扶闭环。作为综合性金融集团，平安集团继续巩固“产前扶智培训、产中产业造血、产后产销赋能”的产业全周期长效机制，实现综合金融帮扶闭环。同时，积极创新金融产品，以普惠的保险、优惠的信贷等进行造血式帮扶，促进乡村发展。

② 村医工程：持续助力打造健康乡村。2021年，平安集团集合优势医疗资源，持续推动“平安健康守护行动”健康移动检测车走进江西、湖北、广东、陕西、贵州、山东等省份，开展免费健康体检和义诊行动，提

供村医培训，升级村级卫生所。

③ 村教工程：弥合城乡科技教育差距。平安利用线上教育平台，为乡村学校提供优质的线上教育课程；同时，挂钩各地机构和乡村学校，延续对希望小学成体系的资助做法，从硬件、软件、教师、学生等各个方面形成一套完整帮扶举措，为乡村下一代的发展提供支持。

三、可持续发展研究

平安集团积极开展与可持续发展相关的研究，先后发布了《2018年气候变化报告》《2020气候风险管理报告》以及“ESG系列报告”，积极推动中国可持续金融的发展。

《中国保险业可持续发展报告（2021）》重点介绍了《2018年气候变化报告》；本书重点介绍《2020气候风险管理报告》（以下简称TCFD报告）。TCFD报告立足气候变化视角，在TCFD框架下，从治理、战略、风险管理、指标和目标四个角度出发，全面阐释平安集团面临的与气候相关的财务风险和机遇以及应对的内部政策和工作流程。

（一）整体战略

平安集团高度重视环境、社会及治理（ESG）因素对集团稳健发展的重要作用，不断创新和规范治理模式，并将其融入可持续发展战略。在国家提出实现“双碳”目标的背景下，平安集团深刻认识到与气候相关的风险及机遇对自身业务发展的深远影响，并将其作为环境因素的重要方面纳入ESG管理的结构和流程。

平安集团通过对与气候相关的风险和机遇的分析，在可持续发展理念的指引下，不断调整业务发展战略和资源配置，制定了可持续保险战略、责任投资战略、绿色金融发展战略和“近零”发展战略，致力于应对气候变化可能带来的各类风险，把握低碳发展和转型机遇，实现自身绿色发展，推动经济社会低碳转型，助力国家“双碳”目标的实现。

（二）可持续保险战略

保险是金融行业中面临气候变化风险（包括物理风险和转型风险）的主要行业之一，而且在资产运用端和被保险标的端均会受到影响。为此，平安集团持续研究和监控全球气候变化风险，比如海平面上升、极端气候灾害等，以实现保险产品的合理定价并管控承保风险。

平安集团已将ESG理念嵌入保险业务中，引导保险产品设计走可持续发展之路，致力于成为值得信赖的保险公司。平安集团发布了《可持续保险政策》，提出可持续保险四项原则：

（1）将ESG因素纳入保险业务决策模型。

（2）与客户/业务伙伴共同努力，提高对ESG的认识，管理相关风险并制订解决方案。

（3）与政府、监管机构和其他相关方合作，推动社会各界在ESG问题上的广泛行动。

（4）定期披露平安集团落实《可持续保险原则》的进展，以显示企业的责任感和透明度。

平安产险将气候风险作为ESG风险的一项内容，融入自身产品开发、风险预防、核保核赔、产品管理、再保险等多个环节，开发了439种与可持续相关的保险产品（包括支持可再生能源、绿色建筑、节能改造等项目），其中绿色保费收入达1.21亿元。

（三）负责任投资战略

平安集团发布了《责任投资政策》，联合四家试点专业公司（平安证券、平安资管、平安信托和平安银行）共同推动集团责任投资政策的应用和具体落实，将ESG要素纳入投资与经营决策中。

平安集团的责任投资政策包括五大原则，即ESG纳入原则、积极股东原则、主题投资原则、审慎原则和信息透明原则，具体如下：

（1）ESG纳入原则。将ESG因子融入投资决策中，积极开发CN-ESG智慧评价体系，形成对于上市公司、发债主体以及项目ESG尽职调查的评价标准和投资依据。

（2）积极股东原则。通过ESG沟通辅导和尽责投后管理，发挥股东的积极影响力，敦促被投资企业提升ESG表现，并根据各自实际情况提出可行的建议，引导被投资企业良性发展。

（3）主题投资原则。深度践行普惠金融和绿色金融的发展理念，聚焦环境保护、环境修复、清洁能源等专注于环保方向的主题投资策略，以及扶贫、普惠等可产生额外社会效益的主题投资策略。

（4）审慎原则。承诺不会对赌博、色情等行业及争议性区域进行投资，并对高污染、高耗能项目采取了有条件排除策略，审慎投资火电和煤炭行业。

（5）信息透明原则。有关责任投资的定性和定量信息，平安集团都会在中期报告和年度可持续发展报告中披露。

平安集团在责任投资原则的指引下，充分利用AI-ESG工具，将ESG风险逐步与集团投资风险管理体系进行融合，建立了集团责任投资产品体系，投资产品涵盖股权、债券、金融产品、公募基金、租赁应收款等多个类别。

平安集团积极落实责任投资战略，截至2020年末，责任投资规模已达1.03万亿元。平安集团积极遵循五大责任投资原则，将ESG纳入原则、积极股东原则、主题投资原则、审慎原则和信息透明原则落实在集团战略中，开展低碳投资，并对煤炭采掘以及火力发电项目的直接投资、资本市场证券投资予以限制。

（四）负责任银行战略

平安银行发布的《2021可持续发展报告》显示，平安银行紧跟国家战略，以服务实体经济、服务人民群众为本，关注客户需求，关注科技应用，关注风险管理，不断提升银行整体经营管理能力，着力打造“数字银行、生态银行、平台银行”三张名片。

坚持经济效益、社会效益和环境效益的统一，是平安银行实现可持续发展的核心战略。为实现“打造中国最卓越、全球领先的智能化零售银行”的战略愿景，平安银行秉持“责任创造价值，真诚回报社会”的可持续发展理念，努力打造价值银行、品牌银行、人文银行、绿色银行和爱心银行，以责任金融推动经济发展、社会进步和环境改善。

（五）绿色金融战略

为响应国家碳中和战略目标，充分发挥绿色保险、绿色投资和绿色信贷作用，积极支持实体经济低碳、绿色发展，平安集团于2021年4月发布了《绿色金融五年发展规划》，依托集团综合金融优势，制定了具体的绿色金融行动方案，并针对绿色贷款、绿色保险、绿色投资、气候风险资产负债匹配管理提出了具体目标和要求。

（1）绿色投资规模年增速不低于20%，绿色保险保费年增速不低于70%，绿色信贷余额年增速不低于20%。

（2）到2025年，力争实现绿色“投资+信贷”规模余额4000亿元、绿色保险保费总额2500亿元的总体目标，并积极推动绿色投资和气候变化风险管理，对绿色项目和绿色公司给予保费优惠，以及贷款绿色通道或利率优惠，丰富绿色金融产品形式。

（六）近零发展战略

为积极响应国家提出的“双碳”目标，平安集团适时推出了近零发展战略（To Zero），结合集团已提出的可持续发展战略、责任投资战略和绿色金融发展规划，通过集团的节能减排、对不同碳强度资产组合的结构进行优化调整、加大零碳资产支持力度等手段，在集团运营和资产组合层面实现二氧化碳等温室气体的近零排放，以不晚于国家目标实现碳中和。

平安集团在充分盘点各类资产碳足迹的基础上，按照金融监管机构和国家有关行业主管部门的政策要求和统一部署，结合各行业发展的实际情况，规划和制定平安集团的近零发展战略，包括在自身运营和资产组合层面，适时推出“双碳”目标和行动路线图。

平安集团积极扩大绿色和零碳资产的行动，针对棕色资产制定了明确的行动路经，计划在2025年绿色资产规模达到4000亿元；2060年前达到资产组合层面的碳中和。在直接投资领域，计划2035年底全部剥离高碳产业的相关业务，依靠银行、证券的共同发力，助力支持清洁能源、新能源汽车与节能、环保、绿色相关的业务。同时，平安证券在绿色债券发行方面一直保持国内领先水平。

（七）气候风险管理体系

平安集团积极践行可持续发展理念，并将应对气候变化作为重要议题融入集团长期发展战略。其中，气候相关财务风险的识别和管理是应对气候变化的核心环节。平安集团基于自身业务运营特点，识别了与气候变化相关的风险类型、时间维度、影响程度和涉及业务板块（包括物理风险和转型风险），评估了银行和投资气候风险的敞口。风险识别和评估的结果将作为银行、保险和资管等板块业务决策的基础，通过部署绿色低碳资产、压降棕色资产比例，降低与气候变化相关的财务风险。

平安集团将ESG理念与集团原有的“251”风险管理体系进行了深度融合，在现有金融风险全面管理体系内覆盖ESG风险管控要求，按照“2”——ESG组织与管理集团和专业子公司双重管控、“5”——ESG风险与原五大类风险融合、“1”——建立统一的ESG管理制度体系和管理工具等方面，对原风险管理体系根据ESG理念进行了风险补充并加强了控制，以进一步提高集团风险治理能力，实现集团长期可持续发展（见图6–3）。

图 6-3　平安集团"251"风险管理体系

资料来源：中国平安集团官网。

第三篇

新作为

可持续发展是经济、社会、环境的协调发展，是开放、联动、包容的共同发展，是解决人类全球问题的根本之策。可持续发展的要求包括在经济（经济成长与公平）、社会（社会发展）和环境（保护自然资源和环境）三个关键领域采取行动。

聚焦可持续发展，要将“可持续保险和负责任投资”作为保险业发展的重要任务，要认识保险是一个可加强全社会可持续发展意识和实现经济可持续发展的强有力的“中介”。保险业要将“可持续发展”作为核心目标诉求、工作重点和基本原则，推动保险理论、模式、技术和服务的创新。

2022年，是保险业落实国家“十四五”规划关键之年，为了助力国家可持续发展，需要保险业首先实现自身的高质量发展。为此，保险业的高质量发展成为当前的重要战略，保险业的发展也相应进入全面深化改革时期。这意味着保险业过去的发展和经营管理模式难以为继，不改革、不创新就可能被时代淘汰。创新，更多表现为本质和根本创新，修修补补的创新往往无济于事；改革，更加迫在眉睫，直接关系到公司的生死或存亡，刻不容缓，时不我待。

综上，保险业高质量发展是实现可持续发展的根本途径，可持续发展是实现高质量发展的必由之路。微观上，高质量发展和可持续发展要建立在保险业经营效率的提高之上；中观上，要重视保险业结构包括产业结构、市场结构、区域结构等的升级，把有限资源配置到最需要的地方；宏观上，则要与国家经济社会均衡发展。

第七章
中国产险业可持续发展的思考

第一节　产险存在的突出问题与成因分析

一、财产保险业发展到底怎么了

2021年9月2日，中国银保监会办发布《关于推动财产保险专业化、精细化、集约化发展的指导意见》，就财产保险业（产险业）的发展问题给出了具体的指导意见。回顾产险业过去20年的发展，笔者的第一反应是：财产保险业务发展到底怎么了？2019年以来，无论是从国家层面，还是从财产保险业层面，一系列文件相继发布。

2019年5月，中央全面深化改革委员会第八次会议审议通过后印发了《关于加快农业保险高质量发展的指导意见》（财金〔2019〕102号），对农业保险的高质量发展提出了指导意见。

2019年12月，中国银保监会印发《关于推动银行业和保险业高质量发展的指导意见》（银保监发〔2019〕52号），提出了保险业高质量发展的目标。

2020年1月，中国银保监会等十三部门联合印发《关于促进社会服务领域商业保险发展的意见》（银保监发〔2020〕4号），其重要性可类比《国务院关于加快发展现代保险服务业的若干意见》（国发〔2014〕29号）。

2020年5月，中国银保监会印发《关于推进财产保险业务线上化发展的指导意见》（财险部函〔2020〕110号），提出2022年基本建成功能完善、运行高效、基础完备，与银行业保险业高质量发展进程相适应，与广大人民群众财产保险需求相契合的线上化体系，线上化率达到80%以上。鼓励具备条件的公司探索保险服务全流程线上化。

2020年8月，中国银保监会发布《推动财产保险业高质量发展三年行动方案（2020—2022年）》（银保监办发〔2020〕68号），是落实《关于推动银行业和保险业高质量发展的指导意见》的举措。

2021年9月，中国银保监会发布《关于推动财产保险专业化、精细化、集约化发展的指导意见》（银保监办便函〔2021〕1029号），明确了财产保险业2023年的发展目标。

还有2020年1月印发的《关于加快推进意外险改革的意见》、2020年5月印发的《信用保险和保证保险业务监管办法》、2020年9月印发的《关于实施车险综合改革的指导意见》、2020年12月印发的《责任保险业务监管办法》……

面向"十四五"和2035年，对照《"十四五"规划建议》和《"十四五"规划纲要》，中国财产保险业如何自发地融入国家发展大局，如何自觉地服务国家经济社会发展，直接关系中国财产保险业的未来发展。

面向"十四五"和2035年，中国财产保险业将何去何从？这涉及财产保险业，涉及87家财险公司，涉及14大险种，涉及国家宏观经济政策，涉及"双循环""共同富裕""乡村振兴""碳达峰和碳中和"……当然，最重要的是财产保险业如何"把握新发展阶段，贯彻新发展理念，构建新发展格局"。

二、财产保险业存在的突出问题

"十三五"期间，对中国财产保险业而言，是全面市场化发展的五年，是快速发展的五年。在这一发展时期，一方面我国财产保险业实现了快速和跨越式发展，另一方面传统的粗放式发展的问题和矛盾凸显。中国财产保险业虽然取得了可喜的成绩，但从行业发展的视角看，仍存在一些突出问题，其中一些属于基础性问题。面对“十四五”的新形势，财产保险业也面临较为严峻的挑战，其中理念、能力和文化层面的问题更为突出：

（1）理念方面，主要表现为科学和创新发展理念不够清晰，整个行业在经营管理中存在模糊、矛盾和冲突的地方，贯彻和落实经营理念缺乏行之有效的举措，尚未形成科学和创新发展的行业氛围和能力。

（2）目标方面，主要表现为战略研究职能缺位，发展目标和路径不清晰。自身发展，特别是专业能力缺乏定位，对标国际产险业乃至国内寿险业发展的研究不足，基本还停留在传统发展思维和模式上，没有形成特色发展的思路和模式。

（3）业务方面，主要表现为业务结构问题突出。在专业化能力不足的背景下，产险业整体业务结构相对单一，业务发展不平衡，客户群和营销渠道相对有限，业务发展空间有局限，经营的稳定性相对较弱，承保亏损问题较为突出。

（4）能力方面，主要表现为专业和创新能力不足。产险的发展、创新和盈利能力相对较弱，部分产险公司、产险业务和产险渠道运营管理标准化程度较低，业务管控、费用管理等较为粗放，在运营效率、管理质量和风险管控，尤其是成本控制等方面存在较大提升空间。

（5）组织和人员方面，主要表现为组织协同能力和专业优势方面的问题。产险公司普遍存在部门职责划分不清、垂直指导能力不足、精细管理缺乏手段、考核机制导向不清等问题。人力资源发展缺乏规划，责任落实机制缺乏，专业人才队伍培养、储备不足。

（6）文化层面，主要表现为行业文化建设的落实力度不足。对文化建设重视不够，专业精神缺失，专业能力还有待改善。行业文化建设仍停留在抽象和口号层面，未能与行业发展有机融合，未能形成具有中国文化特色的经营能力和优势。

三、财产保险业问题的成因分析

综观财产保险业“十三五”期间存在问题的成因，既有外部因素，更有内部因素；既有客观因素，更有主观因素。要确保“十四五”期间实现科学发展，其前提和基础是认真和系统分析存在问题的成因。

（一）客观和外部因素

一是全球产险业处于相对不景气周期，导致财产保险竞争激烈，保费不够充足，再保险市场供给不足且价格上扬，使得财产保险市场面临较大挑战。

二是我国保险市场仍处于发展的初级阶段，市场不规范，乃至恶性竞争问题较为突出，财产保险公司从“依靠车险”转向“大力发展非车险”的经营目标，在一定程度上扰乱了市场秩序，导致行业的总体盈利水平低下，给发展和盈利带来了双重压力。

三是监管制度相对滞后，简单的“保姆式监管”，限制了产险创新发展和专业化经营的空间，导致难以通过市场竞争形成有序的市场。

四是在市场经济发展的大环境下，资本开始对产险公司失去兴趣，这直接制约了产险业未来的发展，特别是处于初创期的产险公司，缺少了资本强有力的支持。

（二）主观与内部因素

一是大多数产险公司作为风险管理者、风险经营者，无论是管理层，还是全体员工，对专业化发展的理念，特别是对“新发展理念、新发展阶段、新发展格局”经营理念的认识不足、落实不力，并未真正形成专业化发展的共识，缺乏相应的能力。

二是大多数产险公司开拓创新和艰苦创业的精神不足，进取、开拓和责任意识存在弱化现象。在产险的发展过程中，尤其是面临困难和挑战时，该行业更多地强调客观和外部因素，未能形成积极进取、攻坚克难的行业文化和精神，没有形成具有中国特色的发展模式和道路。

三是大多数产险公司缺乏战略思维能力，对产险整体市场观察、认识和研究不足，未能形成可持续发展的核心竞争力，以及公司发展的整体和阶段性战略。发展目标缺乏中长期合理规划和科学考核支撑，战略驱动力不足。

四是大多数产险公司经营管理体系不够健全，管理模式相对粗放，管理制度科学性、规范性和专业性不足，尚未形成真正意义上的专业能力。具体表现为：业务和渠道结构较为单一，业务增长更多依赖费用拉动，缺乏有效营销模式，市场拓展能力较弱，理赔和客户服务的专业化水平不高，内控制度落实不够有力，信息技术和科技能力相对较弱，运营效率和管理效能有待提升。

五是大多数产险公司和人员的市场和专业能力锻造相对滞后，影响了行业的发展战略和专业化定位目标的实现，也导致行业不得不陷入低水平竞争局面，尚未形成行业专业化能力打造的长期和有效机制。

六是大多数产险公司品牌建设意识相对薄弱，由于缺乏品牌和行业文化建设意识，对其重视程度和投入相对有限，导致产业的知名度和美誉度均存在建设不足和影响不大的情况，在一定程度上影响了行业长期发展的核心能力。

综合来看，当前对于我国财产保险市场，尤其是对于中小财产保险公司来说，面临的市场环境已经形成：一是就发展空间而言，人身保险行业的机遇相对更大，财产保险行业则面临更大的挑战；二是大型保险公司的市场优势得到进一步强化，挤压中小保险公司的发展空间；三是地方系财产保险公司面临商业模式探索创新的艰巨任务；四是地方系中小财产保险公司聚焦专业化和本地化面临较大的挑战。

面向“十四五”，产险公司要以制定“十四五”规划为契机和抓手，认真分析形势，特别是强化优势、解决劣势，把握机遇，迎接挑战，坚持科学发展观，继续以“新发展理念、新发展阶段、新发展格局”为引领，遵循保险行业的内在规律，深刻理解行业及其变化趋势，准确制定公司战略，继承和创新相结合，挖掘行业价值、提升盈利能力，将公司打造成为“专业化、精细化、集约化”的公司。

第二节　风险的多样性与产险公司的单一性

一、财产保险市场主体概况

中国财产保险市场共有87家产险公司，经营14大险种，无论是远观还是近观，其表征基本一致：全国性财产保险公司，或者正在成为全国性财产保险公司；综合性财产保险公司，或者正在成为综合性财产保险公司；集团性财产保险公司，或者梦想成为集团性财产保险公司；车险公司，或者正在被车险抛弃的财产保险公司；其他险公司，或者正在成为其他险公司的财产保险公司；大数法则公司，或者正在被大数法则抛弃的财产保险公司……保险公司，或者正在被保险抛弃的财产保险公司。

另外，财产保险市场的发展寄希望于互联网，却从来没有思考保险为互联网贡献了什么，互联网又为保险贡献了什么；寄希望于保险科技，却从来没有思考保险为科技贡献了什么，科技又为保险贡献了什么。

显然，87家产险公司所表现的共性难以适应我国风险型社会的到来，国家是时候考虑放开财产保险主体的准入了。中国财产保险业需要更多的市场主体来“物竞天择”，中国市场经济需要更多的市场主体来“保驾护航”。

二、财产保险市场风险的多样性

当今社会是一个高度信息化的社会，科学技术不断革新，信息和信息技术革命在全球展开，其发展已经成为不可逆转的历史潮流，改变着世界的面貌和格局。与此同时，我们面临的风险也在随着科技化、信息化、全球化而变得更具复杂性和多样性。

随着现代化水平的不断提高，高风险已经成为中国当前的典型特征之一，或者说我们已经步入风险社会（Risk Society），主要原因如下：

（1）风险是种自反现象（Reflexivity）。风险固然也是危险，但不同于一般的“客观”危险，因为“客观”危险古来有之，不足为奇。风险是由于主体自身的选择而带来或引发的危险，所以是“自反性”的问题。这表明，风险问题是“二阶”的，不是自然本身就有的。但是，因为人总得活动，而活动必然要选择，选择就有对错，所以对于具有主体选择能力的人而言，风险是永在的，也就是行动的一种本体论现象。问题在于，为什么古代社会没有“风险”一说？那是因为古代社会发展缓慢，其状况相当于牛顿力学的惯性系（惯性参照系），其变数和影响可以忽略不计。而现代社会由于发展“越来越快”，人对自然的参与越来越多，干预度越来越大，风险也就随之呈正比例增长。所以，风险是个典型的现代性问题，是发展引发的二次“浪潮”，是发展问题。

（2）风险是发展的内爆现象（Implosion）。一般说来，风险也是有“级别”的。小的具体的风险正是目前保险所关注的对象；财产保险的经营还没有触及事关人类命运的全局性的巨灾风险。问题在于，究竟什么样的自反性能够引发大风险呢？这就涉及工业社会以来由社会发展或现代化引出的大问题，风险作为发展中的重大危险和灾难等大问题，是发展本身的内爆现象，是“现代性”问题的集中体现。

随着中国步入风险型社会，相应的保险保障因素也需要无形地、广泛地渗透到人们的生产生活中，因为保险需要慢慢成为人们社会生活的基础，并最终成为新形态社会中社会正义的基石。或者说，保险需要从一种经济现象转变为一种社会范畴，因为只有当社会契约成为一种类似保险合同的关系时，保险才能处于现代社会的核心，中国社会也才能真正迈进现代社会。

当前，我国财产保险业显然还没有准备好，没有准备好成为现代社会的核心，更没有准备好助推中国迈进现代社会。这么重大的历史使命，仅靠87家产险公司根本无法承担，我们需要更多的市场主体来保障风险的多样性。如果20年之后，我们再来思考这个问题，其将比“商业养老保险如何参与多层次养老保障体系建设”这个问题还复杂，所以建议尽快研究放开财产保险市场主体准入问题。

三、财产保险市场主体的单一性

（一）中美险市场主体比较

截至2021年底，中国共有保险法人机构238家（不含3家农村保险互助社），其中保险集团和控股14家、再保险14家（信利保险已变更为信利再保险）、产险87家（不含安邦财险，其已经重组为大家财险）、人身险91家（不含安邦寿险，其已经重组为大家寿险）、保险资产管理33家。

美国保险监督官协会（NAIC）公布的数据显示，截至2020年末美国共有5929家保险公司，其中寿险和年金（Life/Annuities）843家、财产和意外险（Property/Casualty）2476家、健康险（Health）996家、互助救济保险/兄弟会（Fraternal）81家、产权保险（Title）62家、风险自留集团（Risk Retention Group）245家、其他（Other）1227家。2012—2020年美国国内保险公司数量变化趋势如图7-1所示。

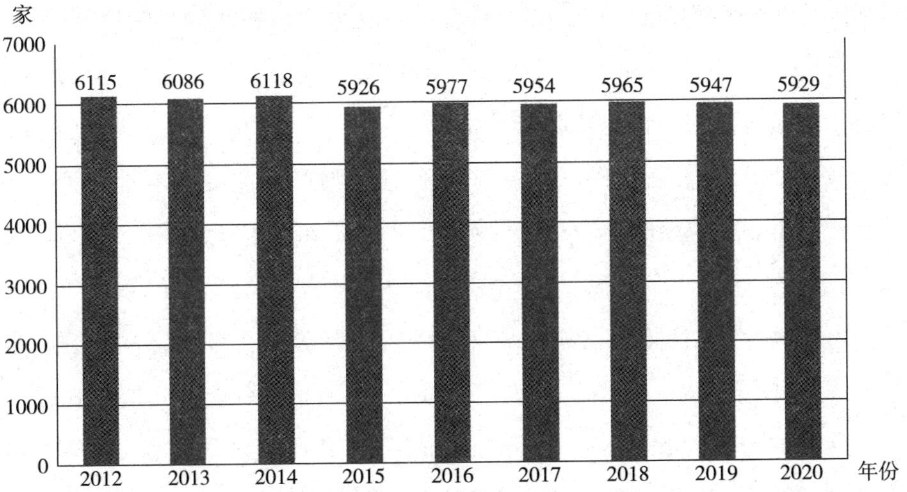

图 7-1　2012—2020 年美国国内保险公司数量（不含核准的国外保险公司）

我国作为全球第二大经济体，GDP是美国GDP的77%；与此同时，我国作为全球第二大保险市场，占美国保费收入的比例约为35%。同期，中国保险公司数量仅是美国的4%（238/5929），这样的市场主体结构显然不符合当前中国的国情。

（二）中国财产保险市场主体反思

中国财产保险市场共有87家主体，其中中资公司65家、外资公司22家（信利保险已变更为再保险公司，2021年批筹的融通财险已于2022年2月8日取得银保监会开业批复，目前筹建中的为中国渔业互助保险社）。

对于美国财产保险市场而言，财产和意外险公司有2476家、产权保险公司有62家、风险自留集团有245家、其他公司有1227家，都在经营财产保险。

反观中国财产保险市场，现有综合性产险公司、车险公司、农险公司、责任险公司、航运险公司、自保公司、相互保险公司、农村互助社等8种形态，但这8种形态都演变成了“综合性财产保险公司”，或者正在成为“综合性财产保险公司”。

我们有全国性公司、区域性公司和互联网公司3种形态，但最终都演变成了“全国性财产保险公司”，或者正在成为“全国性财产保险公司”。

我们有车险公司和非车险公司，但都演变成了“车险公司”，或者正在成为“被车险抛弃的财产保险公司”。

我们寄希望于互联网，却从来没有思考财产保险业为互联网贡献了什么，互联网又为财产保险业贡献了什么。比如“退运费险”，保险公司靠“条款”经营“保费”，互联网平台靠“大数据”经营“客户”。再比如“百万医疗”，保险公司靠“分期”经营“保费”，同时出卖自己的“信誉”；互联网平台靠“人性”经营“规模”，同时出卖保险公司的“牌照”。

这样的情况比比皆是，对于“保证保险”，保险公司经营“条款”而不是“风控”；对于“健康险”，保险公司经营“条款”而不是“客户”；对于“意外险”，保险公司经营“通道”而不是“保险”……

“风险的多样性与产险公司的单一性”这个问题有没有解决办法？答案就是“放开财产保险市场主体的准入”，监管部门管好“偿付能力和消费者权益”就行了。在新时期、新形势下，要充分认识财产保险的问题，只有这样才能发挥财产保险对社会经济协调发展的作用，才能有利于拓宽财产保险发展空间，使财产保险业在更深层次和更广领域参与到国民经济和社会发展的全局工作中，提升财产保险业在社会经济中的地位。

第三节　过去20年产险公司靠什么活着

一、财产保险主体生存反思

过去20年产险公司靠什么活着？这不是灵魂拷问，而是“皇帝新衣”。我们不愿意看到这些答案：靠投资活着（靠大势活着）、靠车险活着（靠非市场化活着)、靠农险活着(靠财政转移支付活着)、靠"保姆"活着(靠监管活着)……唯独没有靠自己活着,但是不要忘记,"过去20年不代表未来20年",过去的"投资、车险、农险、保姆"不可能再延续。

(一)靠投资活着

从全球保险业来看,秉承两大理论:海派和山派。"海派"理论源于地中海地区,以劳合社为主要代表,在管理策略上尤为强调保险是金融的一支,注重公司未来的现金流,指出公司的利润主要来源于对公司资金的有效运用;"山派"理论以德国保险公司为主要代表,认为保险公司更应遵循基尔特制度,提倡互助精神和共同分担,强调保险是一种责任分担,保险公司应在责任分担中追求利润,因而公司利润应主要来源于承保利润。

从海派和山派理论的分歧及中国财产保险业过去20年的发展来看,中国财产保险业一直信奉"海派"理论。但是,未来20年,中国财产保险业需要考虑一下"山派"理论了。

在过去20年里,中国经济一直处在高速增长中,中国经济总量提高了了10倍,超过百万亿元。这样的市场环境下,投资显然是最好的选择。我们见证了安邦财险(已重组改名大家财险)、天安财险(尚在银保监会接管中)的"个案",我们也见证了大多数产险公司承保亏损的"共案"。

未来20年,预计中国经济的综合实力会超过美国,成为全球第一大经济体,但是中国经济增长率在下降,保险投资收益率预期也将下行,对于大多数产险公司来说,投资收益将难以覆盖现有的承保亏损。

靠投资活着,产险公司需疯狂地扩张规模,除了靠非寿险投资型产品之外,主要靠费用驱动车险发展。非寿险投资型产品已经停售,车险综合改革正在深化中,靠投资活着的"基础"已经不存在。

(二)靠车险活着

车险这个话题真的不愿意谈,更不想通过数据来分析车险过去20年的发展,主要原因有两点:一是从产险公司来看,多位产险公司总裁表示“公司业务好的时候，看不上非车险；公司业务不好的时候，非车险又来不及”，这就是非车险的命运，也是车险的现状。二是从监管部门来看，管好车险就有了“面子”，因为过去20年财产保险的规模和盈利基本全靠车险，车险也是与消费者关系最密切的一个财产险产品，却也是一个最没有技术含量的险种。

时至今日，消费者已经看淡了车险，为什么产险公司和监管部门的发展观念还没有改变。《中国保监会〈关于进一步规范财产保险市场秩序工作方案〉的通知》（保监发[2008]70号）将产险业带入盈利高峰，但是并没有改变产险业的发展观念；2014年开始的商业车险改革，再次将产险业带入盈利高峰，但依旧没有改变产险业的发展观念；2020年开始了商业车险综合改革，希望这次是认真的、科学的（也应该是科学的了，否则一个险种费用率超过赔付率，如何给全国人民一个交代），而不是被部分产险公司“监管套利”。

如果2020年的商业车险综合改革是科学的，显然“靠车险活着”的日子已经过去，或者说闭着眼睛“靠车险活着”的市场已经不存在了（挂牌高于市场费用收车险业务的时代已经过去了）。对于大多数产险公司来说，要思考“后车险时代”如何活下去。路径无非有二：一是开始经营“车险产品/车险客户”，而不是经营“车险条款”；二是开始经营“非车险风险”，而不是“非车险条款”。

（三）靠农险活着

与其说农险是保险业支持“三农”发展的重要抓手，不如说农险是国家通过财政转移支付支持“三农”发展的金融工具。

农险是一类相对特殊的保险，离不开财政支持，农险保费补贴也是国际通行的政策工具。自2007年中央财政实施农险保费补贴政策以来，我国农险工作逐步发展，取得积极成效。2020年，全国各级财政共承担保费补贴603亿元，占2020年农险保费815亿元的74%。

农险过去十几年暴露的问题，不是本书的重点，不再一一展开。但是，“靠农险活着”的公司应该明白自己是“靠财政转移支付活着”，而不是“靠农业保险的经营水平活着”。

从2007年以来，全国各级财政补贴的保费累计超过了3600亿元，这对于产险来说也许是一笔糊涂账，但是国家开始算账了，也开始考核这笔财政转移支付的效率了，中国农业再保险公司的成立也许就是一个开始。

显然，未来产险公司靠政策性保险产品活着的日子也将过去，因为对于国家来说，“财政转移支付”也要开始注重效率了。农险只是一个险种，还有很多社会管理型保险，也正在发生大的变革，如安全生产责任保险。

（四）靠“保姆”活着

回顾财产保险的发展和监管，有时感叹“中国只有一家产险公司”，因为财产保险的监管面面俱到，可谓“保姆式监管”。原中国保监会时代，中国保险业已经建立了基于“市场行为监管、公司治理监管、偿付能力监管”的现代监管体系，但是从过去20年的产险监管历史来看，显然与现代监管体系还有一定的差距。

“保姆式监管”不利于中国产险市场的发展，因为大公司可以“游说保姆”，进行监管套利；有权有势的公司可以“引诱保姆”，获取非市场化待遇；而大多数公司却因为过渡依赖“保姆”而丧失了“自理能力”。

回到“市场行为监管、公司治理监管、偿付能力监管”，所有的监管举措应该是明确的、简单的，而不应该是模糊的、复杂的，更不应该给出过多“指导性意见”或“建议”。

二、财产保险主体生存法则

“人活着，靠自己”的道理我们都明白，为什么不适用于产险公司？如果说20年以前我们担心“狼来了”，采取了一些非市场化的手段；难道20年后的今天我们还要寄希望于这些非市场化的手段？

未来20年产险公司靠什么活着？答案非常简单：再定位，未来20年再创业；再规划，专业型发展策略；再出发，轻而精运营体系。这些可概括为数字化、智能化、专业化、精细化、集约化……涉及理论体系、文化体系、组织体系、能力体系、动力体系、资源体系……

第四节　过去20年产险公司失去了什么

一、财产保险主体生存反思

过去20年产险公司失去了什么，又得到了什么？20年，一代人的时间跨度。回望过去20年，我们为了“保费”这一棵树而放弃了“保险”这一片森林，等蓦然回首却发现：失去了产品、失去了渠道、失去了客户、失去了数据、失去了科技、失去了互联网……失去了保险，正在失去保险科技、健康科学……这一切的根源在于我们只关注“保险交易”，而没有关注风险交易、服务交易、科技交易、制度交易、权利交易……

二、财产保险主体所失去的市场

（一）失去了产品、渠道、客户、数据

保险经营的基本要素是产品、渠道、客户，这三个要素构成了保险经营的“铁三角”，而支撑这个“铁三角”的是数据。

渠道是连接产品和客户的桥梁，通过线下推广或线上投放等渠道将消费者吸引进来，客户选购他们满意的保险产品并最终发生交易，实现消费者到客户的转化，而客户的行为或者对保险产品的体验会产生相关的数

据，我们通过数据分析来发现问题并提出解决方案，用数据分析来优化和改进产品的体验度。这样四者之间既存在一定的直接联系，又存在必然的间接关系，构成了保险运营的“铁矩阵”。

回望过去20年，保险运营的“铁矩阵”成了概念，我们看到：产险公司经营“条款”而不是“产品”；产险公司的“渠道”是被4S店、修理厂等绑架的“渠道”；产险公司的“客户”掌握在“渠道”手中；产险公司的“数据”是“错、假、脏数据和垃圾数据”。无论是产品、渠道、客户构成的“铁三角”，还是产品、渠道、客户、数据构成的“铁矩阵”，大多数产险公司都失去了，虽然收获了“保费”，结局却是“狗熊掰棒子”。

（二）失去了互联网

“互联网+保险”，其本质还是保险，同时其又是矛盾的对立统一体。互联网要求能创新，很活跃，思维很开放，但是保险要内敛、稳定、安全，这是互联网保险应该有的状态。“互联网+保险”需要技巧，而且需要有一定的境界，结果却是我们失去了保险，也失去了互联网。

过去10年，互联网财产保险市场实现高速增长，规模从2011年的22亿元增至2020年的798亿元，年化增长率为49.03%，而同期产险业年化增长率仅为12.74%。从数据上来看，产险在互联网上好像名利双收，有上市的众安、有廉价待估的安心、有被接管的易安、有依靠保险上市的水滴、有上市夭折的蚂蚁集团……

【案例1】2019年5月，笔者应邀去某保险平台交流，在现场提出“网络互助对于公司来说已经是鸡肋”，因为在现有监管政策下，公司要谋求上市必须剥离“网络互助”。当时创始人高谈“初心”，结果我们已经看到，2021年3月各大平台相继关闭“网络互助”。

2021年5月，该保险平台上市后，邀请笔者写点东西，笔者回复了两句话：“公司初心变了？公司为保险业贡献了什么？”其结果也就不了了之。

互联网平台为保险业贡献了什么？保险业又为互联网平台贡献了什么？

显然，产险公司为互联网平台贡献了放大人性贪婪和恐惧的“保险产品”，包括首月0元加入、首月1元保费、上百万保额的产品……除了这些产品，产险公司还支付了甚至高达70%以上的费用。

产险公司获得了什么呢？获得了略有盈利的保费、获得了只有“姓名、身份证”的客户，甚至是没有身份证的客户，获得了消费者的投诉，除此之外，笔者不知道获得了什么。但是这却透支了保险业的信誉，更是对消费者保险意识的“过度开发”。

【案例2】2019年11月，笔者应邀去某宝平台交流，现场就“网络互助是不是保险”展开了讨论，显然按照国际惯例和中国现有法律法规，“网络互助”是相互保险的一种类型（如何纳入监管是另外一个问题）。当时，笔者就问了一个问题：“某宝衍生的其他保险收益应该归谁？”因为不回答这个问题，所有的“善意”都是假的。

2020年9月，笔者再次应邀参加了某宝平台承办的研讨会，再次问了“某宝衍生的其他保险收益应该归谁？”这个问题，当然也无解。

后来，根据该集团IPO时披露的报告初步测算，“某宝”衍生的其他保险收益远远超过了某宝历年救助金额。可见，所有的“善意”也都是假的。

互联网平台为保险业贡献了什么？保险业又为互联网平台贡献了什么？这样的案例比比皆是，产险公司虽然交了学费，但是没有学会互联网平台“引流、留存、转化、复购、裂变”的逻辑，更天真地以为这些平台不是为了“引流”而是为了“向善”。

（三）失去了科技

保险业应该算是非常重视科技的行业了，我们每年都会看到新科技产品在保险公司落地。对于产险公司来说，总部费用最大的一块是人力成本，其次就是科技投入。

产险公司从开业就陷入了科技投入的无底洞，如果经营车险更是陷入了深渊。为什么呢？一是因为监管政策天天变；二是因为车险年年变；三是因为公司决策月月变；四是因为公司人员习惯时时变……时时变、天天变、月月变、年年变，真的应了那句话——“世界上唯一不变的是变化本身”。

科技如此重要，产险公司投入也算慷慨，收获了什么呢？回望过去20年，产险公司收获了“Demo+补丁+Bug”的信息系统，一个开放源代码也无用的系统。

【案例3】产险公司只要涉及分支机构的会议上，分支机构“怨天怨地”之后就是“怨IT”，IT部门下来就去“骂”某软件公司。

这样的场景重复了20年，却发现这家软件公司已经上市，一段时间甚至成为保险科技板块的第一大股。回过来头看，这家公司的商业逻辑没有问题，也非常简单：提供保险公司一个Demo，保险公司根据需要任意加“补丁”，出了Bug再修改；过几年再循环一次，还是“Demo+补丁+Bug”。

科技平台为保险业贡献了什么？保险业又为科技平台贡献了什么？科技平台基于自己的商业逻辑为产险业打造了“Demo+补丁+Bug”的信息系统，实现了自身的商业价值，并让产险公司离不开自己；而产险公司学会了“骂人”和“一句话的需求”。

（四）正在失去保险科技、健康科学

产险公司已经失去了互联网，失去了科技，不能再失去保险科技了，因为保险科技也许是最后的机会了。

保险科技是科技与保险的融合，侧重于通过科技手段推动保险创新，

更加强调科技的主观能动性，同时依据保险创新程度判断科技推动效果。科技要素与保险要素的深度融合是保险科技的重要特征，保险为本，科技为器。同时，融合是一个过程，一个量的积累，当突破了临界点就可能实现“颠覆”，所以，无论是科技颠覆了保险，或新保险颠覆了传统保险，都不是不可能的。

关于保险科技，其涉及的理论属性、科学假说、科学理论，可谓百花齐放。但是，我们只需要记住下面这一点就够了——保险科技，最核心的功能就是实现保险风险流量化而不是存量化，从“蓄水池”式的传统保险转变为“流量蓄水池”式的现代保险，乃至“流量池”式的未来保险。

第五节　过去20年产险公司收获了什么

一、财产保险主体生存反思

过去20年产险公司失去了什么？失去了产品、渠道、客户、数据，失去了互联网，失去了科技，正在失去保险科技、健康科学，失去的几乎是所有那个年代最美好的东西。

同样，过去20年产险公司收获了什么？回首20年，也许因为我们还年少轻狂，正如德国作者托马斯·曼（Thomas Mann）在《布登勃洛克一家》中所写的那样，“在这样的年龄，生活还没有撞疼我们，责任感和悔恨也还都不敢损伤我们，那时我们还敢于看，敢于听，敢于笑，敢于惊讶，也敢于做梦”。产险公司收获了：行业（虚假繁荣）、市场（一波未平一波又起）、监管（劳而无功）、股东（食之无肉，弃之有味）、高管（新三年，旧三年，缝缝补补又三年）、员工（重复人生？！）、客户（保费与赔款的大小）……社会（保险原来是这样的！）。

过去的20年可谓云谲波诡，产险公司的收获也许是成就，也许是失败，但这些将决定未来20年产险公司如何走，因为“当下的经验，包含着过去与将来”，同时“经验，制造一切未来；经验，是所有过去的成果”。

二、财产保险主体所收获的市场

（一）市场：一波未平一波又起

2002年的航意险风波。航意险的“假保单、高费用”被曝光，社会大众第一次明白原来还有“假保单”，原来保险可以给这么高的手续费。这次风波之后航意险虽有所改变，但是无奈“渠道为王”，手续费还是一样的高。

2003年的车贷险紧急刹车风波。产险公司第一次感觉被客户给骗了（原来不是我骗他们），被银行骗了。这次风波之后，车贷险基本退出中国产险市场十年。

2007年的交强险风波。交强险实施一年后，一群律师叫板监管部门，叫板精算师；监管部门冲锋陷阵，精算师选择了沉默，结果就是交强险的调整。

2008年的“70号文件”。面对产险市场的疯狂，监管部门采取了“非市场化”的垄断手段，不知是救了行业，还是救了个别公司。随着2014年国家发展改革委认定浙江保险行业违反《反垄断法》，这场“非市场化”监管才算收尾。

2013年开始的创新风波。2011年之后，产险公司在互联网上蠢蠢欲动，随着2017年发布的《财产保险公司保险产品开发指引》，这次风波也画上了句号。

2016年开始的保证保险风波。2016年浙商保险踩雷“侨兴债”之后，多家产险公司前赴后继，相继爆雷，涉及消费贷、房抵贷、供应链金融……当然，车贷险再次被“骗”了。

2017年开始的意外险风波。随着P2P监管的趋严，意外险成了帮助P2P满足年化利率最高36%要求的金融工具，多家产险公司深陷其中。2019年银保监会下发了《关于开展现金贷等网贷平台意外伤害保险业务自查清理的通知》，产险公司意外险的虚假繁荣不再。

2018年的非寿险投资型产品风波。2017年第五次全国金融工作会议之后，在金融强监管下，非寿险投资型产品最大的受益者安邦财险已改名大家财险，天安财险已被银保监会接管，一切还在进行中……

2019年的车险综合改革风波。这是2014年车险改革失败的延续，因为改革的结果是综合赔付率远远低于预定的65%目标，相反部分省市出现了费用率高于赔付率的现象，这一次精算师还是选择了沉默，但是社会大众已经苏醒了。

2020年新冠疫情中保险捐赠风波。原来保险金额都是虚的，社会大众明白了保险原来可以这样玩。

2021年，面向“十四五”，产险业正在痛定思痛，正在谋定未来，正在厉兵秣马，正在乘风破浪，正在披荆斩棘……

（二）股东：食之无肉，弃之有味

截至2020年末，投资者为产险公司注资接近3600亿元，但是收获了什么呢？收获了一张“食之无肉，弃之有味”的产险公司牌照。

对于产险公司的股东来说，可实现收益最大的时期是“2014—2016年”，因为此时P2P是疯狂的，投资者的钱也不是自己的，但是大多数产险公司股东以为这是“常态”，结果是我们看到最近几年产险公司的股权被廉价出售，甚至无人问津。

笔者最近做了两个课题，一个是某省金融监督管理局的《地方法人保险机构高质量发展研究》，另一个是某政府投资平台的《关于设立××保险公司的可行性研究》，给大家简单分享一下其中的观点：

（1）《地方法人保险机构高质量发展研究》。这家保险机构能成长起来吗？怎么快速成长起来？成长起来需要再注资多少？……问题的背后还是问题：这家保险机构成长起来有价值吗？这家保险机构的最大价值是多少？……

显然，最后的结论是应该放弃这家保险机构，应该把资金用在保险周边、上下游的产业链上，把保险机构置入其中，没有必要打造一家“四不像”的综合性、全国性产险公司。

可见，部分地方政府也不再疯狂，因为没有看到这家保险机构的价值，或者说类似保险机构的故事听得太多了。

（2）《关于设立××保险公司的可行性研究》。设立这家公司干什么？能不能干起来？按照现在的监管，这家公司能成立吗？……同样，问题的背后还是问题：这家保险机构成长起来有价值吗？这家保险机构的最大价值是多少？……

显然，最后的结论是要打造一家保险科技公司，先通过“科技+多家保险公司”把业务立起来，同步再推进保险牌照的申请，因为业务立起来了，有没有牌子也不影响项目的价值。

可见，资本也不再疯狂，资本还是要追求价值的，没有价值的公司就好比垃圾股。

（三）高管：新三年，旧三年，缝缝补补又三年

前一段时间看到一则新闻：“中国华融，预计2020年净亏1029亿元！”除了惊讶之外，习惯性地认为“中国华融的窟窿不可能超过1000亿元”，因为在产险业摸爬滚打几年都明白“新官如何理旧政”。

产险公司的总公司、分公司、中心支公司、支公司的“新官”上任，第一件事情就是“把问题往死里整”，要置之死地而后生；第二年靠着第一年的积攒（未决准备金释放以及低估）活过一年；第三年如果无计可施，拍拍屁股走人，换一家重新来过。这就是我们看到的部分保险职业经理人的“新三年，旧三年，缝缝补补又三年”。

（四）员工：重复人生

过去20年，对于产险人来说，日复一日的工作已经变成了固定的公式，缺少了激情，更缺少了偶然事件等变量。

过去20年，产险公司收获的“行业：虚假繁荣”“监管：劳而无功”“客户：保费与赔款的大小”……“社会：保险原来是这样的！”已经不重要了。因为今天我们开始关注“产险到底怎么了？”。笔者相信明天产险的“公式”、产险人的“公式”就会悄然发生改变……

第六节　过去20年产险公司缺少了什么

一、财产保险主体生存反思

过去20年产险公司失去了什么？收获了什么？为什么会产生这样的局面？过去20年产险公司到底缺少了什么？到底是“金木水火土，相生又相克”，还是“柴米油盐酱醋茶，般般都在别人家”？

过去20年产险公司缺少了什么？从过去20年的发展来看，产险公司从来没有缺少梦想、激情、创新……产险公司最缺少的是学习，是学习的能力，是学习的理论，因为当前所有的“果”正是产险公司学习的“因”：学人保、学平安……学会了做梦，但是产险公司不能靠梦想活着，并忽视了环境；学巴菲特、学M老板……学会了布局，但是保险帝国不是一天建成的，并忘记了国情；学众安、学蚂蚁……学会了互联网，但是人家是“玩资本”，你却天真地“卖保险”，并忘记了“基因”……学无止境、学海无涯……学到了皮毛，没有学到精髓，结果是失之毫厘，差之千里。

过去20年，产险公司天天在学习，结果为什么会这样？因为学习不等于认知，更不等于实践，学习也有学习理论（学习不是为了获取知识，而是为了提升认知，进而改善实践）。再反问一句：过去20年产险公司都学了什么？

二、产险公司最缺少的是学习

（一）股东（控股股东和小股东）

中国的产险公司基本可以分为两类，一类没有控股股东，另一类有控股股东，其表现也一目了然。

一是没有控股股东，各股东或派系比例相差不多，这样的产险公司在中国没有任何价值。因为，各股东想的是如何多捞点利益，如果不能实现自己的利益就否定一切，甚至采取“暴力手段”；董事会是各股东的代表，想法和股东完全一致；管理层想的是如何实现“管理人控制”，如何实现相互制衡。

这类公司当然也有个案，管理层靠一己之力，洗牌了国有股份，稀释了其他股份，通过非自有资金甚至保险公司资金控制了公司，其结果我们也看到了……

这类公司的股东是不学习保险的，因为管理层已经给他们描绘了美好蓝图。我们看到，这类公司的股东会就是摆设，大家不讨论公司怎么发展，而是阐述自己是如何做公司的，最后的表决完全看心情。

二是有控股股东，又分为保险集团和非保险集团，无论是国企控股，还是民营控股，大家学习的都是“保险帝国如何一天建成”，有已经建成的，还有正在建设中的。

这类公司除国有控股之外，保险帝国最大的好处是廉价资金，有了这些资金之后又飘飘然地认为自己无所不能，根本没有抱着做保险的心态做保险，而是“跳出保险做保险”，其结果我们也看到了。

这类公司的股东是学保险的，国有控股股东学人保、学平安……学会了做梦；民营控股股东学巴菲特、学M老板……学会了布局。

（二）董事（执行董事、非执行董事、独立董事）

董事会是产险公司的领导核心，实行的是“一人一票”的集体决策机制。董事会的主要职能是“定战略、做决策、防风险”，是一家公司的核心战略决策中心，而董事会的决策能力又取决于董事的个人素质。

产险公司的董事会有执行董事、非执行董事、独立董事，对于大多数公司来说，这些董事的主要工作就是审议各种监管报告，基本上与“定战略、做决策、防风险”无关。这些董事每个人都有很深的资历，当然也不排除有打酱油的，但是没有几个关注保险，更别说学保险了。

大多数产险公司的董事会都形同虚设，向上没有杜绝个别大股东说了算，向下没有限制管理层内部人控制。董事会与股东、管理层之间根本没有形成相互信任、相互制约、休戚与共，共同推动公司的成长的关系。

为什么会这样？主要原因在于董事会不学习，在保险不谈保险，却天马行空。

（三）高管（董事长和总经理室）

高管来源就更复杂了，来自五湖四海，有来自保险的，有来自非保险的；有来自大公司的，有来自小公司的。每个人都带来了原来公司的经验，承保是A的，理赔是B的，客服是C的，人力是D的，投资是E的……简直就是“五线谱”，但是美妙的歌曲在哪里？

ABCDE的背后是“看葫芦画瓢”，结果一定是“1+1＜1”。这样的公司还没来得及整合，又换了一拨人，谈何企业文化？为什么会这样？因为我们的高管不愿意学习，奉行的是“拿来主义”和“经验主义”。

笔者在多个场合曾谈道，“中国保险职业经理人太聪明，不需要学习；偌大的一个保险市场竞养不活几家咨询机构”。为什么会这样？咨询公司说的也非常简单，因为这些职业经理人太聪明：一类是滔滔不绝、谈古论今，咨询公司就是速记员，做个PPT就皆大欢喜。显然这类咨询对公司没有价值，对咨询公司也没有价值，因为PPT早就进垃圾桶了。另一类是不说、不看、不听、不屑，咨询公司全力以赴，等汇报时却发现职业经理人开始高谈阔论、否定一切，咨询公司只好重新做个速记员，做个PPT草草了事。显然这类咨询对公司也没有价值，因为职业经理人不愿意学习新知识，更没有人可以撼动他们的知识体系。

最后，公司的钱投在了ABCDE的人力上，投在了“Demo+补丁+Bug”的系统上，投在了费用驱动的市场上，唯独不投在学习上。因为，高管们给董事会、股东会描绘的“伟大梦想”让自己找不到“北”了，认为“天上会掉馅饼”；或者是因为他们不想被外人戳破这个泡沫，反正股东也不学习、董事也不学习，还不如“新三年，旧三年，缝缝补补又三年”。

（四）行业（总公司各部门、分支机构的产险人）

股东如此、董事如此、高管如此，行业为什么不如此？高管们给董事会、股东会描绘的“伟大梦想”是“故事”，就没有打算让这个“故事”讲下去，就好比“某机构老总说要去金门设个分支机构”。

在这样的环境下，整个行业的状态正在发生变化：一是躺平对躺赢的藐视；二是内卷对外卷的嘲讽；三是内爆对于外爆的不屑。

（1）躺平与躺赢。“夫唯不争，故天下莫能与之争。”（《道德经》）无欲则刚，躺平者自己定义了个性化的成功，不为别人设定的成功忙碌。无论市场有什么反应，中小公司内心都毫无波澜，对此不会有任何反应或者反抗，都是表示顺从；其结果是大公司“躺着就赢了”，小公司选择躺平之后蔑视躺赢。

（2）内卷与外卷。产险经过20年的发展，但是发展模式既没有办法稳定下来，也没有办法转变为新的形态，只能不断地在产险业内部进行变革，并且变得越来越复杂，已经演变成了产险公司之间非理性的竞争或“被自愿”

竞争，产险公司同业间竞相付出更多费用、更低费率等以争夺有限保险资源，从而导致整个行业“收益成本比”持续下降。产险业当前急需停止内卷，转向外卷，向外拓展新的保险资源，而不是一味地内卷并嘲讽外卷。

（3）内爆与外爆。产险业经过20年的发展，现在正在经历内向的爆炸（内爆），一个直接而严重的后果是整个产业停滞不前；此时，我们看到产险周边的一些新业态（风险减量管理、保险科技、健康科学）正在外爆，产险也急需从内爆转向外爆。外爆与内爆相互替换，产险的内爆阻滞，外爆就发展，如果不能及时调整方向，一味地内爆，只会导致产险市场空间进一步被压缩。

对于产险业来说，无论是躺平还是躺赢，无论是内卷还是外卷，无论是内爆还是外爆，为了这个行业的发展，都应该学习了，因为这些网络用语反映的正是行业的病态。面向“十四五”，产险人能否完成自己的使命、达成预定的目标，其关键还在于学习，正如图7–2所示。为实现公司战略目标，我们必须从财务/精算/投资、产品/销售/客户/运营、内部管理/流程规范、学习/发展四个方面实现29项行动绩效目标，其中学习/发展是基础。

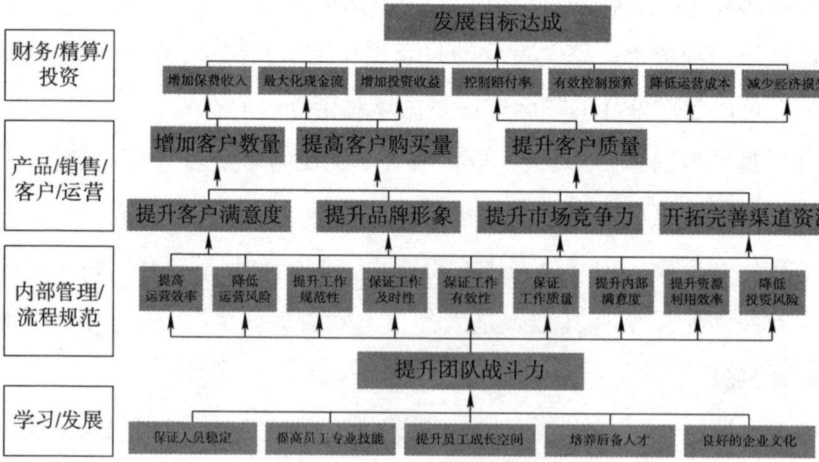

图 7–2　保险行动路线图

第七节　未来5/10/20年产险公司怎么办

一、财产保险主体生存法则

过去20年产险公司靠什么活着？失去了什么？收获了什么？缺少了什么？这些不需再进一步展开，当前最重要的是弄明白“未来5/10/20年产险公司怎么办”？

未来5年，产险业要实现崛起，需要满足四个条件：一是强化保险优势；二是补齐风险短板；三是挖掘科技潜力；四是构建新的科技、风险和保险体系。

保险存在的目的就是降低社会资源配置成本、提升社会资源配置效率，实现社会（特别是风险社会）的帕累托最优：一是辅助专业风险管理，降低风险成本；二是通过保险有序配置，减少摩擦成本；三是借助科技优化交易，降低交易成本；四是构建新的科技、风险和保险体系，并站在消费者一边，理性地为其在风险社会代言，提升消费的有序性，实现消费品质化，改善消费生态圈，降低消费成本和未来的不确定性。

为实现上述四个条件，当前需要做好三件事：再定位，未来20年再创业；再规划，专业型发展策略；再出发，轻而精运营体系。再定位、再规划、再出发，一切都是为了重塑美好保险（Creating Better Insurance，CBIns）！

二、为什么需要“再定位、再规划、再出发”

面向“十四五”，中国产险业需要重新认识环境、重新认识风险、重新认识保险、重新认识科技[①]，需要把握新发展阶段、贯彻新发展理念、构

① 关于“重新认识环境、重新认识风险、重新认识保险、重新认识科技”，可参考笔者公众号“小城不小”中“保险十四五”专栏，有助于理解如何“把握新发展阶段、贯彻新发展理念、构建新发展格局”。

建新发展格局，如此方能开启未来5/10/20年的新篇章。激荡总有梦想，奋斗就是幸福。虽然前方的征途常有疾风骤雨、惊涛骇浪，但我们直面长风、劈波斩浪的坚定姿态，必定会为中国产险业铸就新的精彩与奇迹！

笔者在《保险思政课》一书中曾写道：中国保险业要置于“中国特色社会主义理论引领贯穿中国保险学学科的知识体系研究”这个话题中来思考，从中国保险学学科体系、学术体系、话语体系、发展体系和市场体系等方面来思考中国保险的变革与发展；关键在于形成说明中国风险观和保险学的“说明书”，建立解释中国风险观与保险学的“解释学”，给世界提供研究中国风险观和保险学的基础知识和方法的“方法论”、让世界认识中国保险业和保险市场的创新与发展的“实践课”。

无论是从保险与人民、保险与国家、保险与人类，还是从保险与中国风险观、保险与全球风险观、保险与新世界观，都需要保险在行动中倾听“进化”的声音，需要产险业面向“十四五”、面向“2035”、面向未来再定位、再规划、再出发。

三、如何科学“再定位、再规划、再出发”

北京大学经济学院院长董志勇在2021级新生开学致辞中，面对全国各地的状元谈的是“少些‘聪明劲儿’，多下‘笨劲儿’”。钱穆先生有言：“古往今来有大成就者，诀窍无他，都是能人肯下笨劲。”同样，我们毫不怀疑产险人的“聪明劲儿”，相反，我们担心的是产险人能否愿意下些“笨劲儿”，脚踏实地、久久为功。

如何科学“再定位、再规划、再出发”？没有捷径可寻、弯路可超，只能脚踏实地、久久为功。

“产险存在的突出问题与成因分析”，虽然没有面面俱到，但是如果我们选择“再定位、再规划、再出发”，就要进行“祛病”“减肥”“提质”。

“过去20年产险公司靠什么活着”，时过境迁，今日之保险已非昨日之保险，如果我们选择“再定位、再规划、再出发”，就要自己活着。

“过去20年产险公司失去了什么”，也许“塞翁失马，焉知非福”，逝去的已然失去，活下来就要面向未来。

“过去20年产险公司收获了什么”，也许是成就，也许是失败，但这些将决定未来20年产险公司如何走，因为“当下的经验，包含着过去与将来”，同时“经验，制造一切未来；经验，是所有过去的成果”。

“过去20年产险公司缺少了什么”，既不是“金木水火土，相生又相克”，也不是“柴米油盐酱醋茶，般般都在别人家”，关键还在于产险公司学习什么、如何学习。

如何科学“再定位、再规划、再出发”？家家有本难念的经，大有大的烦恼、小有小的忧愁，关键在于认清自我、修正自我、找准方向、突破自我、完善自我，让自己成为“破局者”，而不是“搅局者”，甚至“出局者”。

再定位，即重新定位，关键是定什么位。这涉及聚焦什么、创新什么、整合什么。

再规划，即围绕定位找路径，坐标有了之后，还需要路径规划。

再出发，即沿着路径实现梦想，纵使前路漫漫，荆棘重重，既然选择了出发，何必再去问归途在何方？

第八节　未来5/10/20年产险公司的“再定位”

一、财产保险主体生存法则：再定位

“未来5/10/20年产险公司怎么办”中谈到，为了重塑美好保险

（CBIns），产险公司需要再定位、再规划、再出发。再定位，未来20年再创业；再规划，专业型发展策略；再出发，轻而精运营体系。

再定位，关键是定什么、谁来定。背后更关键的是定位的检验标准是什么，或者说按照什么样的标准再定位。

谈到“检验标准”，也许我们可以从高瓴创始人兼首席执行官张磊所著的《价值》一书中找到答案，正如书中所言，“世界上只有一条护城河，就是企业家们不断创新，不断疯狂地创造长期价值”。

同样，一家产险公司的产品、渠道、客户、科技、规模、知识产权等都不是“护城河”，对于产险而言也只有一条“护城河”，那就是产险投资人或企业家要不断创新，不断创造长期价值。

二、再定位标准为什么是价值

为什么是价值？除了“世界上只有一条护城河，就是企业家们不断创新，不断疯狂地创造长期价值”之外，因为改变历史的往往是黑天鹅和灰犀牛事件，当下对于产险业来说哪些是确定的、哪些是不变的，判断窗口期有多久，这些需要产险人认真思考。

（1）心态决定一切，当下产险人关键是保持一个好心态，而保持好心态主要依靠长期主义，因为产险当前的局面正是短期主义的产物。

（2）产险业急需从短期主义走向长期主义，而长期主义是支撑“价值”的核心理念。

（3）价值的反面是“零和游戏”和“风口论”，当下产险业的恶性竞争正是“零和游戏”，而“风口论”正是产险业“学习风口”的结果，如学平安的电话车险、学平安的保证保险、学众安的互联网、学人保的管理体系……

（4）既然“零和游戏”和“风口论”不适用产险业，产险业就要走

“另外的路”（详见笔者所著的《闲叙保险》一书），不走寻常路；“另外的路”，即产险业要做难而正确的事，而不是大家都在做的事。

（5）走“另外的路”，产险业首先需要穿越当前的保险周期，而穿越周期的法宝是不能同时“贪婪”与“愚蠢”，即“一个企业如果想穿越周期，就不能又贪婪、又愚蠢，两个错误同时犯”。

（6）为了避免犯上述两个错误，需要坚持两个最重要的法则：First rule，stay in the game（第一条，留在牌桌上）；Second rule，always remember the first rule（第二条，记住第一条）。

（7）“第一条，留在牌桌上；第二条，记住第一条”，回到了“长期主义”，更回归了“价值”。

为什么是价值？因为价值的核心是能从长期角度来看。而产险业当前的困境正是“短期主义”的产物，要“穿越周期”，要“穿越死亡谷”，就只能坚守“长期主义”。长期主义是支撑价值的核心理念。

三、基于价值的再定位

什么是价值呢？什么是产险业的价值？价值是什么笔者不知道，价值不是什么我们需要知道。首先不是“零和游戏”，不是“博弈思维”，不是“风口理论”。只有理解了价值的“三不是”，才能探讨产险业的价值是什么。

产险业的价值是什么？《保险思政课》一书谈道，“保险作为风险管理者、风险承担者和投资者的统一，其价值是风险治理、价值创造和资源配置”。关于产险业的价值还有不同的定义，因为“一千个读者就有一千个哈姆雷特”，每家产险公司都应该通过自己的定位为产险业贡献一份力量。

产险业的价值是什么？其答案不是一成不变的，但是价值的反面却是不变的，那就是“零和游戏”“博弈思维”和“风口理论”。所以，产险公司的再定位是什么笔者不知道，但不是什么我们应该知道：一不是“博弈思维”，包括监管博弈、公司间博弈、公司内博弈等；二不是“零和游戏”，包括躺平与躺赢、内卷与外卷、内爆与外爆等；三不是“风口理论”，包括学什么、怎么学、怎么做。

未来5/10/20年，产险业的再定位就是“价值”，其检验标准就是“三不是”。同时，基于价值的再定位，产险业要穿越周期、穿越“死亡谷”，就不能又贪婪、又愚蠢，两个错误同时犯。具体要做好三件事：第一件事，保证所有客户、员工的安全；第二件事，活下来，盘点什么是重要的事、什么是急迫的事；第三件事，在苟且当下的同时，还是要“有未来，有诗和远方”。

四、财产保险主体再定位的新旧格局

（一）产险发展格局

整体来看，集团化（控股股东旗下含产寿险）、专业化和结构化发展趋势已经开始显现（如表7-1所示。本书中87家财产保险公司的简称使用中国银保监会网站公布的名称）。在87家公司中，集团化的共有16家，专业化的有13家（农险有6家、车险有2家、责任险有1家、科技险有1家、信用险有2家、航运险有1家），结构化的有10家（互联网有4家、相互有2家、自保有4家）。

表7-1　87家产险公司分类

大类	细类	家数	主体
集团化	关联寿险或再保	16	人保股份、大地财产、中华联合、太保财、平安财、华泰、天安、太平保险、中银保险、大家财产、国寿财产、英大财产、富德财产、合众财产、前海联合、中意财产

续表

大类	细类	家数	主体
专业化	农险	6	安信农业、安华农业、阳光农业、国元农业、中原农业、中航安盟
	车险	2	众诚保险、鑫安汽车
	信用险	2	出口信用、阳光信用
	责任险	1	长安责任
	科技险	1	太平科技
	航运险	1	东海航运
结构化	互联网	4	众安财产、泰康在线、易安财产、安心财产
	自保	4	中石油专属保险、铁路自保、中远海自保、粤电自保
	相互	2	众惠相互、汇友互助
其他	无法细分	48	不再列举

资料来源：笔者根据中国保险业情况整理。

（二）产险竞争格局

87家产险公司的发展规模分化比较严重，市场集中度比较高，基于2020年的数据，CR3达到63.65%。整体来看，87家公司的规模分布如表7–2所示。

表 7–2　87 家产险公司规模分布　　　单位：亿元，家、%

大类	分类标准：保费规模区间	家数	总保费	总保费占比
超大型保险公司	大于 1000	3	8646	63.65
大型保险公司	大于 100，小于 1000	10	3271	24.08
中型保险公司	大于 50，小于 100	12	816	6.01
小型保险公司	大于 20，小于 50	17	549	4.04
微型保险公司	小于 20	45	303	2.23
合计	—	87	13585	100.00

资料来源：笔者根据中国保险业情况整理。

这就是中国产险市场的格局，一个由产险发展格局、产险竞争格局等组成的“超大型、大型、中型、小型、微型”产险公司格局，一个矛盾的市场共同体。

（三）产险格局的律动

很多产险公司都是一个矛盾的共同体。产险公司为啥成为了矛盾的共同体？其原因从哲学层面不用解释，但是更多的是因为困惑。

产险市场深处的空虚（寡头的市场、鸡肋的业务）不能被表面的繁荣和虚无缥缈打发，而浮躁的股东和经理人又耐不住寂寞，所以时常陷入深思甚至混乱：我（产险公司）为什么找不到自己呢？我为什么不知道自己想要什么呢？什么样的业务似乎都能接受，而什么样的业务似乎又都不能满足。这是一种怎样的困惑？

这种困惑的背后是因为产险市场没有学会淡然面对自己这个“矛盾共同体”，也没有清醒认知自己这个“矛盾共同体”，结果是大多数产险公司走向了极端：战略博而不专的极端，发展买妻耻樵的极端，竞争毫无章法的极端，车险或理财“一枝独大”的极端，风险孤注一掷的极端……未来得过且过的极端。

正所谓“阴阳相合，化生万物，万物生生不息”“因果循环”，产险已经走向极端，也不用再怀疑自己，更不用担心自己，因为过去的已经过去了，应该积极迎接新的未来。我们仿佛已经看到市场竞争模式正在发生微妙的变化。

（1）竞争主体。竞争将从由拥有特殊资源与能力的集团化和地方性经营的保险公司发起，转为由专业化和结构化经营的保险公司发起。

（2）竞争手段。从传统的费率和手续费竞争，转为基于资源和能力的竞争，主要体现在对保源的控制以及专业化能力的竞争上。

（3）竞争区域。竞争的重点区域将从沿海向内陆推进，从城市向县域推进，从线下向线上推进。未来“线下与线上结合”“专业与智能结合”将成为市场竞争的重要举措。

（4）竞争边界。从同业竞争扩大到产业链上下游之间乃至于产业与产业之间的竞争。保险上游产业积极推动行业整合，从管理自身资源向管理合作伙伴转变，保险竞争将向产业链上游转移。

（5）竞争模式。正如前文所言，针对“转变业务模式”“转变平台策略”“转变客户体验”等落地问题，需要选择可落地的业务模式：专业化模式、精细化模式和集约化模式。

（6）竞争格局。忽略“超大型、大型、中型、小型、微型”已定型的产险旧格局，我们要开始思考“集团化、专业化、结构化、其他（包括局限为地方性、自设为综合性等）”所代表的正在形成中的产险新格局。

产险旧格局和新格局叠加，未来的产险市场主体将进一步分化，可以预期将逐步分化为三类市场主体。第一类市场主体：超大型、大型保险公司以及依托金融集团成立的产险公司，进一步向集团化方向发展，致力于为客户提供全面的金融产品与服务。第二类市场主体：经过艰难转型获得成功的专业性产险公司以及结构化产险公司，其将通过实施差异化、结构化战略，走专业化发展道路。第三类市场主体：不具规模化与专业化经营优势的产险公司，其将逐渐退出市场。

通过前面的分析，对产险公司而言，需要更“懂自己”，而不是“懂你”；需要发挥所长、补齐短板；需要在思维理念、业务流程、核心技术能力等方面进行调整、优化和提升；需要“抬头看路”，而不是“埋头拉车”；需要提升对未来保险格局的判断力和预见力。只有这样，才不会演化为保险市场中的第三类主体。

产险新格局是“超大型、大型、中型、小型、微型”与“集团化、专业化、结构化、其他（包括局限为地方性、自设为综合性等）”的叠加演变，其结果一定会有人退出市场，有人欢喜有人忧。

第九节　未来5/10/20年产险公司的“再规划”

一、财产保险主体生存法则：再规划

面向未来5/10/20年，产险业的商业模式将处于一个变化的时期，所有的产险公司都面临着一个问题，就是“再定位、再规划、再出发”。

“未来5/10/20年产险公司的“再定位””中谈到，再定位一定是基于价值的再定位。产险公司的再定位是什么我不知道，但不是什么我们应该知道：不是“博弈思维”、不是“零和游戏”、不是“风口理论”。

基于价值的再定位之后，接下来就要围绕定位找路径，设定到达坐标位置的导航路线。再规划，具体涉及公司的理论体系、文化体系、组织体系、能力体系、动力体系和资源体系。可供选择的实施路径：全面梳理并明确公司发展的基本理念与模式；清楚并坚守公司发展的战略定位与路径选择；打造独特的企业文化体系和组织体系；探索创新并实践更有活力和动能的体制机制；营造人才培养和能力发挥的公司内外部环境；形成内引外联的资源整合能力以及管理体系……再规划是再定位的延续，更是再出发的前提。

二、再规划——走另外的路

“零和游戏”“博弈思维”和“风口理论”不适用于产险再定位，面对激烈竞争的产险市场、相对强大的产险巨头和潜在的保险监管挑战，产险公司按照常规路径要走出来是不容易的，是“地狱模式”。既然如此，产险公司的再规划只能走“另外的路”，目的是为了绕开“地狱模式”去开启“天堂模式”。

“另外的路”就是“产险再规划”。“产险再规划”这个话题，我们不妨从“价值创造而非价值寄生，信息沟通而非信息垄断，助推产业升级而非阻碍产业升级，优化保险生态而非破坏保险生态”四个方面进行讨论，再规划的结论也非常简单，三个字母或一个单词、一个缩写——“VIE”：价值创造而非价值寄生，关键在于价值（Value）；信息沟通而非信息垄断，关键在于信息（Information）；助推产业升级而非阻碍产业升级，关键在于产业（Industry）；优化保险生态而非破坏保险生态，关键在于生态（Ecology）。

价值（V）、信息（I）、产业（I）、生态（E）四个关键词英文首字母组合是“VIIE”，简写为“VIE”。VIE，英文本义是激烈竞争、争夺，英文缩写表示Variable Interest Entities（可变利益实体，VIEs），即“VIE结构”“VIE模式”，也称为“协议控制”，其本质是境内主体为实现在境外上市而采取的一种方式。

VIE，一个是英文本义，另一个是英文缩写；一个表示“激烈竞争、争夺”，另一个表示“可变利益实体”；一个是“地狱”，另一个是“天堂”。87家产险公司，都想快乐地游走在地狱和天堂之间，都想在此“VIE”而非彼“VIE”间快乐地游走！所以，“产险的再规划”这个问题迎刃而解，结论就是：是VIE，还是VIE？

三、再规划——另外的路是什么

“未来5/10/20年产险公司的“再定位””中谈到，产险旧格局和新格局叠加，未来的产险市场主体将进一步分化，可以预期将逐步分化为三类市场主体。规模是产险公司竞争力的重要外在表现，是产险公司竞争力的重要组成部分，是产险公司竞争力的基础支撑。每一家产险公司自创立之始的梦想，都是成为“第一类市场主体”。显然，没有人想成为“第三类市场主体”，然而大多数保险公司会没有选择地进入“第二类市场主体”。

专业化、结构化的“第二类市场主体”到底路在何方？正如笔者在

《闲叙保险》一书中所言，新科技、新经济、新社会、新思想下的保险格局将会演化出五种不同的商业模式：工具型、专业型、平台型、伙伴型、活力型。这正是"第二类市场主体"未来的发展之路。

（1）工具型保险，为大型保险公司、自保公司或保险产业链上端资源型企业等提供端到端的产品解决方案或风险管理服务，成为"保险背后的保险""产业背后的保险"，即"做保险的搬运工"。

（2）专业型保险，专注于提供某一类保险服务，延伸保险的价值链，使其延伸到"风险管理+保险产品+理赔服务"，实现"风险管理的标准化""保险产品条款费率的标准化""理赔服务的标准化"，让保险成为一个"产品"。

（3）平台型保险，建立一个开放的平台为消费者提供丰富的保险产品和服务，平台上的产品可以不局限于自己的产品，甚至不局限于保险产品；最好的办法是"傍一个流量大佬"，因为没有流量的平台是死水一潭。

（4）伙伴型保险，类似平台型保险，为消费者提供丰富的保险产品和服务，但其在保险价值链、消费者生命周期上的参与程度更深，采用垂直整合的模式，成为满足消费者各类保险需求的伙伴。

（5）活力型保险，在伙伴型保险基础上发展形成，通过互联网、物联网、智能网持续地感知乃至预测出消费者需求，实时做出回应，提供高度个性化的消费者体验，其提供的产品和服务也将延伸到非保险领域。

专业化、结构化的"第二类市场主体"路在何方？也许"工具型保险、专业型保险、平台型保险、伙伴型保险、活力型保险"给我们提供了一个思考的方向。

最后，我们要知道"世界上最难走的路就是捷径"，产险的再规划没有捷径可寻，正如《搭错车》中有一句经典台词："人生没有捷径可以走，横着省下的路，就会变成竖着的坑，早晚都要经过。"现在的捷径，就是你未来的弯路。

第十节　未来5/10/20年产险公司的“再出发”

一、财产保险主体生存法则：再出发

再规划就是走“另外的路”，产险公司要绕开“地狱模式”去开启“天堂模式”；同时，产险的再规划没有捷径可寻，因为“世界上最难走的路就是捷径”，“现在的捷径，就是你未来的弯路”。

回顾过去20年产险的历史进程，犹如不断向前的列车，满载着岁月的积累和契机。再定位、再规划正是面向未来5/10/20年关键节点的停驻，更是面向未来5/10/20年重要时刻的启程，这一切都是为了一场崭新的再出发。

二、为什么要再出发

《“十四五”规划纲要》擘画了中国面向未来、开启新征程的行动蓝图；同样，这些也为保险业的长远发展指明了方向、明确了思路、鼓足了干劲……再出发，成为这个“春天”最动人的心声（让“寂静”的产险不“寂寞”）。

再出发，为了产险一以贯之的保险初心和矢志不渝的保险使命；再出发，为了产险对高质量发展的渴望和重塑美好保险的行动……再出发，为了产险对可持续发展的承诺和实现共同富裕的向往；再出发，因为产险有着最坚实的底气——每一个了不起的产险人。

“世间一切事物中，人是第一宝贵的。”从工程建设的保驾护航，到快递小哥的意外保障，从亿万农民的“三农”保障，到千家万户的出行安全，产险人一直奋斗在山野间、城市里，奋斗在祖国大地上……每个人前进的脚步，叠加成保险业的进步；每个人创造的价值，汇聚为保险的力量。

再定位、再规划意味着上一段征程的结束，意味着新征程的开始；每一次出发，都是带着梦想的奔赴；每一场奔赴，都在铸造新的辉煌。风大雨大，产险的信心更大。踏着坚定的步伐，再出发！

三、再出发需要什么

再定位，锚定了坐标；再规划，确定了路径；再出发，笃定了行动。定位明确、规划可行、笃定前行之后就是要做好打硬仗的准备，包括指南针、斩棘刀、行军旗和避雷针。

校准“指南针”，心里有方向。漫漫长途，可尝尽百般苦楚，亦可历经千般磨难，但唯一不可的，就是迷失了方向。及时校准“指南针”，辨明来路归途，是产险行稳致远、进而有为的关键。

磨亮“斩棘刀”，手中有力量。面向未来，产险新征程不可能一帆风顺、平坦无阻，总要经历困难荆棘，磨亮手中的“斩棘刀”，方有披荆斩棘的能力。

扛起“行军旗”，肩上有担当。新时代赋予了产险新使命，当下产险人要秉承“多经事方能成大事、犯其难方能图其远”的信念，主动接过产险的“行军旗”，做起而行之的行动者，当攻坚克难的奋斗者。

安好“避雷针”，出行有保障。为了未来的诗和远方，难免要经历风雨、电闪和雷鸣，需要安好“避雷针”，不能“出师未捷身先死，长使英雄泪满襟”。

再出发，表明我们已经在路上，“只有在路上，才觉得自己是一个存在体，才能准确定位我与世界的关系；只有在路上，才不觉得只是一个人在行走，才能精确计算我与远方的距离”。

再出发，凡是过去，皆为序章；再出发，谋篇布局，砥砺前行；再出发，舞动精彩，擎起未来；再出发……再出发，产险业/产险人要不忘初心、不忘梦想、不忘诗和远方，要砥砺前行、乘风破浪、披荆斩棘。

四、产险到底怎么了？是结束亦是开始

“产险到底怎么了？”这不是一个问题，真正需要产险公司回答的问题是：我们在哪里？我们去哪里？我们如何去？

曾试图回答“我们在哪里？我们去哪里？我们如何去？”这三个问题，但是笔者也深知“家家有本难念的经”，所以也没有完全回答这些问题。

“产险到底怎么了？”之后将是“产险的创新点、线、面、体有哪些？”。让我们一起通过产险业的“研究态、数据观、智能行、科技派”发现引爆点，构建连接线，打造智能面，描绘未来体。

“产险到底怎么了？”这个话题告一段落，是结束亦是开始。

第八章 中国寿险业可持续发展的思考

第一节　人身保险产品的供给停留在20年前的形态

一、人身保险业发展到底怎么了

2021年10月8日，中国银保监会印发《关于进一步丰富人身保险产品供给的指导意见》（银保监办发〔2021〕107号），虽然只有12条意见，但却回答了“人身保险业务发展到底怎么了？”。

2017年7月，在第五次全国金融工作会议上，习近平总书记站在全局和战略的高度，科学阐释了金融在经济社会发展和国家安全中的重要作用，深刻分析了金融业面临的形势和任务，系统阐述了做好金融工作的指导思想和重要原则，全面论述了提高金融服务实体经济效率和水平、防范化解金融风险、深化金融改革开放等一系列重大问题。[1]这些重要思想和论述，为我国人身保险业做好新形势下的工作提供了根本遵循和行动指南，对今后一个时期我国人身保险改革发展稳定具有重大深远的意义。

2019年12月30日，国务院常务会议审议通过了《关于促进社会服务领域商业保险发展的意见》，这是继国务院《关于保险业改革发展的若干意

---

① 习近平出席全国金融工作会议并发表重要讲话[EB/OL]. 新华网，http：//www.xinhuanet.com/photo/2017-07/15/c_1121324607.htm.

见》《关于加快发展现代保险服务业的若干意见》后再一次对保险进行定位，明确了新时代下保险业的历史责任。《关于促进社会服务领域商业保险发展的意见》（银保监发〔2020〕4号）提出加快发展商业保险，力争到2025年，健康险市场规模超过2万亿元，商业保险为参保人积累不低于6万亿元养老保险责任准备金。

2020年12月9日，国务院常务会议研究部署了如何促进人身保险扩面提质稳健发展、如何满足人民群众多样化需求的发展措施。12月16日，国新办举行促进人身保险扩面提质稳健发展国务院政策例行吹风会。银保监会原副主席黄洪在回答记者提问时表示，加快商业养老保险发展是保险业积极服务多层次、多支柱养老保险体系建设的重要着力点，也是认真落实养老金融改革相关工作部署、深化保险业供给侧结构性改革的主要落脚点。

2021年5月8日，银保监会印发《关于开展专属商业养老保险试点的通知》，从6月1日开始，6家人身险公司陆续在浙江、重庆开展专属商业养老保险试点，以满足新产业、新业态模式下从业人员和各种灵活就业人员的养老需求。

2021年10月8日，银保监会印发《关于进一步丰富人身保险产品供给的指导意见》，就进一步丰富人身保险产品供给、满足人民群众多样化保险保障需求提出了12条建议，其中包括3条原则：坚持以人民为中心、坚持高质量发展、坚持深化改革；5个领域：加大普惠保险发展力度，服务养老保险体系建设，满足人民健康保障需求，提高老年人、儿童保障水平，加大特定人群保障力度；4条举措：优化开发管理机制、加快数字化转型、加强行业基础研究、改革产品监管机制。

还有2019年12月印发的《关于推动银行业和保险业高质量发展的指导意见》（银保监发〔2019〕52号）、2020年1月印发的《关于加快推进意外险改革的意见》（银保监办发〔2020〕4号）……

再有《健康保险管理办法》（中国银行保险监督管理委员会令2019年

第3号）、《关于规范两全保险产品有关问题的通知》（银保监办发〔2019〕228号）、《关于规范保险公司健康管理服务的通知》（银保监办发〔2020〕83号）、《关于印发普通型人身保险精算规定的通知》（2020年1月21日印发）、《关于强化人身保险精算监管有关事项的通知》（2020年1月21日印发）、《关于进一步规范健康保障委托管理业务有关事项的通知》（2020年2月11日印发）、《关于规范短期健康保险业务有关问题的通知》（银保监办发〔2021〕7号）、《关于规范保险公司城市定制型商业医疗保险业务的通知》（银保监办发〔2021〕66号）、《关于规范保险公司参与长期护理保险制度试点服务的通知》（银保监办发〔2021〕65号）、《关于印发意外伤害保险业务监管办法的通知》（银保监办发〔2021〕106号）……

二、人身保险业需要鉴往知来

保险作为风险管理者、风险承担者和投资者的统一。面向“十四五”，对照《“十四五”规划建议》和《“十四五”规划纲要》，中国人身保险业如何自发地融入国家发展大局，如何自觉地服务国家经济社会发展，直接关系中国人身保险业的未来发展。

面向“十四五”，我们要认真地思考91家人身保险公司在3大险种、4种设计类型面前如何实现高质量发展，或者说如何活下去！

具体怎么实施？这涉及人身保险业、涉及91家人身保险公司、涉及3大险种、涉及4种设计类型、涉及国家宏观经济政策、涉及“双循环”“共同富裕”“乡村振兴”“碳达峰碳中和”……当然，最重要的是我们如何“把握新发展阶段，贯彻新发展理念，构建新发展格局”。

（一）人身保险产品的发展阶段

70多年来，我国的人身保险产品从无到有、从少到多、从强制保险为主到商业保险为主、从团体保险产品为主到个人保险产品为主、从传统型产品到各类新型产品，人身保险业为社会公众提供了种类日益增多、保障范围不断增加及满足不同层次财务规划需求的保险产品。回顾我国人身保险产品发展历程，可以将其大致分为以下几个阶段（其中前6个阶段本书不再详细论述，我们重点关注2017年第五次全国金融工作会议之后人身保险的发展概况）：

（1）第一阶段（1949－1958年）：简易产品，以定向销售为主，即“10年摸索期”。这一阶段主要产品包括团体人身保险、简易人身保险以及面向特定人群的强制性意外伤害保险。

（2）第二阶段（1959—1979年）：国内保险业务停办，即“20年停办期”。

（3）第三阶段（1980—1991年）：简易产品，以团险渠道为主。这个阶段主要产品包括简易人身保险、养老金保险和意外伤害保险，保险责任简单且保额极低（低于100元）。

（4）第四阶段（1992—1999年）：普通寿险（传统险），个险渠道崛起。这一阶段主要产品包括两全保险、终身寿险、定期寿险等传统寿险产品，产品保额大幅提升至万元级别，缴费方式从月缴变为年缴，保险期限大幅拉长，出现了终身寿险产品。

（5）第五阶段（2000—2013年）：新型寿险（分红险、万能险、投连险），银保渠道高速增长。这一阶段主要产品除了传统寿险之外，还引入了分红险、万能险、投连险等新型寿险。

（6）第六阶段（2014—2016年）：分化——大型公司价值转型，聚焦新业务价值（NBV）；部分中小公司“资产驱动负债”，万能险等中短存续期保险保费激增。这一阶段主要产品包括传统寿险和新型寿险。

（7）第七阶段（2017—2020年）：保障型产品（健康险等），“保险业姓保”和保险转型。2016年底针对风险事件，原中国保监会提出“保险姓保、监管姓监”。2017年原中国保监会发布《关于进一步加强保险监管，维护保险业稳定健康发展的通知》等“1+4”系列文件，提出“始终坚持严字当头，严防严管严控保险市场违法违规行为”，“推动保险业回归本源”，保险行业监管明显强化。

业务层面，中短存续期业务和长期年金险均受到了严格的限制。2017年以万能险为主的中短期理财型业务大幅收缩，保户投资款新增交费同比下降51%，导致部分中小保险公司总保费负增长。年金险方面，原中国保监会2017年5月发布《关于规范人身保险公司产品开发设计行为的通知》（简称134号文），规定“两全保险产品、年金保险产品，首次生存保险金给付应在保单生效满5年之后，且每年给付或部分领取比例不得超过已交保险费的20%”，这直接导致了上市寿险公司新单保费自2017年下半年以来进入调整期，一直持续到2018年上半年。

2018年4月，中国保监会与中国银监会合并成立中国银保监会，使保险业发展迎来阶段性里程碑。5月4日，银保监会下发《关于组织开展人身保险产品专项核查清理工作的通知》，全面规范人身保险产品开发设计行为，并细致到产品条款、产品责任、产品费率厘定、产品精算假设、产品申报使用管理5个方面。

2019年是银保监会机构改革融合的第一年，机构改革任务基本完成，监管业务稳妥有序开展，初步实现从“物理融合”到“化学反应”，稳定住了银行保险发展大局。2019年3月，银保监会下发《关于规范人身保险公司中短期产品有关问题的通知（征求意见稿）》，拟对3~5年期两全保险产品进行重新规划。上述文件在经过征求意见修订后，最终于2019年12月9日发布，名为《关于规范两全保险产品有关问题的通知》。明确保险公司可以开发设计保险期限为5年期以下（均不含5年）的两全保险产品，但不得短于3年，且各公司5年期以下两全保险产品年度规模保费占当年总规模保费的比重不得超过20%。8月30日，又发布《关于完善人身保险业责任准备金评估利率形成机制及调整责任准备金评估利率有关事项的通知》，对

2013年8月5日及以后签发的普通型养老年金或10年以上的普通型长期年金，将责任准备金评估利率上限由年复利4.025%和预定利率的小者调整为年复利3.5%和预定利率的小者。这意味着预定利率超过3.5%的普通型养老年金或10年以上的普通型长期年金须报监管部门审批通过方可销售。

2020年，银保监会累计出台人身险方面的政策21项，一系列有关健康险的制度相继出台，为健康险高速发展打下基础。此外，在参与养老三支柱建设方面，虽然没有正式的制度落地，但监管部门的频频发声也从侧面证明这就是未来人身险公司的主战场之一。人身险最重要的功能就是服务社会保障体系建设，健康险、养老险更是重中之重。

（8）第八阶段（2021年至今）：商业养老保险和健康保险。2021年1月11日，银保监会发布《中国银保监会办公厅关于规范短期健康保险业务有关问题的通知》（银保监办发〔2021〕7号），为行业健康保险业务可持续发展提供了制度保障。4月8日，银保监会发布《关于深入开展人身保险市场乱象治理专项工作的通知》（银保监办便函〔2021〕477号），围绕销售行为、人员管理、数据真实性、内部控制等方面，对人身保险市场存在的典型问题和重点风险进行了一次专项治理。5月15日，银保监会发布《关于开展专属商业养老保险试点的通知》（银保监办发〔2021〕57号），规定自2021年6月1日起由6家人身险公司在浙江省（含宁波市）和重庆市开展专属商业养老保险试点。5月21日，银保监会发布《保险公司城乡居民大病保险业务管理办法》（银保监发〔2021〕12号）；5月28日，银保监会发布《关于规范保险公司参与长期护理保险制度试点服务的通知》（银保监办发〔2021〕65号）；6月2日，银保监会发布《关于规范保险公司城市定制型商业医疗保险业务的通知》（银保监办发〔2021〕66号）；10月13日，银保监会发布《意外伤害保险业务监管办法》（银保监办发〔2021〕106号）；10月15日，银保监会发布《关于进一步丰富人身保险产品供给的指导意见》（银保监办发〔2021〕107号）。自2021年以来，银保监会围绕丰富产品供给、规范业务经营、推动渠道发展、加强公司治理、加大乱象整治力度、防范化解金融风险、提升监管效能等方面，出台了一系列政策文件，频率高、范围广、影响深，进一步推动了人身险行业高质量发展。展望未来，我国人身险行业发展仍处于重要的战略机遇期，业务结构将进一步聚焦长期与保障型业务，健康险及养老保险增长空间较大；持续推进服务优化升级，注重提升效率及“产品+服务”模式打造；代理人渠道转型升级仍需时间，其他主要渠道规范化经营将进一步推进；数字化转型持续推进，数据安全将成为重点。

（二）人身保险产品的保费分布

2020年1—12月，寿险公司实现保险保费收入31673.64亿元，同比增长6.90%。其中寿险保费收入23981.92亿元，同比增长5.4%；意外险保费收入633.21亿元，同比下降2.37%；健康险保费收入7078.50亿元，同比增长13.38%（见表8-1）。

表8-1　寿险2020年保费收入和增长情况　　单位：亿元，%

项目		2020年实际值	
		保费收入	保费增长率
原保险保费收入		31674	6.9
1. 寿险小计		23982	5.4
（1）个人业务	新单保费	8760	–2.8
	其中：新单趸交	4220	–0.7
	续期保费	15151	10.8
其中：年金保险	新单保费	2788	–20.6
	其中：新单趸交	257	–22.2
	续期保费	8198	10.7
（2）团体业务	新单保费	58	20.6
	其中：新单趸交	36	6.7
	续期保费	13	–12.3

续表

项目		2020 年实际值	
		保费收入	保费增长率
其中：年金保险	新单保费	21	135.5
	其中：新单趸交	6	560.9
	续期保费	10	–13.6
2. 意外伤害险小计		633	–2.4
（1）一年期以内业务		83	–3.0
（2）一年期业务		351	0.9
（3）一年期以上业务		199	–7.4
3. 健康险小计		7079	13.4
（1）短期	个人业务	674	14.3
	团体业务	1045	9.1
（2）长期	个人业务	5223	14.6
	团体业务	116	–4.5

资料来源：笔者根据中国银保监会网站公布的数据整理。

（1）险种情况。表8-2给出了2000—2020年寿险公司各险种（寿险、健康险、意外险）保费收入占比情况。

表 8-2　2000—2020 年寿险公司各险种保费收入占比情况　单位：亿元，%

年份	寿险公司合计	寿险业务	健康险	意外险
2000	958	88.82	6.65	4.54
2001	1392	92.54	4.20	3.25
2002	2246	92.34	5.24	2.42
2003	2986	89.41	8.04	2.54
2004	3194	89.28	8.03	2.69
2005	3644	89.06	8.33	2.61
2006	4059	88.45	9.06	2.49
2007	4947	90.22	7.43	2.34
2008	7338	90.74	7.48	1.78

续表

年份	寿险公司合计	寿险业务	健康险	意外险
2009	8144	91.57	6.52	1.92
2010	10501	92.18	6.02	1.81
2011	9560	90.96	6.65	2.40
2012	9958	89.46	7.94	2.61
2013	10741	87.75	9.36	2.89
2014	12690	85.90	11.17	2.92
2015	15859	83.49	13.76	2.75
2016	21693	80.40	17.28	2.32
2017	26040	82.40	15.34	2.26
2018	26261	78.91	18.58	2.51
2019	29628	76.80	21.01	2.19
2020	31674	75.72	22.29	2.00

资料来源：笔者根据中国银保监会网站公布的数据整理。

（2）设计类型。表8-3给出了按照产品设计类型分类，即普通寿险、分红寿险、投资连结保险、万能寿险4大类型的保费收入占比情况。

表 8-3　2000—2020 年寿险各产品类型保费收入占比情况　单位：亿元，%

年份	寿险业务合计	普通寿险	分红寿险	投资连结保险	万能寿险
2000	851	96.38	1.01	1.95	0.65
2001	1289	67.44	21.16	8.27	3.13
2002	2074	40.92	54.10	3.34	1.64
2003	2669	33.99	62.98	2.39	0.63
2004	2851	35.07	61.72	1.86	1.36
2005	3245	29.59	62.25	1.41	6.75
2006	3590	27.97	59.33	1.67	11.04
2007	4463	22.46	49.77	8.82	18.95
2008	6658	14.77	57.06	6.38	21.79
2009	7457	13.50	71.00	1.50	14.00

续表

年份	寿险业务合计	普通寿险	分红寿险	投资连结保险	万能寿险
2010	9680	8.82	89.74	0.55	0.90
2011	8696	10.89	88.17	0.05	0.89
2012	8908	10.62	88.22	0.05	1.11
2013	9425	12.73	86.29	0.05	0.93
2014	10902	39.41	59.70	0.04	0.84
2015	13241	50.81	48.43	0.03	0.72
2016	17442	59.92	39.44	0.02	0.61
2017	21455	60.29	39.17	0.02	0.52
2018	20723	44.01	55.44	0.02	0.52
2019	22754	46.03	53.47	0.02	0.48
2020	23982	52.31	47.23	0.02	0.44

资料来源：笔者根据中国银保监会网站公布的数据整理。

《关于进一步丰富人身保险产品供给的指导意见》就进一步丰富人身保险产品供给、满足人民群众多样化保险保障需求提出了12条意见。从人身保险产品供给的发展历程来看，近20年中国寿险业的产品形态没有发生大的变化，这正是该文件出台的背景。可以说，过去20年中国经济社会发生了巨大变革，但是寿险的产品形态还停留在20年以前的状态，当前的寿险形态没有契合人民需求的变化，更没有融入国家发展的需要。

为什么会出现这种问题？就这个问题笔者曾咨询过几家公司的精算师，答案非常简单：一是因为现有产品形态还有利可图；二是内部销售渠道的绑架；三是外部监管等环境的约束。鉴往知来，本书回顾中国人身保险产品的发展历程，目的就是找到中国人身保险产品未来的供给方向。

第二节　人身保险产品的供给缺少了什么

一、人身保险主体生存反思

“人身保险产品的供给停留在20年前的形态”谈道：“过去20年中国经济社会发生了巨大变革，但是寿险的产品形态还停留在20年以前的状态，当前的寿险形态没有契合人民需求的变化，更没有融入国家发展的需要。”

中国人身保险产品的供给形态到底有什么问题？这个问题的背后是“人身保险产品的供给缺少了什么？”。笔者一时也无法给出答案，也许通过对比欧美保险市场的产品形态，可以给我们一点启发。

通过与欧美寿险产品的比较可以发现，中国人身保险产品的供给最缺少的是对消费者的考虑，是给予消费者选择权；过去20年，寿险公司只向上看（监管约束）和向内看（盈利高于向善），没有向下看（消费者的权利）。鉴往知来，要解决中国人身保险产品的供给问题，寿险公司需要不断优化产品设计，给予消费者更多选择权。

二、欧美寿险产品的比较

下面对欧洲和美国保险市场中最为流行的寿险合同类型进行一个系统化的比较，其他保单通常为这些主要合同类型的组合或简单变换。本书仅关注个人寿险合同，而不考虑信用保险、团体保险以及年金。基于美国寿险理事会（American Council of Life Insurers，ACLI）2005年所发布的Life Insurers Fact Book与欧洲保险和再保险同盟（European Insurance and Reinsurance Federation）的CEA（2006）文件中的数据，表8-4给出了个人寿险合同的一个简单总结。

表 8-4　欧洲和美国保险市场中的主要个人寿险合同

保险市场	个人寿险合同
欧洲	定期寿险（Term Insurance） 两全保险（Endowment Insurance） 投资连结保险（Unit-Linked Insurance）
美国	定期寿险（Term Insurance） 终身寿险（Life Insurance） 万能寿险（Universal Insurance）

（一）欧洲保险市场

欧洲最为常见的寿险合同类型为定期寿险、两全保险和投资连结保险。定期寿险专门针对固定期限内的死亡利益，通常不包括储蓄成分；若被保险人在保单期限内死亡，指定受益人将获得与保单面值等额的赔付款。定期寿险合同的具体形式取决于：合同持续期、承保期限、保证的保障选择权以及保单有效期内保额的变化。承保期间保额不变的保单称为“定额型”定期寿险，市场上还有面值逐渐下降和渐增的“递减型”和“递增型”定期寿险。

两全保险在固定的合同期限内提供保证的死亡及生存利益；与定期寿险相反，两全保险还具有储蓄成分，若被保险人生存至合同满期则收到一个生存利益支付，储蓄部分由所谓的保单准备金或现金价值生成。保单持有人所支付的保费在扣减掉死亡收费和成本之后，剩余部分用于投资来赚取利息；因此，保单准备金或现金价值包括剩余保费和累积的投资收益。生存保险只有在保单持有人生存的情形下才支付生存利益，其没有死亡利益支付。

两全保险更强调储蓄部分而不是死亡利益，合同类型为分红型和非分红型。除了具有最低利率保证以外，两全保险通常还具有根据保险公司投资组合所产生的回报而进行分红的特征，但并不保证分红。两全保险的投资决策由保险公司决定，记入保单持有人准备金的盈余或“红利”取决于保险公司投资组合的业绩以及所采用的平滑机制。英国分红保险的最低保证利率远低于欧洲大陆的类似合同，取而代之的是更高的年度红利。目前，定期寿险和传统的终身寿险合同也都具有分红或者非分红形式。

对于分红保单，死亡利益通常包括一个最小保证金额和来自保险公司投资收益分红的累积收益。生存利益可能会因终了红利而增加，其取决于保险公司投资组合的业绩。近年来，一些国家实施的不利税收政策令两全保险丧失了吸引力；例如，德国税收法令降低了两全保险的税收优惠，结果出现了传统寿险产品逐渐向年金转变的趋势。

投资连结保险出现于20世纪90年代，其市场份额增长迅速，特别是在欧洲最大的寿险市场——英国。2001年的股票市场危机导致寿险需求大幅下降，而之后由于欧洲股票市场的好转，欧洲寿险市场在2005年有所增长，投资连结保险发展正得益于此，尤其是在比利时、德国、法国和葡萄牙。

与分红寿险合同相反，投资连结保险的投资风险完全由保单持有人承担：保单持有人决定如何投资其保费，如何在多种资产类别中进行选择。投资连结保险具有多种形式：储蓄部分可以与共同基金的单位相连结；也可以与某些指数相连结，如债券指数、股票指数或其他参照指数；另外，其也可以是内嵌保证的股票连结保险，最小保证为保证返还所支付的保费。

投资连结保险一般具有保证最小死亡利益（Guaranteed Minimum Death Benefit，GMDB）的特点，其死亡利益为固定保证金额和账户累积价值二者之间的较大者。另外，除了GMDB以外，一些合同还对基金的累积价值给予允诺，到期时的生存利益等于保证最小到期利益（Guaranteed Minimum Maturity Benefit，GMMB）和账户累积价值二者之间的较大者。

（二）美国保险市场

美国最为常见的寿险合同类型是定期寿险、终身寿险和万能寿险，两全保险的市场份额可以忽略。终身寿险与定期寿险不同，其在被保险人的整个生命期间均有效，是一类在欧洲很少见的寿险合同；其保费一般是固定的，具有保证死亡利益和储蓄性的特点。终身寿险保单的提前（在死亡之前）中止需要将现金价值（保单准备金扣减退保费用）转移给被保险人，其被称为不丧失价值选择权（Nonforfeiture Option）。不丧失价值选择权对于所有具有现金价值的保单而言都是强制性的，其表明保单准备金属于保单持有人，并不会因为保费支付的提前终止而丧失。现金价值转移给保单持有人有三种方式：对于缴清保单，保单持有人停止支付保费，保单将继续有效，但其保单利益相应降低，具体大小取决于保单终止时的现金价值；保单持有人还可以选择一次性现金支付（即现金价值选择权）；或用该现金价值购买展期定期寿险。上述三种方式的不可丧失利益都应与其精算价值相匹配。

万能寿险是一种相当灵活的产品，最早出现于1979年，其允许浮动的保费支付——由保单持有人决定续期保费的支付时间和数额。更进一步地说，其死亡利益的数额也可以调整，但是当被保险人要求增加死亡利益时，保险公司一般需要被保险人提供可保性证明。万能寿险与终身寿险不同，其现金价值是变动的，取决于保险公司的投资业绩、死亡率经验、费用率以及保单持有人支付保费的数量和时间。在任何时点，如果死亡利益和费用收费值超过了保单的现金价值，保单持有人要么弥补赤字，要么减少死亡利益，否则保单将失效。目前，终身寿险和万能寿险合同都具有分红或者非分红形式。

三、欧美寿险合同隐含的选择权

前面所论述的几种常见的寿险产品合同一般都有隐含期权或内嵌保证。隐含期权给予保单持有人一种在合同期限内修改合同条件的权利，而不是义务。期权的执行会影响保单现金流的大小和时间，因而对保单持有人而言具有实质性的价值。特定期权的具体形式和设计在不同国家中有所不同，下面本书对隐含期权提供一个全面的概括和描写。本书所关注的期权中有些基础性的期权在之前的文献中已得到研究，表明这些期权对于保险公司的财务风险而言具有潜在的实质性影响；通常，这些期权是法律所要求的（如退保选择权或缴清选择权）。表8-5给出了欧美寿险合同隐含的一些常见期权。

表 8-5　寿险合同中的隐含期权概述

期权（选择权）分类	期权（选择权）的具体类型
红利选择权	累积生息：基于最小保证利率累积生息 现金红利 抵交保费 购买缴清增额保险 购买一年期定期寿险 红利分配机制的变更
保费支付选择权	缴清选择权 重获选择权 灵活的保费支付 动态保费增长
退保选择权	
灵活的满期选择权	
结算选择权	一次性支付选择权 终身年金收入选择权 / 保证年金转换权 固定期间选择权 固定数额选择权 利率选择权
异议权	合同取消动态的 / 增长的保费
保单贷款选择权	
保单追溯选择权	
保单转换选择权	

续表

期权（选择权）分类	期权（选择权）的具体类型
展期定期寿险选择权	
年金的一次结清选择权	
额外支付选择权	增加死亡利益 缩短合同期限
复效选择权	
保障范围扩展选择权	生活费用或通货膨胀调整附加条款 保证可保选择权 保费豁免 生前给付 意外死亡多倍赔偿
合同期限延长选择权	

（一）红利选择权

红利支付是分红保单的特点，其以保险公司的投资、死亡率和费用状况为基础；红利可以以现金的形式支付给保单持有人，也可以用于抵减未来保费、购买缴清增额保险或一年期定期寿险，还可以按保险公司的利率进行累积。对于最后一种情形，若合同包含最小保证累积生息利率，则对保险公司而言意味着不可忽视的风险。

保单持有人可以直接，或依据基于账面价值的平滑机制分享盈余。年度盈余分配机制的一种重要形式是年轮法保证（Cliquet-style Guarantee），基于年轮法保证，保单准备金每年赚取最低保证利率和保险公司投资组合盈余分享部分二者之间的较大者，不同国家的盈余确定方式有所不同，可能会采用某种平滑机制。基于年轮法保证，一旦盈余归结于保单准备金，其将成为保证的一部分，并相应增加保证的满期利益支付。只提供满期保证而没有期间分红的合同被称为点对点保证（Point-to-point Guarantee）。通常，当保险公司的投资组合的绩效不错时，这些保证还会提供一些终了红利利益支付。

除了累积生息以外，保单持有人也可以选择以现金形式支付红利，或者用其抵交保费。对于购买缴清增额保险选择权，保单持有人无须进行医学检查和承担额外的费用，可以用红利增加保证利益和扩大保障范围；增额保险一般包括更高的死亡利益和现金价值。另外，保单持有人也可以选择用红利来购买一年期定期寿险，而不需要增加保费支付。因逆选择（Adverse Selection）的存在，很多保险公司要求保单持有人必须在合同初始时决定是否选择这一红利选择权；如果保单持有人在合同期间申请这一选择权，保险公司可以要求其进行额外的体检以证明其具有可保性。此外，保单持有人还具有选择不同红利分配机制的权利，即红利分配机制变更选择权。

（二）保费支付选择权

大多数寿险合同都含有保费支付选择权。例如，对于万能寿险而言，保单持有人可以选择保费支付的时间和数额（只要有足够的保单准备金），因此，其被视为灵活的保费支付选择权，尽管并非所有类型的合同都如万能寿险保单一样灵活。欧洲大部分国家以及整个美国，停止保费支付（缴清选择权）是法律所要求的一种选择权；在美国，这一权利是不丧失价值选择权的结果，其中不丧失价值选择权对所有具有现金价值的保单而言都是必需的。

执行缴清选择权并不终止合同，合同仍然有效，但保险利益相应减少；保险利益的大小取决于执行缴清选择权时的保单准备金（通常需要从准备金中扣除退保费用），以此作为趸缴保费购买与原始合同同类的保险，如两全保险或终身寿险。执行缴清选择权是一项基于远期合约的看跌期权，其中保单持有人以年度保费来购买债券，执行价格为零，这意味着该选择权的作用是将原来的合同转换为一个保险利益削减、无保费支付的新合同。

除了缴清选择权以外，合同还会包括重获保费支付的权利，据此增加之前削减的保险利益（重获选择权）。为了重新获得原来的保险利益（即选择保单缴清之前的利益），保单持有人可以以拖欠未付的形式支付保费或增加初始保费的数额。另外，保单持有人也可以保持原来的保费数额，而不需补交大量的保费，但保险利益将低于原始合同。在某些合同中，重获选择权只限于缴清合同之后的特定时期内。若保单持有人因资本市场的高利率而缴清合同，重获选择权为保单持有人提供了一个获得更高保证利率的机会，其是一种基于远期合同的看涨期权（保单持有人以年度保费来购买债券），执行价格是保费的再支付。还有一类保费支付选择权是动态保费增长，例如保费每年以固定的百分比增长。

（三）退保选择权

与缴清选择权不同，退保选择权将终止合同，保单持有人获得保单准备金（包括红利）扣减退保费用后的退保价值（现金价值）；对于投资连结保险，退保价值为独立账户累积价值减去退保费用。因退保选择权可用于离散执行日期，因此，其可看作是基于未来期望保险利益现金流的百慕大看跌期权（Bermudan put Option），其执行价格等于退保价值。退保选择权具有一定的财务风险，因为当利率增长时，高退保价值保单的持有人执行退保选择权的可能性会增加；另外，因逆选择的存在，若大部分"好风险"选择退保，将导致保险公司保单组合的保险风险状况恶化，因此，退保选择权还具有一定的保险风险。

（四）灵活的满期选择权

两全保险包含灵活的满期选择权，即每年给予保单持有人一个在正常满期之前终止合同、获取包括保证和盈余分红在内的累积保单准备金的机会，而无须支付退保费用。在保单准备金首次超过保证的生存利益之后，或在保单的最后5~10年，可以执行该选择权。执行日期越晚，支付给保单持有人的保险利益就越大。从金融的角度来看，这一选择权相当于基于附息债券的百慕大看跌期权，其执行价格等于一次性保险利益支付；该附息债券是保单持有人所终止的保单的剩余现金流，以预期死亡利益扣减预期保费支付（对于周期性保费支付的情形）作为息票，而以预期生存利益作为面值。其之所以被称为百慕大看跌期权，是因为其在每年的签单纪念日都可以执行。对被保险人而言，灵活的满期选择权的好处就在于保单所赚取的利率一般来自长期投资，相对而言，无退保费用不会导致每年退保的可能性增大，因其实际上意味着短期投资。

（五）结算选择权

保单持有人可以在死亡或生存利益如何支付的不同结算方式之间进行选择。最为常见的保单结算方式是一次性支付保险利益，从而终止保单，不会为保险公司带来未来负债。终身年金收入选择权向受益人保证其余生的收入年金，这类选择权有多种形式，如20世纪70年代和80年代美国的避税保险产品（Tax-sheltered Insurance Products）以及英国的退休储蓄合同（Retirement Savings Contracts），其通常都提供保证年金转换权。保险合同到期时，累积的保单准备金都转换为固定保证利率的终身年金，其相当于一种基于附息债券的看涨期权。与保证年金转换权相关的金融风险主要产生于人口统计因素（长寿风险）、执行日的市场条件（长期利率和股票收益）以及年金的数额。20世纪90年代，当长期利率开始下降时，保证年金转换权的价值显著增长；当英国公平人寿因忽视保证年金转换权的时间价值以及其他原因而不得不停止新业务之时，这类选择权就开始受到特别关注。

除了一次性支付以外，也可以在固定期间以等额分期付款的形式将保险利益支付给受益人（固定期间选择权）。支付的数额取决于频率、支付期间的长短以及保险公司对尚未支付的保单准备金所支付的利率；通常具有一个最低支付保证，若所赚取的利率高于保证利率，保险公司会将超额利率计入分期款项，从而增加其数额。一般而言，在固定期间选择权执行之后，受益人保留一次性提取未来现金流现值的权利。

除了固定期间，也可以固定给付额，即固定分期付款的数额和频率将决定支付期间的长度，若所赚取的利率超过保证利率，则给付期间将会延长。

保单持有人还可以拥有获得利率选择权，如此则保险公司持有保险利益并向受益人支付利率，通常包括一个保证利率。同固定期间选择权一样，在一定的限制之下，受益人一般可以一次性提取部分或全部未来现金流现值。

（六）异议权

通常，在合同签订后的一定期间内，保单持有人有抗议或取消合同的权利，而无金融结果的发生。若保单持有人如此选择，则所有支付的保费必须返还；若保费已立即投资于市场，这将为保险公司带来金融风险，因为清算会导致利率损失。对于投资连结保险，可退回保费的清算意味着重大的风险，因而尤为值得保险公司注意。

另外，保单持有人还可以反对保费的动态增长；一些保险公司在中止异议权之前，只允许两次异议，这一选择权对于保险公司而言只意味着较低的金融风险。

（七）保单贷款选择权

在保险期限内，保单持有人可以从保险公司借取部分现金价值。若保险公司所收取的借款利率与市场利率相近，公司只面临有限的金融风险，但若利率在合同初始时就已固定，则该风险将不容忽视。若保单持有人死亡，在保险利益给付前，将从保单准备金中扣除总未决贷款以及累积利息。为了避免保单失效，若贷款余额加利息低于现金价值，保单持有人必须支付保单贷款利息。许多保险公司提供自动保费贷款条款，以保证保单持续有效，该条款将于保费未支付时生效，从现金价值中扣除未缴保费，并视为保单贷款。

（八）保单追溯选择权

保险业务中，保单追溯是一种常见的惯例。保险合同的可追溯性，使保单日期可能早于实际申请日期，通常最多为6个月。例如，用最近生日的年龄来计算保费，由于使用了较低的年龄，因而保费将降低，不过保单持有人必须支付追溯期的保费。因此，若所减少的保费超过了为追溯期所补交的保费，则该选择权具有价值。

（九）保单转换选择权

定期寿险合同经常提供保单转换选择权，允许保单持有人将定期寿险转换为两全保险或年金保单，且无须再次向保险公司提供可保性证明。一般而言，为了避免逆选择，保险公司会对可执行这一选择权的时间进行限制。

（十）展期定期寿险选择权

展期定期寿险选择权是不丧失价值选择权的一部分，即在保单宽限期之后保费仍然未支付，而保单持有人并没有采用任何一种其他不丧失价值选择权（缴清保险或现金价值选择权），在这种情形下，保险公司将用保单准备金来计算与原合同所提供的死亡利益相同的定期寿险合同的保险期限。因被保险人在缴清保险和展期定期寿险之间的选择可以反映其健康信息，一些保险公司对缴清保险和展期定期寿险合同采用不同的生命表，以考虑潜在的逆选择。

（十一）年金的一次结清选择权

一次结清选择权给予受益人提取预期未来年金给付（以技术利率贴现）的权利，在合同的正常到期日期（如固定期限选择权和利率选择权之前的日期）之前一次性结算。

（十二）额外支付选择权

通过额外支付，保单持有人可以扩大保险合同的保障范围；额外付款对应于新合同的趸缴保费，不包括获取费用。另外，额外支付的费用也可以增加保单准备金，从而用于缩短两全保险的期限，调整之后的合同条款将由精算原则决定。在这种情形下，额外支付的保费将不会增加死亡利益，但是会使储蓄价值（现金价值）更高。额外支付通常被限定为保险金额的一个固定百分比，同时必须超过一个最低额，且只有在合同生效一段时间之后才能执行。这一选择权相当于基于债券的看涨期权，若保单红利高于相应的市场利率，则对保单持有人有利。

（十三）复效选择权

因未支付保费或其他原因而失效的保单在固定的时间期限内可以复效。美国的宽限期条款通常在保单实际失效之前给予被保险人30天的时间来缴纳未付保费。另外，自动垫缴保费条款也能够防止保单失效，只要当前的现金价值足以支付保费即可。

一旦保单已失效或发生退保，只要可证明被保险人仍具有可保性，其在失效后一定期限内（美国通常为3~5年）可以复效，但需补交失效期间所拖欠的保费。对于保险公司而言，若旧合同在某些方面（如隐含期权）比新合同更为有利，则恢复合同会比购买新的合同更为划算。

（十四）保障范围扩展选择权

影响寿险合同保障范围的数量或特性的选择权有多种。为了增加保障范围的数量，保单持有人可以选择保额随消费价格指数变动的生活费用附加条款（Cost-of-living Rider）或保证可保性附加条款（Guaranteed Insurability Rider），后者在变动保险保障范围之时无须提供可保性证明。若选择了保额随消费价格指数变动的生活费用附加条款，死亡利益将自动按合同开始后消费价格指数增长的百分比而增长，保单持有人将为所增加的保障范围而相应地付款；这一选择权在英国被称为“通货膨胀选择权”（Inflation Option）。若保单持有人开始时拒绝生活费用附加条款，之后又要求行使该选择权，则必须提供可保性证明。保证可保性附加条款给予保单持有人在特定的条件下（如结婚或生子）增加保险金额的权利。

若保单持有人在特定年龄如60岁或65岁之前残疾，保费豁免权可以豁免其保费支付。这一选择权并不昂贵，且无论保单持有人的健康状况如何都可以保证保单以同样的保险利益继续有效；一些保险合同在豁免保费之前需要一定的等待期。生前给付利益条款也称为生存利益选择权，在特定情形下和死亡事件发生之前，保险公司支付保单面值的现金价值的一定百分比。有些保险公司将这一选择权的执行视为保单的终止，也有一些在被保险人死亡时支付剩余保险利益。通过支付少量额外费用，在意外死亡的情形下，死亡利益可以增加（即意外死亡利益选择权），在这种情形下，除基本合同中的死亡利益之外，受益人还将获得一笔额外赔付，数目往往等于保单的面值或保单面值的多倍；但保险公司通常将某些情形排除在适用范围之外，如自杀、疾病、战争导致的死亡或在意外事故发生后超过120天以后死亡。

（十五）合同期限延长选择权

有些寿险合同提供将合同期限延长一个特定时间跨度且保持合同条件不变的选择权。若被保险人的健康状况并未恶化，在期满之前该选择权都是可执行的、被承认的；对于总的合同期限以及被保险人在新的到期日的年龄可能另有一些限制。这一选择权的价值在于，当市场利率较低时，保单持有人可以维持较高的保单保证利率。

为了使前面的分析更为完整化，表8-6对表8-5中各类合同的隐含期权的类型进行了归纳总结。总体上，表8-6中的各类合同都含有一些基础性的基本选择权，如缴清选择权和退保选择权。在定期寿险中，典型的额外支付选择权是转换选择权、追加保费来调整死亡保障范围的选择权以及合同期限延长选择权。两全保险通常提供死亡利益保障范围扩展选择权、动态的保费增长以及额外支付选择权。投资连结保险一般包括与传统的两全保险相类似的选择权，不过在一定期限内取消合同的权利意味着金融风险，这类保险通常还提供合同期限延长和保单贷款选择权。

如同定期寿险一样，保单持有人可以通过转换选择权将投资连结保险转换为保费水平和到期日期相同、死亡和生存利益相应调整的两全保险，基于选择权执行日参照投资组合的价值来计算调整后的保险利益。终身寿险也具有保障范围扩展选择权、保单贷款、购买缴清增额保险以及展期定期寿险选择权。就保费支付而言，万能寿险是最为灵活的一类合同，其保费支付的时间和数额都可以变动；万能寿险合同中往往还包括与终身寿险类似的选择权。

表 8-6　寿险合同中的主要隐含期权

合同类型	主要的隐含期权（选择权）
定期寿险	保费支付选择权（缴清选择权、重获选择权） 退保选择权 结算选择权 转换选择权 额外支付选择权 合同期限延长选择权
两全保险	红利选择权 保费支付选择权（缴清选择权、重获选择权） 退保选择权 灵活的到期选择权 结算选择权 转换选择权 额外支付选择权 合同期限延长选择权 动态保费增长
投资连结保险	具有保证利率的红利选择权 保费支付选择权（缴清选择权、重获选择权） 退保选择权 灵活的到期选择权 结算选择权 合同期限延长选择权 保单贷款选择权 转换选择权 异议权：合同取消

续表

合同类型	主要的隐含期权（选择权）
终身寿险	不丧失价值选择权（退保、缴清、展期） 红利选择权 购买缴清增额保险 结算选择权 保障范围扩展选择权 保单贷款选择权
万能寿险	不丧失价值选择权（退保、缴清、展期） 灵活的保费支付：时间，数额 红利选择权 灵活的到期选择权 结算选择权 保障范围扩展选择权 保单贷款选择权

第三节　人身保险产品的供给意见解读

一、人身保险主体生存反思

“人身保险产品的供给停留在20年前的形态”介绍了过去20年中国人身保险的产品形态；“人身保险产品的供给缺少了什么”介绍了过去20年中国人身保险的产品形态缺少什么。至此，我们回到《关于进一步丰富人身保险产品供给的指导意见》，重新思考文件背后的含义。

《关于进一步丰富人身保险产品供给的指导意见》提出了12条意见，其中包括3条原则：坚持以人民为中心、坚持高质量发展、坚持深化改革；5个领域：加大普惠保险发展力度，服务养老保险体系建设，满足人民健康保障需求，提高老年人、儿童保障水平，加大特定人群保障力度；4条举措：优化开发管理机制、加快数字化转型、加强行业基础研究、改革产品监管机制。

二、人身保险产品的供给意见解读

（一）坚持以人民为中心

原文：“坚持以人民为中心。发展满足人民需要、符合保险业发展规律的保险产品和服务；加强民生领域保险服务，持续提供多层次、广覆盖的保险保障。”

悠悠万事，民生为大。“民生福祉达到新水平”已经成为我国经济社会发展的主要目标之一。习近平总书记在庆祝改革开放40周年大会上的重要讲话中指出：“我们要着力解决人民群众所需所急所盼，让人民共享经济、政治、文化、社会、生态等各方面发展成果，有更多、更直接、更实在的获得感、幸福感、安全感，不断促进人的全面发展、全体人民共同富裕。”[①]不断提高人民群众的获得感、幸福感、安全感，对于凝聚起把新时代改革开放继续推向前进，实现“两个一百年”奋斗目标、中华民族伟大复兴中国梦的磅礴力量具有十分重要的意义，是新时代全面深化改革的重要着力点。

为了谁、依靠谁，是一个根本问题。坚持以人民为中心，不断实现人民对美好生活的向往，是新时代中国特色社会主义思想的核心要义，是新时代坚持和发展中国特色社会主义的基本方略之一，也是不断提高人民群众获得感、幸福感、安全感的重要前提。因此，保险作为防范化解重大风险的重要制度，必须有鲜明的立场。保险与人民的关系，是一个风向标、指挥棒，决定了保险为谁保、保什么、怎么保。

① 习近平：在庆祝改革开放40周年大会上的讲话[EB/OL]. 新华网，http：//www.xinhuanet.com/politics/leaders/2018-12/18/c_1123872025.htm.

（二）坚持高质量发展

原文："坚持高质量发展。以市场需求为导向，加快转变发展方式，回归保险保障本源；顺应保险消费升级新趋势，推动科技创新与保险服务的紧密融合，稳步提升人身保险产品供给质量。"

保险业的高质量发展，就是通过认识保险深层本质、把握保险深层发展规律、建立保险深层对称结构，建构精准保险模式，准确预测保险发展趋向，精准达到预期保险目的，使保险效益最大化与保险可持续发展有机结合起来。

马克思曾说，一切都取决于它所处的历史环境。在一个国家的发展历程中，每一个阶段都要面对不同的情势，承担不同的使命。所谓机遇，不过是"历史环境"造就的历史机会；所谓挑战，也往往是"历史环境"催生的现实问题。中国保险业该如何从曲折跌宕的历史进程中认清时代的给予？又该怎样拿出百倍的勇气和智慧，应对现实的挑战？

面向"二〇三五"，在历史的标尺上，中国保险业需要思考如何推进保险变革，未来15年中国保险业将会发生巨变……中国保险业已站上一个新的历史起点。

（三）坚持深化改革

原文："坚持深化改革。优化市场发展环境，推进人身保险供给侧结构性改革加快发展；进一步压实保险机构主体责任，建立完善产品开发体制机制，增强企业活力和产品创新动力。"

保险业要通过深化改革来服务国家经济社会发展大局，即服务新发展理念和新发展格局。新发展理念包括创新、协调、绿色、开放、共享五个方面，在每一个方面，《"十四五"规划纲要》都对保险业有明确的部署和安排，这些也是"十四五"时期保险业深化改革的重点努力方向。具体来看，一是在创新发展方面；二是在协调发展方面；三是在绿色发展方面；四是在开放发展方面；五是在共享发展方面。要求健全多层次社会保障体系，规范发展第三支柱养老保险；健全全民医保制度，积极发展商业医疗保险；完善养老服务体系，实施积极应对人口老龄化国家战略。

（四）加大普惠保险发展力度

原文："加大普惠保险发展力度。主动承担社会责任，提供适当、有效的普惠保险产品，大幅提高对欠发达地区的支持力度。助力巩固脱贫攻坚成果，有效衔接乡村振兴，配合各地相关政策，面向老年人、农民、低收入人群、残疾人等群体积极开发投保门槛较低、核保简单、价格实惠、保障责任明确的产品。"

为修正现有金融体制的弊端，许多国家、机构乃至个人已经积极开展新型金融实践，相关学者也从理论上对金融回归"全社会财富托管人"的理念进行了探讨。其中最引人注目的是普惠金融实践和金融民主化尝试。

普惠金融的基本含义是能有效、全方位地为社会所有阶层和群体提供服务的金融体系。由于富裕群体普遍比较容易获得全面的金融服务，普惠金融实际上侧重于弱势群体或低收入人群，目的是使这些群体中有真实需求的人，能够以合理的价格，方便且有尊严地获取全面、高质量的金融服务。普惠金融的功能一般通过设立专门的乡村银行或社区银行实现，其中最成功的案例是诺贝尔和平奖获得者尤努斯创办的孟加拉乡村银行。该银行主要面向农村贫困人口，尤其是贫困女性，采取无担保、无抵押的贷款制度，借款利率略高于传统银行，大大低于高利贷。它的成功引起其他国家的效仿，已有数十个国家（包括美国、法国、荷兰等发达国家）开设了类似的银行。

普惠保险则是指使保险普遍惠及所有群体，特别强调在贫困地区、少数民族地区、偏远地区以及残疾人和其他弱势群体中提供保险服务，让更多群体享受到惠而不费的优质保险服务，使保险业在促进脱贫、防止返贫、完善中低收入人群健康养老保障方面发挥更大作用。国际上，普惠保险着重强调发展中国家和贫困国家的保险服务，以及使各个阶层跟上社会进步和现代化的步伐。

（五）服务养老保险体系建设

原文："服务养老保险体系建设。坚持回归保障本源，围绕多元化养老需求，创新发展各类投保简单、交费灵活、收益稳健的养老保险产品，积极开发具备长期养老功能的专属养老保险产品。提供收益形式更加多样的养老年金保险产品，丰富养老资金长期管理方式。适应养老保险体系发展需求，探索可支持长期化、年金化、定制化领取的保险产品和服务，有效满足企业年金、职业年金参加人员和其他金融产品消费者的养老金领取需求。支持通过多种方式参与养老服务体系发展，探索在风险有效隔离的基础上以适当方式将长期护理责任、风险保障责任和养老金领取安排与老龄照护、养老社区等服务有效衔接。"

2019年末，中国养老保障体系资产分布：第一支柱由国家基本养老保险和养老储备基金构成，其存量资产约为7.7万亿元，占比为78.7%；第二支柱由企业年金和职业年金构成，存量约1.6万亿元，占比为16.2%；第三支柱由个人商业养老保险等养老金融产品构成，其中个人商业养老保险存量资产约为0.5万亿元，占比为5.1%。综上，2019年年末，中国养老保障体系资产余额约为9.77万亿元，占2019年GDP总量的10%。和经济合作与发展组织（OECD）50%左右的占比相比，中国养老保障体系资产占比与之差距较大。

2025年，个人商业养老保险如果存量资产达到6万亿元，就将成为中国养老保障体系的重要组成部分，其在中国养老保障体系"三支柱"中的作用将超过由企业年金和职业年金组成的"第二支柱"。为此，国家接连发文推动商业养老保险的发展，年金保险的改革已经迫在眉睫，并且这场改革需要"新范式"。

2025年商业养老保险6万亿元的新目标虽然对于中国养老保险体系的完善来说是"一小步"，但是对于商业养老保险的改革发展来说却是"一大步"。

（六）满足人民健康保障需求

原文："满足人民健康保障需求。规范城乡居民大病保险发展，做好与基本医保等的衔接补充。扩大商业健康保险服务覆盖面，立足长期健康保障，探索建立商业健康保险药品目录和诊疗项目目录，将更多医保目录外合理医疗费用科学地纳入医疗保险保障范围，提高重大疾病保险保障水平。积极参与长期护理保险试点，加快商业护理保险发展，促进医养、康养相结合，满足被保险人实际护理需求。支持健康保险产品和健康管理服务融合发展，逐步制定完善健康管理服务、技术、数据等相关标准，提高被保险人健康保障水平。"

新中国医疗保障体系建立至今，已经有近70年的历史。回顾历史不同阶段，医疗保障制度经历了从无到有的过程，其覆盖范围从最初只覆盖小部分群体到近乎全覆盖，为绝大多数国民提供了基本的医疗保障。但是，在人口老龄化日益严重的压力下，在变化的经济和社会条件下，当前医疗保障体系面临着更多挑战，亟须构建更多层次的医疗保障体系。

党的十八大以来，党中央站在全局和战略的高度，积极推进建立城乡一体的基本公共服务提供机制，统一的城乡居民基本养老保险、基本医疗保险、大病保险制度逐步建立。截至2020年底，城乡居民基本医保覆盖了13.6亿人；另外，国家统计局公布的数据显示，在这期间，个人医疗费用支出占比从2000年的59%下降到2020年的30%左右，国家承担了近70%。

虽然城乡居民基本医保已覆盖了95%的人群，但近年来人均医疗费增长率远超GDP、居民可支配收入增长率；居民一旦罹患恶性肿瘤等重大疾病，在扣除大病保险报销金额之后，个人自负部分加上康复费用约为30万元，导致"因病致贫、因病返贫"的事件仍时有发生。同时，大病保险保障金额的进一步提高也陷入筹资困局。

总的来看，现有的医疗保障体系，无论是基本医疗保险制度，还是大病保险包括医疗救助制度，整合在一起仍不足以形成能够应对人口老龄化时代挑战的医疗保障能力。尤其是当前医疗保障体系乃至整个社会保障体系仍缺乏对重大疾病患者的收入保障支持，这也是导致“因病致贫”与“因病返贫”最重要的原因之一。未来亟待构建多层次医疗保障体系，尤其是亟待补齐大病保障、收入维持以及特殊脆弱群体保障方面的制度短板。

（七）提高老年人、儿童保障水平

原文：“提高老年人、儿童保障水平。进一步提高投保年龄上限，加快满足70岁及以上高龄老年人保险保障需求。适当放宽投保条件，对有既往症和慢性病的老年人群给予合理保障。科学厘定产品价格，简化投保、理赔流程，积极开发适应老年人群需要和支付能力的医疗保险和老年人意外伤害保险产品。加强老年常见病的研究，加快开发老年人特定疾病保险。围绕儿童生活、教育、医疗等方面实际需求，积极开发有特色的教育年金保险、残障儿童保险、儿童特定疾病保险等产品，加大对儿童先心病、罕见病等的医疗保障。”

随着医疗水平的提升以及社会的发展，中国人均预期寿命得到了极大提升。不过，人均预期寿命提高带来的老龄化结果也为医疗保障带来了更大的压力——老年人口生理上更容易有疾病困扰，对医疗服务需求远大于年轻群体，且老年人口物质生产能力随着时间的推移逐步下降。在近年来出生率持续低迷的情况下，未来中国将面临着更为严峻的形势——谁来为越来越多的老人提供医疗保障？因而，调动尽可能多的力量，构建更多层次的医疗保障体系是老龄化时代对医疗保障事业发展的天然要求。在人口老龄化压力下，信息技术的发展为最为古老的风险分担方式赋予了新的活力，以期满足更多群体尤其是脆弱群体日益提升的共同分担医疗风险的需求。

2020年，中共中央、国务院发布《关于深化医疗保障制度改革的意见》，提出：“到2030年，全面建成以基本医疗保险为主体，医疗救助为托底，补充医疗保险、商业健康保险、慈善捐赠、医疗互助共同发展的医疗保障制度体系。"

（八）加大特定人群保障力度

原文："加大特定人群保障力度。积极发挥商业保险补充作用，与基本社会保障制度加强衔接，充分考虑新产业新业态从业人员和各种灵活就业人员的工作特点，加快开发适合的商业养老保险产品和各类意外伤害保险产品，提供多元化定制服务。支持群众体育运动和体教融合，提高体育运动意外伤害保险保障程度，探索开发学生校园运动意外伤害保险、学生冰雪运动意外伤害保险等产品。推动军民融合发展，满足军队特殊商业保险需求。研究开发满足特殊环境、特殊岗位工作人群风险保障要求的保险产品。鼓励开发区域性人身保险产品，助力区域发展，满足自贸区、自贸港差异化风险保障需求，为不同区域的人群提供意外、医疗等各类保险保障。"

随着时代的发展，医疗保障体系的覆盖范围与保障水平在持续提升。当前，在我国社会主要矛盾转化为"人民日益增长的美好生活需要和不平衡不充分的发展之间的矛盾"的情况下，在实现了医疗保障制度接近全覆盖目标之后，医疗保障体系的主要问题再次发生演化：一是如何保障特殊脆弱群体（特定群体）；二是如何控制费用并提高医疗资源的使用效率。

特定群体属于低频、高损失风险群体，并且不同特定群体的风险偏好存在着明显的差异。由于风险识别成本居高不下，因此导致了更多的逆向选择行为。对于理性的决策者而言，参保决策是以可能受益为决策前提，既然项目成本居高不下，在覆盖水平有限的情况下，项目最终所聚集的群体的风险自然高于整个社会的风险，这也是当前商业保险机构在大病保险项目上长期面临的主要困难。为此，保险业要创新相互保险、政策性保险等形式，服务特定人群的保险需要。

（九）优化开发管理机制

原文："优化开发管理机制。强化保险机构责任担当，找准自身市场定位，大力提升产品可得性、精准性和有效性。建立健全产品开发工作机制，明确主责部门和相关部门的职责范围，细化工作目标和具体任务，统筹推进丰富产品供给工作。建立健全产品管理机制，探索分级分类管理，有效改善产品供给质量，实现产品供需良性互动、业务高质量发展。”

随着保险市场的快速发展，人身保险产品开发主体日益多元化，产品开发管理工作也出现了一些新情况、新问题。一是产品种类多，但满足消费者真实需求的少。二是同质化产品多，但差异化、个性化产品少。三是备案产品数量多，但有产能的产品少。

面向未来，人身保险业务收入结构需要进一步优化，短期产品需要大幅压缩，保险保障功能需要不断增强。保险监管部门需要按照法律法规和相关监管规定要求，继续对各公司报备产品进行严格核查，持续追踪公司产品经营情况，定期通报监管工作中发现的问题。同时研究推进产品信息公开披露制度，加大媒体和公众监督力度。对产品管理主体责任履行不到位、产品回溯工作走过场、产品开发设计违规或不符合精算原理，以及仍涉及负面清单或历次问题通报中列明的不合理、不规范情形的保险公司，保险监管部门需要依法采取监管措施或实施行政处罚，严格追究相关人员责任。

（十）加快数字化转型

原文：“加快数字化转型。加大信息科技投入，通过科技赋能，降低产品成本、创新供给渠道、拓展服务深度，努力实现定价更科学、投保更便利、理赔更及时，充分满足消费者多元化保险需求。促进互联网保险稳健经营，丰富数据信息来源，深化大数据、人工智能、区块链等技术应用，配套开发适应各类场景且符合精算原理的人身保险产品，真正实现数据驱动业务发展。加大科技引领作用，提高线上全流程服务能力，实现与线下服务有机融合。”

当前，整个世界正处在信息革命的时代，以人工智能为代表的新兴科技正在促进社会发生重大转变。麦肯锡全球研究院的研究表明，这种转变比工业革命"发生的速度快10倍，规模大300倍，影响几乎大3000倍"。像200年前电力彻底颠覆人类世界一样，人工智能正在掀起一场新的产业革命。在经历了这一系列技术冲击后，更为专业的保险技术服务已经成为全球保险行业最热门的话题之一。科技将进一步释放保险行业的活力，推动保险业和各产业的资源整合，为保险业在支付手段创新、产品形态演变、风险管理提升等方面提供巨大的想象空间。拥抱AI、利用AI、AI化转型，将是助力保险业腾飞、更好发挥其功能和作用的关键。

（十一）加强行业基础研究

原文："加强行业基础研究。推动完善行业基础数据标准，促进行业数据安全共享，进一步提升基础数据质量，丰富基础数据来源。持续开展产品条款标准化、简单化、通俗化工作。推动区域性疾病、流行性疾病的研究，开展老年人、儿童、新产业新业态从业人员等特定人群经验数据分析，合理划分不同人群风险等级，为产品精准化供给提供支撑。加强失能收入损失保险、护理保险及医疗意外保险的行业经验数据收集，探索制定行业标准发生率表。"

人身保险产品相关数据已经汇集到中国银行保险信息公司（以下简称中银保信），形成了产品数据库。当前，监管部门应该针对不同的保险产品采用不同的工作方式，并督促保险公司共同推动完善行业基础数据。

第一类：长期产品（含终身类）。该类产品应该由行业协会或者监管机构指定机构进行数据库的构建，一方面是使该产品能够合规合法地履约，另一方面可以使保险机构在合约存续期出现风险时，能够按照《保险法》《保险保障基金办法》等规章制度进行更快、更高效的给付责任转移。

第二类：短期产品。监管机构对该类产品应该定义基础的过程节点，督促保险公司建立数据库，并对相关数据（含双录等关联数据）进行索引和链接。

第三类：长期护理保险产品。监管机构应该协调社保部门、医保局、卫健委等，共同建立跨部门的过程数据库，该数据库提供跨越行业支撑我国养老和健康产业的数据，具有国家数据的基本特征。

（十二）改革产品监管机制

原文："改革产品监管机制。加强监管能力建设，健全机构监管职能，完善产品精算制度。建设产品智能审核系统和登记管理机构，发挥第三方机构服务监管作用，提升信息化水平和监管质效。强化属地监管优势，形成上下联动的监管合力，防止'伪创新''乱创新'，保护消费者合法权益，坚决打击各类违法违规行为，牢牢守住不发生系统性风险的底线。"

保险监管部门需要进一步加大对保险误导销售的查处惩戒力度。针对损害保险消费者合法权益的典型问题和突出公司，组织开展"精准打击行动"，从严整治、从快处理、从重问责，发挥警示和震慑作用；针对人身保险销售、渠道、产品和非法经营等方面问题开展人身保险"治乱打非"专项整治，查处违法违规行为，整顿规范市场秩序，切实保护好消费者合法权益。

人身保险监管需要坚持不懈治理金融市场乱象，进一步遏制违法违规经营行为，依法处置高风险机构，下大力气补齐监管短板，做到远近兼顾、标本兼治。坚定不移深化金融改革、扩大开放，着力完善公司治理机制，优化金融机构体系，推进市场化兼并重组，扩大保险业开放，加快建立多层次、广覆盖、差异化保险体系，形成全方位、多层次、宽领域的高水平开放新格局。创新和完善监管方式方法，做到审慎监管与行为监管、风险监管与合规监管、定量监测与定性判断、前瞻预判与持续防控，以及国际经验与中国国情相结合，动态前瞻把握好工作节奏与力度，真正提升监管能力和监管效率。

第四节　人身保险互联网新规倒逼寿险公司变革

一、人身保险主体生存反思

2021年10月22日，中国银保监会印发《关于进一步规范保险机构互联网人身保险业务有关事项的通知》（以下简称《互联网寿险通知》）。作为《互联网保险业务监管办法》配套规范性文件，《互联网寿险通知》着力规范互联网人身保险领域的风险和乱象，统一创新渠道经营和服务标准，旨在支持有实力、有能力、重合规、重服务的保险公司，应用互联网、大数据等科技手段，为社会公众提供优质便捷的保险服务。

《互联网寿险通知》分为三个部分，共二十二条，主要内容与2021年初发布的《关于进一步规范互联网人身保险业务有关事项的通知（征求意见稿）》基本一致。对照互联网人身保险业务的发展现状，影响较大的是《互联网寿险通知》第八条第二款："互联网人身保险产品范围限于意外险、健康险（除护理险）、定期寿险、保险期间十年以上的普通型人寿保险（除定期寿险）和保险期间十年以上的普通型年金保险，以及银保监会规定的其他人身保险产品。不符合本通知要求的互联网人身保险产品不得上线经营，不得通过互联网公开展示产品投保链接或直接指向其投保链接。"

根据《互联网寿险通知》第八条第二款规定，保险期间十年以下的普通型人寿保险和普通型年金保险、分红型、万能型、投资连结型保险将被禁止通过互联网销售。这对于部分寿险公司将产生巨大的影响，包括主要业务为投资连结保险、万能型长期护理险的公司以及一些主要以互联网为渠道的寿险公司。为什么会这样要求？这样要求的结果又会如何？

二、互联网人身保险监管政策解读

（一）《互联网寿险通知》的主要影响

《互联网寿险通知》发布之后，笔者相信寿险公司也有点手足无措，因为按照这个文件，在91家寿险公司中，人们熟知的一些公司按照2021年9月底的经营情况将不能销售互联网保险；可销售十年期以上普通型人寿保险和普通型年金保险的公司仅为20家左右。综合来看，2022年互联网人身保险市场将会大洗牌，当然也不排除“道高一尺，魔高一丈”，更不排除“监管放水”。

中国保险行业协会公布的数据显示，2020年91家寿险公司中共61家公司开展了互联网保险业务，占比为67%；寿险公司互联网保险保费收入为2110.8亿元，同比增长13.6%。从险种角度分析，2020年互联网人身保险产品结构持续调整，人寿保险实现规模保费1173.5亿元，同比减少3.2%；年金保险实现规模保费490.1亿元，同比增长38.8%；健康保险实现规模保费374.8亿元，同比增长58.8%；意外险实现规模保费72.4亿元，同比增长29.1%。

为了更清楚地分析《互联网寿险通知》的影响，表8-7给出了2016—2020年互联网人身保险保费分布情况，接下来暂不考虑健康保险、意外伤害保险和年金保险，仅分析人寿保险。《互联网寿险通知》第八条第二款规定，在2020年互联网人寿保险业务中，不受新规影响的是定期寿险和终身寿险，保费规模占比为19.14%；部分受新规影响的是两全保险，保费规模占比为15.87%；全部受新规影响的是分红保险、投连保险和万能保险，保费规模占比为65.00%。可见，《互联网寿险通知》将对2022年的互联网人身保险市场产生巨大的冲击。

表 8-7 2016—2020 年互联网人身保险保费分布情况 单位：亿元

类别	2020 年	2019 年	2018 年	2017 年	2016 年
互联网人寿保险	1173.5	1212.4	675.4	799.6	1494.1
其中：定期寿险	7.7	4.4	2.5	1.2	1.8
终身寿险	216.9	78.7	47.2	34.7	29.2
两全保险	186.2	237.5	55.4	319.0	158.6
分红保险	552.5	605.9	240.3	148.1	127.9
投连保险	88.9	77.9	127.4	162.1	889.9
万能保险	121.4	208.0	202.6	134.6	286.7
互联网健康保险	374.8	236.0	122.9	59.0	31.8
互联网意外伤害保险	72.5	56.1	57.1	63.3	23.3
互联网年金保险	490.1	353.2	337.9	461.3	247.5
互联网寿险合计	2110.8	1857.7	1193.2	1383.2	1796.7
互联网人寿保险占比（%）	55.60	65.26	56.60	57.81	83.16
不受新规影响的保费占比（%）	19.14	6.85	7.36	4.49	2.07
部分受新规影响的保费占比（%）	15.87	19.59	8.20	39.89	10.62
全部受新规影响的保费占比（%）	65.00	73.56	84.44	55.63	87.31

资料来源：笔者根据中国银保监会及中国保险行业协会公布的数据整理。

（二）《互联网寿险通知》的出台目的

2020年12月9日，国务院常务会议研究部署了如何促进人身保险扩面提质稳健发展，如何满足人民群众的多样化需求；2021年10月8日，中国银保监会印发了《关于进一步丰富人身保险产品供给的指导意见》，就“深化保险业供给侧结构性改革，促进人身保险扩面提质稳健发展，更好服务民生保障和经济社会建设”提出了12条意见。这些都标志着中国寿险业迈入“扩面提质时代”。为此，中国寿险业务必要做好以下几方面的工作：

一是祛病。切除历史遗留下来的“股权之争”“治理之伤”“财务之乱”等毒瘤，是促进寿险业健康发展的必要条件。二是减肥。正如“政府管了一些不应该管或者管不好的事情”一样，寿险公司也做了一些不应该自己做的事情。要通过聚焦进行瘦身，砍掉历史遗留下来的“销售之大”“科技之差”“人员之全”等毒瘤，鼓励借助周边的保险科技生态等进行内部改革，并借此实现寿险内部职能减肥。三是提质。减肥不是为了“瘦骨伶仃”，而是为了“强健体魄”，集中主要的人力、物力强化“业务之专”“服务之优”“经营之稳”等基因，实现寿险业的健康发展。

《互联网寿险通知》第八条第二款规定正是为了“祛病”“减肥”和“提质”，只有如此才能控制并化解部分寿险公司因前期“短期主义”经营所导致的风险，倒逼寿险公司转向“长期主义”，只有如此才能切实保护保险消费者合法权益，促进互联网保险业务高质量发展。

（三）《互联网寿险通知》的“长期主义”

2021年10月21日，中国银保监会官网公布了“关于防范保险诱导销售的风险提示”，其披露的“首月0元”“零首付”“免费保障”“抽奖获取”等互联网保险产品销售诱导行为，都是保险机构和从业人员因“短视思维”而进行的“短期行为”。这些间接反映了部分寿险公司存在定位不清、保障功能弱化、发展方式粗放等问题，一个重要原因就是它们对寿险业的经营规律缺乏深刻认知。寿险公司应当清醒地认识到“长期主义”才是寿险业需要坚持的价值观和方法论。

坚持“长期主义”的思维和原则，一方面可以避免出现“首月0元”“免费保障”等互联网保险业务的违规行为；另一方面可以规避部分寿险公司“急转弯”“急刹车”等行为。《互联网寿险通知》正是从“长期主义”的角度对互联网人身保险提出了新要求，这让人们对互联网人寿保险业务当前存在的问题、矛盾和风险保持足够的警觉并及时处置，从而保证寿险业的长期稳定发展。

在《论保险业的“长期主义”》一文中，孙祁祥教授提出：“长期主义的践行者至少都具备以下五个重要特质，即战略定力、专业实力、诚信精神、创新能力和商业向善。”《互联网寿险通知》将倒逼寿险公司进行变革，倒逼寿险公司重新思考和秉持“战略定力”“专业实力”“诚信精神”“创新能力”和“商业向善”，如此寿险业才能科学地迈入“扩面提质时代”，否则所有的“祛病”“减肥”“提质”行为都是“短期行为”，无法实现寿险业的高质量发展。

第五节　人身保险互联网新规也许是一个导火索

一、人身保险主体生存反思

“人身保险互联网新规倒逼寿险公司变革”谈到，《关于进一步规范保险机构互联网人身保险业务有关事项的通知》将倒逼寿险公司转向“长期主义”。但是人们也有一个疑问：部分寿险公司还有机会过渡到“长期主义”吗？会不会出现“出师未捷身先死”的现象？

这一波的寿险改革源于2017年7月的第五次全国金融工作会议，此次会议之后的中国保险业的发展历程笔者称之为“与国同行”阶段（2018年至今），对比之前的“摸着行走”（1980—2000年）、“跟着行走”（2001—2008年）、“自个行走”（2009—2017年）阶段，显然留给寿险业变革的时间已经不多了，对于部分寿险公司来说，未来10年要么绝地重生，要么灰飞烟灭。

回顾2017年以来寿险业“与国同行”的变革，也许《互联网寿险通知》就是一个导火索，并且是一个即将点燃的导火索。这个导火索连着的“雷”会不会爆炸？爆炸的威力又如何？这一切在于两个方面：一是外部环境（宏观之经济、中观之保险、微观之市场）；二是内部环境（战略之再定位、路径之再规划、行动之再出发）。

二、为什么是导火索

2017年第五次全国金融工作会议之后，中国寿险业的发展又可以分为三个阶段。

一是控制风险阶段（2018—2020年），这一阶段保险监管部门出台了一系列文件，但是主要目的是控制风险的蔓延和放大，从政策来看虽然趋严但是留有一定的灵活空间，或者说存在一定的“监管套利”空间。随着安邦保险重组为大家保险，华夏人寿和天安人寿等公司的接管延期，以及部分寿险公司的股权调整，整体来说整个寿险业的风险得到了初步控制，“防范化解金融风险取得决定性成就”。在2021年3月2日举行的国新办新闻发布会上，中国人民银行党委书记、中国银保监会主席郭树清指出：“银行业保险业风险从快速发散转为逐步收敛，一批重大问题隐患‘精准拆弹’，牢牢守住了不发生系统性风险的底线。”

二是风险缓冲阶段（2021年），这一年监管政策频出，在“防范化解金融风险取得决定性成就”的基础上，保险监管部门开始引导行业迈入“扩面提质时代”。2020年12月9日，国务院常务会议研究部署了如何促进人身保险扩面提质稳健发展，如何满足人民群众的多样化需求。《关于进一步丰富人身保险产品供给的指导意见》《关于进一步规范保险机构互联网人身保险业务有关事项的通知》等文件开始为寿险业的高质量发展进行顶层设计。

三是风险化解阶段（2022—2025年），相比于第一阶段的行政手段，这一阶段将主要通过市场手段进行“精准拆弹”，我们将会看到监管政策进一步收紧，“监管套利”空间进一步收缩，保险监管部门控制的“外生变量”已经或即将明确，寿险公司只能通过“内生变量”寻求变革与发展。

第三个阶段可能会延续到2030年，因为从寿险业负债的平均久期来看，2017年以来的新增风险要得到完全化解至少需要10年时间。

从以上三个阶段来看，《关于进一步丰富人身保险产品供给的指导意见》只是一个“引线”，没有明确指向的对象；但是《关于进一步规范保险机构互联网人身保险业务有关事项的通知》《万能型人身保险管理办法（征求意见稿）》……将变成一个个“导火索”，已经明确了指向的对象。

三、导火索背后的“雷”是什么

当前宏观经济延续稳中有进的基本态势，但寿险业历史上积累的一些风险和矛盾正在水落石出，对寿险业形势要客观认识、理性看待，对存在的问题要开准药方、及时解决。结合2021年中国寿险业的发展状况，下面给出了中国寿险业当前需要思考并解决的十大问题：

问题1：中国寿险业保费增速全面放缓，现金流风险与日俱增！

问题2：中国寿险业资金运用穿透后指向房地产业，金融风险的传染效应正在强化，要警惕偿付能力监管的失效！

问题3：中国寿险业资金运用收益开始下行，利差率风险正在酝酿发酵！

问题4：中国寿险业的资本喜好度在下降，未来净资产增长速度将放缓，抗风险能力值得关注！

问题5：中国寿险业盈利能力（ROE）虽然领跑其他金融业，但如果拆开来看却令人担忧！

问题6：中国寿险业的盈利主力是个人代理人业务，随着知识经济智能进化时代的到来，消费者开始觉醒，个人代理人业务的利润正在被蚕食！

问题7：中国寿险业的半壁江山是银行保险业务，随着消费者开始适应银行互联网业务，银行保险将成为末日黄花！

问题8：中国寿险业的新起之秀是互联网保险业务，随着人身保险互联网新规的施行，互联网保险将会大幅缩水！

问题9：中国寿险业真正的未来在养老保险或养老金融，虽然过去20年徘徊不前，能不能找到方向就在当前！

问题10：中国保险业的价值因疫情而放大，但是未知的风险也在放大！

十大问题背后隐含的正是保险业面临的四大风险：一是传统风险（包括保险风险、市场风险、信用风险、流动性风险等）；二是经营风险（包括公司治理风险、经营激进风险等）；三是宏观环境风险（包括经济下行、资本市场波动、金融泡沫等）；四是全球风险的传染、传递。

基于十大问题分析，中国寿险业的风险源头（“雷”）如下：最大的不确定性（金融危机）、最大的风险源（投资业务）、重大的危险源（承保业务）和重大的隐患源（保险机构）。

面向“十四五”期间，或者站在“2022年”，91家寿险公司要谨记“每一次深度危机都会留下一个故事，这是指向未来的叙述”。同样，人身保险互联网新规已经开始续写这个故事，结局到底是“绝地重生”还是“灰飞烟灭”，关键不在“外生变量”，只在“内生变量”。

第六节　人身保险业急需“生前遗嘱”这个紧箍咒

一、人身保险主体生存反思

“人身保险互联网新规也许是一个导火索”罗列了当前寿险业面临的“十大问题”，指出“十大问题”正是寿险业安全问题的风险源头：最大的不确定性（金融危机）、最大的风险源（投资业务）、重大的危险源（承保业务）和重大的隐患源（保险机构）。

为什么会产生这样的局面？主要是因为我们缺少对金融（保险）的认知和敬畏感。我们经历了P2P的疯狂，但是部分寿险机构有过之而无不及，真乃“无知者无畏”；归根结底，都梦想“大而不倒”。为什么能“大而不倒”？又该如何破解？也许除了公司治理、市场行为、偿付能力监管之外，还需要一个紧箍咒——“生前遗嘱”。

二、金融业的“生前遗嘱”

2008年，美国次贷危机引发的金融海啸席卷全球，多家世界知名大型金融机构倒闭。痛定思痛，为防范金融机构引发“多米诺骨牌”效应，尤其是防范外部关联性强的银行引发社会性危机，“生前遗嘱”（Living Wills）机制应运而生。

金融机构的“生前遗嘱”包含恢复计划（RCP）和处置计划（RSP）两部分，所以又称“恢复与处置计划”，由金融稳定理事会（FSB）提出，要求金融机构拟订并向监管机构提交当其陷入实质性财务困境或经营失败时快速有序的处置方案，以促使机构恢复日常经营能力，或者实现部分业务功能分拆或机构整体有序关闭的制度安排。

2021年9月，银保监发布了《系统重要性银行附加监管规定（试行）》，并于2021年12月1日正式施行，制订恢复和处置计划正式成为19家国内系统重要性银行的“规定动作”。算上此前《银行保险机构恢复和处置计划实施暂行办法》明确的“调整后表内外资产达到3000亿元人民币及以上的存款类金融机构”以及设立时需提交恢复和处置计划的民营银行，我国将有数十家银行面临集团层面恢复和处置计划的制订任务，中国银行业开始步入“生前遗嘱”时代。

三、寿险业的“生前遗嘱”

《银行保险机构恢复和处置计划实施暂行办法》第四条规定：“表内总资产达到2000亿元人民币及以上的保险（控股）集团和保险公司均应当制定恢复和处置计划。”该办法主要还是针对“大而不能倒”的保险机构，但“小而容易倒”也是当前中国寿险业的“痛点”。

2014年初，原中国银监会要求5家试点民营银行设立“生前遗嘱”；2017年初，原中国保监会拟在三家相互制保险机构试点“生前遗嘱”，可惜没有最终落地。

回顾中国寿险公司近20年的成立过程，基本上每家机构都少不了地方政府的支持，“地方政府的支持函”成了寿险公司成立的必要条件。这些“支持函”所隐含的就是一种“承诺”，即给予保险监管部门的承诺、给予社会大众的承诺，所以地方政府发出的“支持函”成了道义上的“生前遗嘱”。

从2021年某地产公司的处置方案来看，地方政府正在履行“生前遗嘱”，主要是为了避免产生“多米诺骨牌”效应，因为“大而不能倒”，更因为地方政府历史上的各种“支持函、承诺函”已经成为了道义上的“生前遗嘱”。

对于寿险业来说，各地政府出具的“支持函”虽然不是法律意义上的“生前遗嘱”，但却是道义、民心上的“生前遗嘱”，这些都会记入保险业的历史。

根据《保险保障基金管理办法》第二十条、第二十一条规定，寿险公司也存在被依法撤销或者依法实施破产的可能，在此情况下个人保单持有人的救助金额不会超过保单利益的90%。所以，保险监管部门保护消费者权益不能变成“口号”，也不能变成“承诺”，只能进一步约束保险公司股东的行为，要求所有股东签署“生前遗嘱”。

从法律性质上来看，寿险机构和民营银行承担的责任基本一样，所以需要借鉴民营银行的“生前遗嘱”来重新确定寿险业的生前遗嘱规则。《系统重要性银行附加监管规定（试行）》《银行保险机构恢复和处置计划实施暂行办法》虽然做了一些规定，但无法解决当前部分寿险机构存在的问题。

《关于进一步丰富人身保险产品供给的指导意见》第一条就是“坚持以人民为中心”，这需要落到实处，除了产品设计之外，关键在于产品的安全。一旦产品发生问题之后，要解决“如何追索、向谁追索”的问题。

虽然对是否应设立“生前遗嘱”议论纷纷，理论界产生了“支持论”和“反对论”两种鲜明观点，但是当前部分寿险机构暴露的问题正是因“大股东贪婪、小股东不作为”“董事会一言堂、监事会不作为”“执行董事操纵、独立董事不作为”造成的，所以必须通过“生前遗嘱”来约束股东的行为，必须通过“过错推定、连带赔偿责任机制”来约束董事、监事和高管的行为。

所谓治标先治本，最近几年保险业的“穿透式监管”解决了部分机构的股东关联性问题，还需要“生前遗嘱”来进一步放大股东的连带赔偿责任。如此，我们才能谈畅想未来10年、20年中国寿险业的变革与发展，否则人身保险业所有问题都指向了“钱”。

第七节　过去一年寿险公司真的在变革吗

一、人身保险主体生存反思

2020年12月16日，在国务院政策例行吹风会上，中国银保监会副主席黄洪介绍：“2020年前三季度，商业养老年金保险实现保费收入551亿元，累计积累了超过5623亿元的责任准备金。”

2021年10月21日，在金融街论坛“实体经济与金融服务”平行论坛上，中国银保监会副主席肖远企介绍：“2021年前三季度，商业养老年金保险实现保费收入460亿元，累计积累了超过6200亿元的责任准备金。”

综上，2021年前三季度商业养老年金保险保费收入同比负增长16.52%。如此，靠什么实现2025年累计积累6万亿元责任准备金的目标？近一年，监管部门可谓政策频出，一副“剃头挑子一头热”的状态；而寿险公司却无动于衷，完全一副“事不关己高高挂起”的心态。为什么会产生这样的局面？

二、寿险业与第三支柱养老保险

国务院常务会议多次研究部署人身保险发展问题，2014年研究加快发展商业健康保险；2017年研究加快发展商业养老保险；2019年研究促进社会服务领域商业保险发展措施；2020年研究部署了促进人身保险扩面提质稳健发展的措施。

显然，规范发展第三支柱养老保险已经被国家列为银保监会重点工作任务。2018年，税延养老保险试点启动，这是我国首次探索运用税收优惠推动第三支柱养老保险发展。2021年6月在浙江省和重庆市启动专属养老保险试点；9月在武汉、成都、青岛、深圳市启动养老理财产品试点。这些试点通过深化养老金融供给侧改革，丰富了第三支柱产品和服务形式；但寿险公司却无动于衷，完全一副“事不关己高高挂起”的心态。

2021年，在保险业“防范化解金融风险取得决定性成就”的基础上，监管部门开始引导寿险业迈入“扩面提质时代”。反观寿险公司，好像还没有做好要变革的准备，这与笔者所提出的中国寿险业进阶图（见图8–1）基本一致。

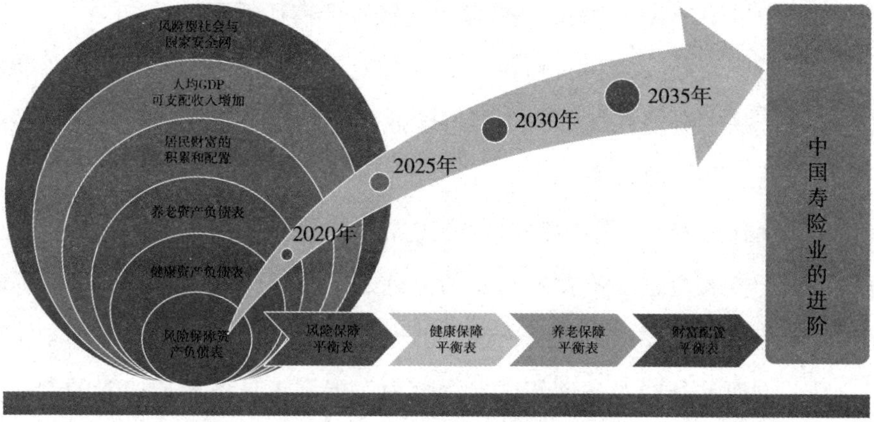

图 8-1　中国寿险业的进阶图

从经济理性的角度来说，未来五年寿险公司主要还是发力健康险，下一个五年才是养老险的爆发。但是从“保险与人民、保险与国家”的角度来说，或者从为下一个五年布局的角度来说，寿险公司不能再无动于衷。

三、寿险业如何布局第三支柱养老保险

目前，我国60岁及以上老年人口为2.64亿，占比为18.7%，养老金融需求非常巨大；同时，我国居民存款已经超过90万亿元，可转化为长期养老资金的金融资产也非常可观，可以说规范发展第三支柱养老保险的基础和条件已经比较成熟。

随着房地产税试点落地，叠加未来中国人口增长率降低，逐步进入老龄化社会，居民的购房需求下降，将推动非金融资产占比走低。天风证券发布的报告显示，“未来10年居民非金融资产占比将从目前43%降至33%，资产配置持续向金融资产转移，整体财富管理市场将从目前的253万亿元增至660万亿元，占居民总资产的比例会从2020年的40%提高到2030年的55%，年化复合增速为10.06%。按照期初期末的结构比例测算，在未来407

万亿元的增量中，120万亿元将来自非金融资产占比下降”。

这些对于寿险业来说，可谓“天时地利人和”，关键在于寿险业能从这些金融产品中分得几杯羹，所以寿险业面临的竞争不在于同业，而在于基金、信托、银行理财等业态。

2020年10月21日，中国银保监会主席郭树清在2020金融街论坛年会上表示，对于养老金融改革发展，总的方针是“两条腿”走路，一方面抓现有业务规范，就是要正本清源，统一养老金融产品标准，清理名不副实产品；另一方面是开展业务创新试点，大力发展真正具备养老功能的专业养老产品，包括养老储蓄存款、养老理财和基金、专属养老保险、商业养老金等。将选择条件较好的金融机构和专营机构先行参与，坚持从我国实际出发，借鉴国际正反两方面经验，探索养老金融改革发展的新路子。

2020年12月16日，在国务院政策例行吹风会上，中国银保监会副主席黄洪提出将从“加快发展专业化经营市场主体，扩大商业养老保险领域对外开放，加大养老保险产品创新，强化养老保险基础建设，加强人才队伍建设、提升专业能力”等五个方面来推动商业养老保险的发展。

2021年10月21日，在金融街论坛“实体经济与金融服务”平行论坛上，中国银保监会副主席肖远企提出将从“建立丰富的产品供给体系、要增加第三支柱产品的吸引力、要培育专业养老金融机构”三个方面来推动商业养老保险的发展。

综上，寿险业如何布局第三支柱养老保险的顶层设计已经基本成形，剩下的就是寿险公司的再定位、再规划和再出发。

中国银保监会公布的数据显示，2021年寿险业保费同比下降1.42%，赔付同比增长12.17%。我们不妨思考一下：为什么会产生这么大的反差？未来一段时间寿险赔付快速增长的趋势是否会延续？寿险摆脱增长低迷需要攻克哪些关键难题？

“人身保险互联网新规也许是一个导火索”谈到，“2021年”为风险缓冲期，“2022—2025年”是风险化解期，或者说是调整期。从现在来看，2021年部分寿险公司还在观望，还寄希望于“短期套利”，但是外部环境已经倒逼寿险公司转向“长期有利”。

2021年，人身保险业在变革吗？行业到底要变革什么，是产品、渠道、服务，还是数据、互联网、保险科技？2022年，互联网保险市场的变革已经开始，代理人业务、银保业务等也都在变革中，所有的一切都在变化。

第八节　过去20年寿险公司的所有问题都指向了“资本”

一、人身保险主体生存反思

自2001年以来，中国寿险业取得了快速发展，在服务经济发展和民生保障方面发挥着越来越重要的作用。20年来（2001—2020年），寿险市场主体从23家增加到91家，其中养老险公司有5家、健康险公司有7家；寿险市场规模从1392亿元增加到31674亿元。当然，这20年的历程并不平坦，既有经验，也有教训；既取得了很大成绩，也受过一些挫折。

回顾过去20年来的坎坷历程，发现寿险公司的所有问题都指向了“钱”——“资本”。为什么？怎么办？

二、为什么

2001年，中国保险业总资产为2591亿元，净资产为-128亿元，实收资本为262亿元，此时的保险业已处于破产边缘。2020年，中国保险业总资产为232984亿元，净资产为27525亿元，实收资本为7347亿元；其中，寿险业总资产为199790亿元，净资产为15336亿元，实收资本为5085亿元。

2001—2020年，中国保险业累计实现利润1.9万亿元，年化ROE为10.47%，高于银行业的9.98%、证券业的4.34%，低于信托业的12.02%。

综合来看，过去20年约5000亿元的资本注入了寿险业，获取了超过10%的年化收益；但10%的年化收益低于同期名义GDP年化增长率（12.40%），低于同期M2年化增长率（14.86%），高于同期沪深300指数年化收益率（1.49%）。这就是"资本"背后的寿险业一波三折的问题所在，寿险业所能给予"资本"的ROE低于其预期，寿险业对于部分"资本"也就变成了"钱袋子"。

部分"资本"主导的寿险公司，正在给行业带来"灰犀牛"风险。这些公司从最开始的批设，到股东变化、资本增加，到产品设计、开展业务，再到资金运用，都是带着问题的。这些公司之前的发展以销售中短存续期产品或非寿险投资型产品为主，现金流规模较大，短时间内资金大进大出，资金成本高，短钱长用，资产负债严重不匹配。投资型产品停售或受限后，必然会出现其他业务资金流入不能弥补现金流缺口的情况，流动性风险突出。这些问题公司的风险体现在流动性上，但根源在于公司治理，根子在于股东出资虚假、资本不实和不当关联交易。一些股东进入保险行业的动机不纯，通过违规代持方式，造成事实上的"一股独大"，使公司治理沦为摆设，缺乏对大股东的有效制衡。其实际控制人利用保费收入形成的资金，通过复杂的金融产品和资产管理计划等，自我注资、循环使用，虚增资本。

部分"资本"主导的寿险公司，正在给行业带来"黑天鹅"风险。大量社会"资本"涌入保险业，问题股东正在把自身的风险转移到保险公司。近两年债券市场违约事件频发，在经济转型、去杠杆和打破刚性兑付背景下，保险资金运用面临的信用风险加大。部分寿险公司的保险资金通过投资信托、私募基金等产品违规开展多层嵌套、通道等业务，模糊资金真实流向，掩盖了风险真实状况。

部分“资本”主导的寿险公司，正在给行业带来“大白鲨”风险。我们要警惕由于行业、监管转型所带来的衍生风险。部分公司受宏观经济环境和监管政策的影响，可能在经营模式和业务类型上转大弯、转急弯，导致因转型过猛而产生发展失速和失控的问题。

中国寿险业面向“十四五”，当前最大的问题或者说外部冲击就是主流经济学对于“资本”的无能为力。因为过去20年，理性和效率都不适用于寿险业，寿险业一直处于“非常态世界”。在寿险业的非常态世界里，我们需要思考“黑天鹅”事件、“大白鲨”事件和“灰犀牛”事件对于行业的影响，并有针对性地通过对“资本”的约束来化解风险。

三、怎么办

“人身保险互联网新规也许是一个导火索”提出，2017年第五次全国金融工作会议之后，中国寿险业的发展经历了三个阶段：控制风险阶段（2018—2020年）、风险缓冲阶段（2021年）和风险化解阶段（2022—2025年），其中风险化解阶段可能会延续到2030年。

当前来看，寿险业的“黑天鹅”事件、“灰犀牛”事件基本得到了控制，所以才有“防范化解金融风险取得决定性成就”的判断，但不能忽视“大白鲨”事件，这直接决定了未来一段时间寿险业能否化解当前的风险。

“黑天鹅”事件，即不可预测、影响重大并且事后可以解释的事件，如新冠肺炎疫情；“灰犀牛”事件，是指那些以很高的概率发生、具有巨大影响但是被忽略的事件，如地球变暖；“大白鲨”事件，是指那些随时可能发生并难以预测，且破坏力很强的事件，如活火山爆发。

技术地说，“黑天鹅”是一种极端的不确定性事件，我们不能基于过去的历史推测其概率分布，因此无法预测；“灰犀牛”是一种可预测的事件，我们知道其会在未来某个时点发生；“大白鲨”是一种能推测其概率分布的事件，但不知道何时会发生。

如果说“黑天鹅”事件、“灰犀牛”事件是整个寿险业面临的风险，那么“大白鲨”事件就是部分寿险公司面临的风险，这些寿险公司我们基本可以预测其风险分布，甚至风险分布的时间点。

“人身保险业急需“生前遗嘱”这个紧箍咒”中谈到，为了标本兼治，要在“穿透式监管”的基础上实施“生前遗嘱”，进一步放大股东的连带赔偿责任。除此之外，当前还需要确定以下几个原则：

第一，生存永远第一，而不是利润第一。极端事件迫使部分寿险主体必须做出“生存还是毁灭”的离散选择（极端选项），而不是“活得一般”和“活得很好”的连续选择（普通选项）。部分寿险公司背后的“资本”必须改变利润最大化的目标，在保证生存的前提下追求适当利润。

第二，要有底线思维，而不是目标最大化。为了保证生存，保险监管部门要强制部分寿险公司以及背后的“资本”规避高度风险，要保住最差情况下的最好情况。用博弈论的话来说，就是“最大最小原则”。

第三，永远都有备胎，而不是孤注一掷。在一个快速变化的世界里，部分寿险公司决不能满足于在现有领域做大做强，比如全部依靠投资型业务，而是永远留有一手（Plan B），否则就会在这一次的寿险业变革中一败涂地。

第四，重新认识保险，面向未来再定位、再规划和再出发。保险作为风险管理者、风险承担者和投资者的统一，在经济社会中实现了风险治理、价值创造和资源配置三大职能。面向“十四五”，保险业发展的关键在于要实现对保险从认识到认知。

当前和未来一个时期，部分“资本”控制的寿险公司的风险将会逐步暴露，这要求保险监管部门以及寿险公司“资本”方要进一步通过“穿透式监管”“压力测试”等方法来预测公司未来五年的风险分布，并基于上述四项原则制定包含恢复计划（RCP）和处置计划（RSP）的“生前遗嘱”。

第九节　寿险业对科技的关注不应多于对人的关注

一、人身保险主体生存反思

笔者最近做了几期关于“保险科技与保险业发展”的培训，交流的对象主要是寿险公司的销售精英。授课的过程中，笔者一直在调整授课的内容，一直在思考保险科技到底改变了什么，同时也在调研当前寿险业存在的问题。

通过一段时间的研究，笔者发现最近几年寿险公司对科技的关注远远多于对“人”的关注。寿险公司被互联网、大数据、人工智能等保险科技所“诱惑”，被动地陷入了“保险科技要颠覆保险”的谬论中，却忽视了保险销售人员素质的提升和保险消费者的变化。

对于保险销售人员来说，保险科技是且仅是一种工具，不应把“引流、留存、转化、复购、裂变”等概念“赋能、助能、产能”于保险销售人员。

对于保险消费者来说，保险科技或者科技不仅是一种生活方式，更是一种新的认知方式，一种快速迭代的知识进化方式。

保险销售人员陷于一堆无用的概念，而保险消费者的知识结构却在不断迭代，三年左右的时间，保险销售人员和保险消费者已经出现了认知的“代沟”，当前寿险业真正需要的是使保险销售人员素质快速提升，避免“代沟”变成“鸿沟”。

二、科技对于保险消费者的改变

科技和保险消费对于寿险业的经营者来说往往被视为截然不同的两个主题，然而在当下，科技对保险消费者正体现出越来越强大的影响力。

当前，“搜索”在营销链路中的重要性下降，基于“社交”和“粉丝”的社会化营销崛起。但对于保险来说，因与其他消费品存在差异，互联网平台并没有取代线下，成为新一代连接消费者、保险产品、保险公司的中枢。相反，保险KOL在各自领域所提供的保险专业内容，以及一些即时性、参与性、互动性的保险产品解读，却让消费者的保险知识结构发生了快速优化，并且是全面的优化，对于保险的认知水平空前提高。

知识经济智能进化时代背景下的保险业，消费者的保险知识水平得到了快速提升，消费者对于保险的理解甚至超过了某些保险销售人员，导致过去20年由代理人主导的消费者保险知识学习发生了根本性的变革。此时，保险销售人员与消费者的沟通时空发生了错位，显然如果还是就保险谈保险，代理人与消费者就失去了共同话题。

这是保险业主流的进化，同时也因为部分互联网保险平台过度重视“引流、留存、转化、复购、裂变……”，放大了消费者的“恐惧和贪婪”，因为保险不是万能的，导致没有保险产品能“接住”这被放大的保险认知。这种非主流的进化，导致部分消费者对于保险的认知回归到了“20年前对于保险代理人的感觉”，这是对保险的过度开发，并把消费者对保险的认知引上不归路。

无论是主流的进化，还是非主流的进化，这背后都是科技对保险消费者的改变。我们只有认识到这种改变，才能认知当前寿险业发展停滞的根本原因所在，才能实现消费者保险知识进化与保险消费提升的良性循环。

三、保险销售人员如何跟上消费者的变化

要应对保险业非主流的进化，完全靠保险公司的经济理性显然是不可能的，只能依靠监管约束。可喜的是，保险监管部门已经开始行动，如最近下发的《关于进一步丰富人身保险产品供给的指导意见》，以及对于“首月0元”“零首付”“免费保障”“抽奖获取”等互联网保险产品的严监管。这些将阻止保险业非主流进化的趋势，保险公司也会慢慢回归经济理性，但要修复保险消费者对于保险的认知则需要几年时间。

应对保险业主流的进化，就显然不再是监管约束的问题，而是保险公司如何理性经营、科学经营、前瞻经营的问题。对于寿险公司而言，最关键的是让保险销售人员跟上消费者的变化，避免当前的“代沟”演变成“鸿沟”。

随着科技的发展，保险销售人员和保险消费者成为了两类人：保险销售人员生活在传统保险世界里（消费者的保险认知来自保险代理人的解读甚至误导），保险消费者生活在数字保险世界当中（消费者的保险认知来自保险知识的智能进化），两个世界的人一定会出现“代沟”，结果就是保险销售人员与保险消费者开始接触沟通时就矛盾不断。

显然，如何让保险销售人员和保险消费者成为一类人，不是科技能解决的问题，而是需要关注“人”。具体来说，关键是如何完善保险销售人员的知识体系，如何引导保险消费者的知识进化，进而使目前的两个平行世界变成一个世界。

问题已经明了，方向也已清晰，所以保险业当前最重要的是如何让保险销售人员的知识得到快速进化。显然，完全靠保险科技来解决这个问题是不可能的，只会让“代沟”进一步扩大。要颠覆现有的保险销售人员培训体系，让保险知识不再是保险销售人员的门槛，而是保险销售人员的“敲门砖”。

“代沟”是为思想狭隘寻找的一个借口。这是一种自己的观点不被别

人接受，或不能接受别人观点时的说辞，其本质是理性思考的缺失。要消除当前的“代沟”，保险销售人员就要通过不断提升自身素质以逐步融入保险消费者的世界。为此，不妨重新构建健康、财富与保险的知识图谱；不妨沿着笔者提出的“健康+财富+保险=智慧”（保险视野新三观），探索“新科技+新经济+新社会+新思想”理念下的新保险知识体系，推动保险销售人员知识体系的进化并融入消费者眼中的新保险。

第十节　寿险业如今的局面不在于人而在于趋势

一、人身保险主体生存反思

“寿险业对科技的关注不应多于对人的关注”提到，当前寿险业面临的问题不能寄希望于保险科技的赋能、助能和产能，而是要推动保险销售人员知识体系的进化并融入消费者眼中的新保险。

显然，寿险业如今的局面又不在于“人”，而在于“趋势”。保险销售人员知识体系进化是一种趋势，消费者对保险的认知也是一种趋势，更重要的是“寿险人”和寿险公司要理解寿险业的发展趋势，特别是长期发展趋势。

最近，笔者抽时间阅读了“新格局下寿险业高质量发展之道暨2021年中国寿险业转型发展峰会”相关材料，看到大家讲的更多是遇到的问题，而不是问题背后的趋势。我们不妨回顾一下过去20年寿险业的发展，寿险业的成功真的是“寿险人”和“寿险公司”的功劳吗？如果真要“论功行赏”，也许“寿险人”和“寿险公司”的功劳占比低于50%，真正的“功臣”是“趋势的力量”。

二、趋势的力量

所谓趋势，就是市场运动的大方向，随着经济或市场发展阶段的不同，趋势的方向也不一样。作为保险人，把握了保险市场的大方向就意味着顺风顺水。正如笔者在《漫谈保险》一书中分析得出的，大多数寿险产品背后的支撑是GDP、M2供应量，如万能险与M2供应量基本完全正相关，这就是万能险的趋势。相关内容如下：

（1）人寿保险：关注与GDP、M2供应量、卫生总费用、总人口、居民可支配收入、沪深300指数以及上述指标的波动率等指标的关系。

（2）健康险：关注与GDP、M2供应量、居民可支配收入、卫生总费用、政府卫生支出、社会卫生支出、个人现金卫生支出、人均卫生费用等指标的关系。

（3）意外险：关注与GDP、居民可支配收入等指标的关系。

（4）普通型寿险：关注与GDP、总人口、利率、居民可支配收入、居民储蓄存款总额等指标的关系。

（5）分红型寿险：关注与GDP、总人口、利率、居民可支配收入、居民储蓄存款总额、债券收益率曲线等指标的关系。

（6）万能型寿险：关注与GDP、总人口、利率、居民可支配收入、居民储蓄存款总额、M2供应量、股票市场指数、债券收益率曲线等指标的关系。

（7）投资连结型寿险：关注与GDP、总人口、利率、居民可支配收入、居民储蓄存款总额、M2供应量、股票市场指数、债券收益率曲线等指标的关系。

正如中泰证券首席经济学家李迅雷在《趋势的力量》一书中所论述的那样，在全球经济运行的周期性变化、中国经济结构性调整及疫情影响下，中国寿险业已经呈现出了新发展趋势，当下真正要解决的是认清这种新趋势，并探讨其对寿险业发展机遇和和寿险产品结构的影响。中国寿险业高增长的时代已经过去，寿险业分化的趋势日渐凸显，在纯保障型产品需求定向饱和（主要是指定寿、重疾和医疗险、意外险）、投资型产品总量供给过剩（主要指万能险产品与银行理财、基金、信托等产品的高度重合）、养老年金等产品供给与需求错位（主要指商业养老保险产品的保险属性不足）三者叠加下，总的来看寿险供给总量处于“过剩”阶段，当前只能寻求结构性的机会，并在这个过程中布局下一个五年。

三、寿险业的发展趋势

中国寿险业过去20年的高速而非高质量发展，导致了现在的市场格局：纯保障型产品需求定向饱和、投资型产品总量供给过剩、养老年金等产品供给与需求错位，这是当前寿险业的格局。寿险业急需要研究的是“寿险业的发展趋势”，如此方能推动寿险业从高速发展转向高质量发展，并迈入寿险业的新发展格局。当前，寿险业的发展趋势如下：

（1）中国的经济依然在增长，但是增速一直在下滑，这是经济驱动下的寿险业发展趋势。除此之外，还有老龄化问题、居民财富配置问题、居民养老问题、社会转型问题等都是寿险业的发展趋势驱动因素，这些问题笔者不再展开论述。

（2）中国保险业依然在增长，但是增速一直在下滑，导致投资者（支撑寿险业发展的资本）普遍持悲观预期；另外，过去几年金融监管对于资本的“不友好”态度，导致资本对保险业主动远离，投资者的信心需要5～10年的时间重建，这是资本驱动下的寿险发展趋势。

（3）中国保险业的风险还没有完全出清。“人身保险互联网新规也许是一个导火索”罗列了当前寿险业面临的“十大问题”，“十四五”期间这些问题背后的风险将会逐步得到化解，这是风险驱动下的寿险发展趋势。

（4）因为“限量供应”的原因，中国保险业中寿险公司的估值比较高，导致寿险公司的股东关注的重点不在公司经营，而在于寿险背后的“钱”或寿险牌照的价值，这是利益驱动下的寿险发展趋势。

（5）中国寿险业的原动力不足，因为过去三年寿险公司对于科技的关注远远多于对人的关注，导致寿险销售人员的薪酬低于物流配送小哥、外卖小哥等，结果就是2021年保险销售人员数量下降超过20%，同时寿险新业务规模也大幅下滑，这是“销售人员”驱动下的寿险发展趋势。

（6）中国资本市场周期性特征发生了变化，中国保险业的资金运用所隐含的风险正在暴露，如期限结构的匹配、利率下行、非标存量集中到期等，这对寿险业的资产配置和流动性风险管理提出了更高的要求，还有“偿二代”、新会计准则等约束，这些都是投资驱动下的寿险发展趋势。

（7）中国保险业迈入存量经济博弈的时代，竞争会更加激烈，内卷会更加严重，目前寿险业的真正机会无论是健康险还是养老年金或其他，都将会是结构性的，且大多会是强者恒强，这是市场驱动下的寿险发展趋势。

这些都是寿险业的发展趋势，这些趋势正在左右寿险业的发展。在寿险业迈向新发展格局之前，即当前寿险业结构性发展背景下，整个行业的状态正在发生变化：

一是躺平对躺赢的藐视。寿险经过20年的发展，可以说没有绝对的赢家，更没有“常胜将军”，无论市场有什么反应，部分公司内心都毫无波澜，对此不会有任何反应或者反抗，都是表示顺从；其结果是部分公司“躺着就赢了”，其他公司选择躺平之后蔑视躺赢。

二是内卷对外卷的嘲讽。寿险虽经过20年的发展，但发展模式既没有办法稳定下来，也没有办法转变为新的形态，而只能不断地在寿险业内部进行变革，并且变得越来越复杂，已经演变成了寿险公司之间非理性的竞争或“被自愿”竞争，寿险同业间竞相付出更多费用、更低费率等以争夺有限保险资源，从而导致整个行业“收益成本比”持续下降。寿险业当前急需停止内卷，转向外卷，向外拓展新的保险资源，而不是一味地内卷并嘲讽外卷。

三是内爆对于外爆的不屑。寿险业经过20年的发展，现在正在经历内向的爆炸（内爆），一个直接而严重的后果就是整个产业停滞不前；此时，我们看到寿险周边的一些新业态（养老金融、健康科学）正在外爆，寿险急需从内爆转向外爆。外爆与内爆相互替换，寿险的内爆阻滞，外爆就发展，如果不能及时调整方向，一味地内爆只会导致寿险市场发展空间进一步被压缩。

对于寿险业来说，无论是躺平还是躺赢，无论是内卷还是外卷，无论是内爆还是外爆，为了这个行业的发展，都应该了解寿险业发展的关键是“趋势的力量”，而当下只能寻求结构性的机会，并在这个过程中布局下一个五年。

四、寿险到底怎么了？是结束亦是开始

“寿险到底怎么了？”这不是一个问题，真正需要寿险公司回答的问题是：我们在哪里？我们去哪里？我们如何去？

曾试图回答“我们在哪里？我们去哪里？我们如何去？”这三个问题，但是笔者也深知“家家有本难念的经”，所以也没有完全回答这些问题。

“寿险到底怎么了？”之后将是“寿险的创新点、线、面、体有哪些？”。让我们一起通过寿险业的“研究态、数据观、智能行、科技派”发现引爆点，构建连接线，打造智能面，描绘未来体。

“寿险到底怎么了？”这个话题告一段落，是结束亦是开始。

第九章
中国保险业可持续发展的思考

第一节　重新诠释“中国保险学”科学体系

一、从保险学到“中国保险学”

（一）保险学概述

保险学，是一门研究保险及保险相关事物运动规律的经济学科，其涉及的领域是多元化的，包括金融学、法学、医学、数学、经济学以及自然科学等。

保险学的产生与发展，是一个不断变化、不断升华的过程。从保险法学到保险数学，从综合保险学到微观保险学、宏观保险学，保险学逐渐成为一门相对独立的学科。目前，保险学的体系结构尚未形成统一的标准和格式。有的学者将保险学分为原理和实务，也有学者将保险学分为总论与分论，还有学者将保险学分为保险经济学与保险经营学，各种划分方法及其内容不尽相同。之所以出现这种状况，其原因在于：一方面，人们在主观上对一门学科的认知要经历一个由不成熟到比较成熟的过程；另一方面，由于人们受到认识客观事物的能力和水平的限制，难以达到对客观事物完全正确认知的程度。因此，随着保险这一客观事物的发展和变化，保险学及其体系结构也在不断发展与完善。目前主流的“保险学”内容体系主要包括以下四部分内容：

（1）保险基础理论。主要论述保险与风险的关系，风险的定义与分类，风险管理；保险的性质，商业保险与类似制度的比较，保险的职能与作用；保险合同及其特征、要素，保险合同的签订与履行，保险合同的变更；保险的基本原则及其在保险经营实务中的应用等。

（2）保险实务。主要论述保险形态及其分类，财产保险、责任保险、人身保险、再保险等经营实务，包括各种保险的特征、内容及相关条款等。

（3）保险经营。主要论述保险经营的特征、原则、环节，以及保险单设计、保险精算原理、保险营销方式、保险资金运用和保险经营效益评价分析、保险经营风险及其防范等。

（4）保险市场。主要论述保险市场的结构与运作，保险市场的监管等。

（二）“中国保险学”的提出

现代商业保险从1000多年前的海上“冒险借贷”这一金融行为蜕变而来，逐渐演化成相对独立的固定形态，形成有别于银行的概念、理论体系和实务操作规范，以及特有的保险商品经济活动价值链。现代商业保险于1805年传入中国，距今已有200多年。中国民族保险于1865年诞生，距今超过150年，新中国保险于1949年诞生，已有70多年。然而，当代中国保险业的全面快速发展，则是改革开放后最近40多年来的事情，特别是2001年中国加入WTO之后。尽管1978年恢复后的新中国保险业发展历史较短，但是随着保险产品的商品化和金融化，保险公司和保险中介等市场主体的企业化、多元化、社会化和国际化，从业人员的专业技术化，保险监管的法律制度化等方面的变革和发展，迅速崛起的中国保险业与社会经济发展和人民生活需要的联系日益紧密，在社会经济保障体系中的作用和地位日益增强与提高，保险已成为社会经济发展、和谐社会构建与人的生存质量提高不可或缺的重要金融内容。

在中国保险业快速增长的同时，保险结构与质量却没有得到同步优化和提升，保险发展中积累的一系列结构性问题严重地制约了保险功能的发挥和保险效率的提高，已成为中国保险业当前的主要矛盾和经济全球化下保险高质量、可持续发展的关键制约因素。因此，保险实践中出现的矛盾与冲突必然反映在学科体系形成与内容构成中，反映在保险结构优化的实践中；揭示保险学科结构演化趋势，也将成为保险学科专业发展创新的重要方向。

另外，目前中国大学的保险学教育，无论是教学计划、教学大纲、师资力量、教材选用、课程设置、科研课题、学报期刊，还是学术思想、理论范式、智库智囊、话语权等，都是建立在西方保险学基础之上的。基于中国保险经验的保险学在学界、业界尚待得到确认和立足，随着“中国经济学”“中国金融学”等概念的相继提出，“中国保险学”也必将破茧而出。

（三）从保险学到“中国保险学”

2016年5月17日，习近平总书记在哲学社会科学工作座谈会上的讲话指出：“要按照立足中国、借鉴国外，挖掘历史、把握当代，关怀人类、面向未来的思路，着力构建中国特色哲学社会科学，在指导思想、学科体系、学术体系、话语体系等方面充分体现中国特色、中国风格、中国气派。”①

2020年10月13日，教育部网站发布了《关于政协十三届全国委员会第三次会议第1221号（教育类103号）提案答复的函》（以下简称《答复函》），公布了教育部答复政协十三届全国委员会第三次会议《关于编写中国经济学教科书的提案》的具体内容。《答复函》指出，“您所提提案对于推进高校经济学教材建设具有重要意义，有益于构建中国特色的哲学社会

① 习近平：在哲学社会科学工作座谈会上的讲话[EB/OL]. 新华网，http://www.xinhuanet.com/politics/2016-05/18/c_1118891128.htm.

科学教材体系，已经采纳，正在按计划分步有序解决”。教育部在《答复函》中指出，推进中国经济学教材建设具有重大意义。这是总结中国经济实践取得巨大成就的迫切需要，通过总结，可把中国经济发展的成功实践和在实践中取得的成功经验，凝练体现在中国经济学教材中。这是提升中国经济学理论建设水平的迫切需要，立足新时代，亟须以中国经济学教材为载体，进一步深化中国经济学理论研究。这是以中国自己的经济学理论指导新的伟大实践的迫切需要，建设社会主义现代化强国，实现中华民族伟大复兴的中国梦，必须要有与之相适应的我们自己的经济学理论，必须用我们自己的经济学理论指导实践。通过撰写系列中国经济学教材，总结中国从站起来、富起来到强起来的发展之路，有利于用中国理论解读中国实践，用中国话语阐述中国发展，为构建中国特色哲学社会科学教材体系做出有益探索、形成可推广的宝贵经验。

2020年12月24日，教育部发布《国家教材委员会办公室关于开展首批中国经济学教材申报工作的通知》（国教材办〔2020〕5号），决定启动首批中国经济学教材申报工作。其中提到，要突破“用原有理论解释中国经济问题”或“原有课程+中国案例（数据）”的编写形式，立足新时代，系统总结新中国成立70多年来尤其是改革开放40多年来中国经济建设发展的丰富实践，提炼具有原创性、解释力、标识性的新概念、新范畴、新表述，推动形成中国经济学理论体系，并用来指导新的伟大实践，为构建中国经济学教材体系奠定坚实理论基础。

2021年10月28日，教育部发布《国家教材委员会办公室关于首批中国经济学教材编写入选学校及团队的通知》（国教材办〔2021〕20号），首批中国经济学教材包括《中国特色社会主义政治经济学》《中国宏观经济学》《中国微观经济学》《中国发展经济学》《中国开放型经济学》《中国金融学》《中国财政学》《中国区域经济学》《中华人民共和国经济史（1949—1978）》等。

保险是金融的重要组成部分，要用中国特色社会主义理论引领贯穿中国保险学学科的知识体系，推动建立中国保险学理论体系（以下简称“中国保险学”）。中国保险业要围绕“中国特色社会主义理论引领贯穿中国保险学学科的知识体系研究”这个话题，从中国保险学学科体系、学术体系、话语体系、发展体系和市场体系等方面思考中国保险的变革与发展，关键在于形成说明中国风险观和保险学的“说明书”，建立解释中国风险观与保险学的“解释学”，给世界提供研究中国风险观和保险学的基础知识和方法的“方法论”，让世界认识中国保险业和保险市场的创新与发展的“实践课”。

二、“中国保险学”的基本内涵

（一）指导思想

坚持以习近平新时代中国特色社会主义思想为指导，深入贯彻落实习近平新时代中国特色社会主义经济思想，紧密结合改革开放和社会主义现代化建设实践，不断汲取中华优秀传统经济思想精华，同时吸收借鉴现代西方保险学的有益成果。坚持问题导向，体现中国特色，以更好地解释中国保险发展的伟大成就与关键性问题为原则，系统梳理中国保险理论的独创性贡献，讲好中国保险故事、传播好中国保险声音、提升中国保险话语国际影响力，增强中国保险学的解释力和生命力。“中国保险学”要突破“用原有保险理论解释中国保险问题”或“原有课程+中国保险案例（数据）”的构建模式，要立足新时代，系统总结新中国成立70多年来尤其是改革开放40多年来中国保险业发展的丰富实践，提炼具有原创性、解释力、标识性的保险新概念、新范畴、新表述，推动形成中国保险学理论体系，并用来指导中国保险业的变革与发展，用来赋能中国新时代的伟大实践。

（二）基本原则

“中国保险学”是对中国特色保险理论与实践进行的全面系统总结，要运用马克思主义的立场观点和方法，有机融入习近平新时代中国特色社会主义经济思想；要坚持正确的价值导向，立足新时代中国立场和中国价值，处理好中国实践、中国案例、中国方法和中国经验。科学构建中国保险学理论体系，要坚持以下几项原则：

（1）要突出“中国保险学”的原创性。“中国保险学”是马克思主义相关理论在中国保险业发展道路上的具体体现，要阐释好习近平新时代中国特色社会主义经济思想和金融（保险）领域的道路自信、制度自信，要结合中国独特的保险实践，形成中国特色的保险理论。

（2）要突出“中国保险学”的科学性。要本着对历史负责的态度，严守学者的道德底线，使“中国保险学”内容体系经得起历史的检验。

（3）要突出“中国保险学”的世界性。要基于中国现实，扎根中国大地，形成中国理论、中国流派，提升中国保险学在世界保险学术界的话语权。

（4）要突出“中国保险学”的系统性。要从保险学科发展的角度来研究，并处理好“中国保险学”与保险学的衔接问题，按照“一学科、两体系”的定位，用中国故事讲好保险的一般原理和规律，弘扬中国优秀的保险思想传统，总结提炼中国保险发展的成功经验，吸纳人类文明和保险智慧的优秀成果，从而建立中国特色社会主义市场经济的保险理论体系，培养适应新时代社会主义建设需求的保险人才。

（三）基本内涵

保险是风险管理者、风险承担者和投资者（资产管理者）的统一，要赋予“中国保险学”新内涵。“中国保险学”要循着保险在行动、保险在倾听、保险在进化、保险在引领的思路展开。保险在行动，需要认知金融的力量（保险的力量），并见证保险的发展；保险在倾听，需要厘清保险与人民、保险与国家、保险与人类的关系和联系；保险在进化，需要认知保险的变革与发展，包括保险与中国风险观、保险与全球风险观、保险与新世界观等问题；保险在引领，需要通过中国保险学来升华保险理论，讲好中国保险故事，传播好中国保险声音，提升中国保险话语国际影响力。

三、“中国保险学”的科学体系

（一）学科体系

保险学科体系的具体构成内容形成了有特色的保险学科结构，保险学科结构是保险学科体系构成要素的排列和组合方式。保险学科体系大致可以分成风险科学学科群、保险学学科群、精算科学学科群、劳动与社会保障学科群、相关支撑学科群等，每个学科群由一系列的理论体系与技术体系构成。

改革开放以来，中国保险业发展取得了巨大成就，走出了一条独具特色的发展道路，形成了一系列“中国保险经验”。中国保险业发展道路和发展经验，理应在学术上得到总结和确认，在话语上得到反映。但是，当前我们还未建立起与中国保险业发展水平相称的话语体系。从中国哲学社会科学研究的现状看，很多方面还在学习和引进西方话语，对中国保险业现实特别是改革开放以来的实践进行系统总结的理论成果有待丰富。

“中国保险经验”是中国保险业在改革开放过程中逐渐发展起来的发展战略和治理模式，主要包括国民经济的快速发展是行业发展的战略基石、保险理论的探索和指导是行业发展的重要保障、企业制度改革和市场化改革是行业发展的核心动能、政府的高度重视和支持是行业发展的推动力量、现代监管体系的建立和完善是行业发展的制度保障、人才培养和关键技术研发是行业发展的内生“推动器”、对外开放是行业发展的外部推动力等。其特点包括：在处理稳定、改革和发展三者的关系方面，中国找到了平衡点；在坚持稳定的前提下，大力推动改革开放和经济发展；求真务实，集中精力满足人民最迫切的保险需求；不断地试验、总结和吸取自己及别人的经验教训，同时进行大胆而谨慎的制度创新；推行系统的、全面的、渐进的改革，确立正确的优先顺序等。

“中国保险学”的目的就是要系统总结“中国保险经验”，并作为解决“保险与人民、保险与国家、保险与人类”等现代性问题的一种有效方法和合理立场被推广到全世界。因此，“中国保险学”既包括“世界保险问题的中国经验”，也包括“中国保险问题的世界经验”。“中国保险学”不是固步自封的“地方性、行业性知识”，应该具有世界性或普适性意义。

“中国保险学”要在以下几个方面下功夫：第一，打造融通中外的保险新概念、新范畴、新表述；第二，讲好中国保险发展道路的继承性，以及中国保险发展道路的历史、文化和现实基础；第三，构建中国保险理论的学术概念和逻辑体系；第四，总结中国保险发展道路的优势和经验。

（二）学术体系

“中国保险学”要引领中国保险学术体系向未来进化，需要认知全球保险业的新变局，更需要了解中国保险业的新作为。这是一个生机勃勃、万物生长的伟大时代。中国保险业本身可以说是一个有无穷生命力的有机体。如果能够善待它，能够与时俱进，那么中国保险业就有很大发展和想象的空间。所谓大道至简，回归商业本质，回归保险的本源，“中国保险学”需要拥有能够驾驭未来的智慧。

一是聚焦当前世界形势和热点问题，加快构建中国保险学学科的学术体系和话语体系，推动国际保险学术理论中国化、中国保险发展经验学理化、中国保险学话语国际化，努力产出“中国特色、世界水准”的原创性科研成果，服务新时代经济建设。

二是聚焦重大现实问题，提出中国方案。着眼国际国内经济社会发展中的重大问题，充分发挥保险发展优势，实施“现实需求引领计划”，聚焦现实问题并开展保险科学研究，提升保险服务国家社会经济发展战略能力，致力于提出解决世界性问题和中国现实性问题的中国保险方案。

三是服务经济社会发展，贡献中国智慧。保险业要进一步发挥经济“减震器”和社会“稳定器”功能，围绕国家重大战略、人民美好生活需求，加快构建有效服务实体经济的体制机制，助推经济转型和结构调整。

四是提炼改革发展经验，发展中国学派。总结中国保险业发展经验，发布一批重要原创性学术成果，提升中国保险学学科的实力，构建中国保险学术话语、打造中国保险学派。

（三）话语体系

在全球化时代，中国保险业应该发挥不可替代的作用。增强保险硬实力和软实力、提升中国保险业影响力，这关系着我国在世界保险格局中的定位，关系着我国的国际地位和国际影响力，关系着中国保险业助力中华民族伟大复兴中国梦的实现。我们要保持对中国保险业的自信、耐力、定力，通过构建“中国保险学”积极参与世界文明的对话和交流，进一步丰富人类文明色彩，让世界各国人民享受更富内涵的精神生活。

中国保险学要坚定中国特色社会主义道路自信、理论自信、制度自信、文化自信，加强顶层设计和统筹协调，创新内容形式和体制机制，拓展渠道平台，创新方法手段，增强中国保险业的亲和力、感染力、吸引力、竞争力，向世界阐释、推介更多具有中国特色、体现中国精神、蕴藏着中国智慧的中国保险业，提高中国保险业的硬实力和软实力。

中国保险学要围绕中国和世界保险发展面临的重大问题，着力提出能够体现中国立场、中国智慧、中国价值的理念、主张、方案。我们不仅要让世界知道“保费规模上的中国”，还要让世界知道“学术中的中国保险”“理论中的中国保险”“哲学社会科学中的中国保险”，让世界知道“发展中的中国保险”“开放中的中国保险”“为人类文明做贡献的中国保险”。

面向未来，中国保险业要加快构建中国话语和中国叙事体系，用中国保险理论阐释中国保险实践，用中国保险实践升华中国保险理论，打造融通中外的保险新概念、新范畴、新表述，更加充分、更加鲜明地展现中国保险故事及其背后的思想力量和精神力量。为此，中国保险业需要在组织领导、政策和策略等方面加大力度，推动构建“中国保险学”。正如习近平总书记所指出的：“当今世界是开放的世界，当今中国是开放的中国。中国和世界的关系正在发生历史性变化，中国需要更好了解世界，世界需要更好了解中国。”①让世界更好地了解中国保险、倾听中国保险声音，关键要运用中国保险话语，以丰富的信息资讯、鲜明的中国视角、独特的世界眼光，讲好中国保险故事，传播好中国保险声音，提升中国保险话语国际影响力。

第二节　重新构造中国保险业的逻辑

一、保险的发展与逻辑

（一）保险的发展

保险是一种舶来品。尽管文献记载中国保险有200多年的历史，但真正作为国家经济社会中的一种损失补偿机制，用于人生过程中的生、老、病、死、残的一种健康管理方式，则是改革开放后的事情，实践时间为40多年。

保险市场发展初期，西方的商业保险理论为我们打开视野，使我们懂得一些保险的基本知识和基本技能；但鉴于中国国情的特殊性，这样的保险理论和知识不能满足建立国家保险制度的需要。

为了找到适合自己的保险发展道路，中国进行了大胆的尝试，尝试过变革和停办，经历过成功和失败。中国保险的发展经历可以简称为“一二四”，即10年的变革、20年的停办、40多年的发展。1949年至1958年，

① 习近平致信祝贺中国国际电视台（中国环球电视网）开播[EB/OL]. 新华网，http：//www.xinhuanet.com//politics/2016-12/31/c_1120226953.htm.

中国用10年时间进行了新旧保险制度替换，形成了属于自己的国有保险制度体系。1959年至1979年，由于特殊的国家政治背景，保险被搁置了20年。1980年至今是中国保险业发展的有效经验期，40多年的有效经验期又分为四个阶段。

第一阶段是“摸着行走”，其行为方式就是“摸着石头过河”，走一步看一步。但这样的市场行为方式由于成本太高而被放弃。

第二阶段是“跟着行走”，2001年中国加入世贸组织，外资保险公司或发达国家的保险市场被视为中国保险业的“老师”。学生围着老师转，老师教什么，学生学什么；老师怎么教，学生怎么做，成了这个阶段保险人的“当然思维”。后来，因为全球金融危机的爆发，一些世界著名的保险公司及其他金融机构一夜之间轰然倒下，“老师”的话不再灵验，学生一时茫然，不知所措。

第三阶段是“自个行走”，2008年全球金融危机之后，中国保险人今后的路需要自己来选择。“自个行走”的结果是忘记了保险的本源，结局是“保险姓保、监管姓监”的整改再出发。

第四阶段是“与国同行”，2017年第五次全国金融工作会议之后，中国保险业开始回归本源、突出主业，开始进入稳发展、强监管、防风险阶段，开始勇担保险使命、助力国家治理体系和治理能力现代化。从某种意义上说，“与国同行”的中国保险业发展经历，是从第五次全国金融工作会议之后开始的，只有短短的4年多时间。

（二）保险的逻辑

保险是通过分散风险提供保障的一种特殊的金融服务消费品，是现代社会经济系统非常必要的安全性服务需求。保险通过独特的互助共济机制，以“风险治理+资金运用”为基础，定向配置资源，参与实体经济创造价值，提供保障服务，实现资金融通功能和经济社会管理功能。保险学科发展有其内在演化逻辑。

“十四五”时期，我国将进入新发展阶段，保险业要在服务国家经济社会发展大局中再定位，要在把握金融保险行业发展大趋势中再定位，要按照立足中国、借鉴国外，挖掘历史、把握当代，关怀人类、面向未来的思路，着力构建中国保险业“十四五”规划，在指导思想、学科体系、学术体系、话语体系等方面充分体现中国特色、中国风格、中国气派。

“十四五”时期，保险业要以新时代中国特色社会主义思想为统领，结合中国独特的历史、文化、国情，立足中国共产党领导中国革命、建设、改革的伟大历程和取得的辉煌成就，认真总结新中国成立以来、改革开放以来，特别是党的十八大以来中国特色社会主义取得的实践经验，着眼用中国特色社会主义市场经济理论引领贯穿保险学知识体系，通过跨领域、跨学科、综合性研究和协同攻关，形成说明中国风险观和保险学的“说明书”、解释中国风险观与保险学的“解释学”、给世界提供研究中国风险观和保险学的基础知识和基本方法的“方法论”（见图9-1），具有重要的现实意义和深远的历史意义。

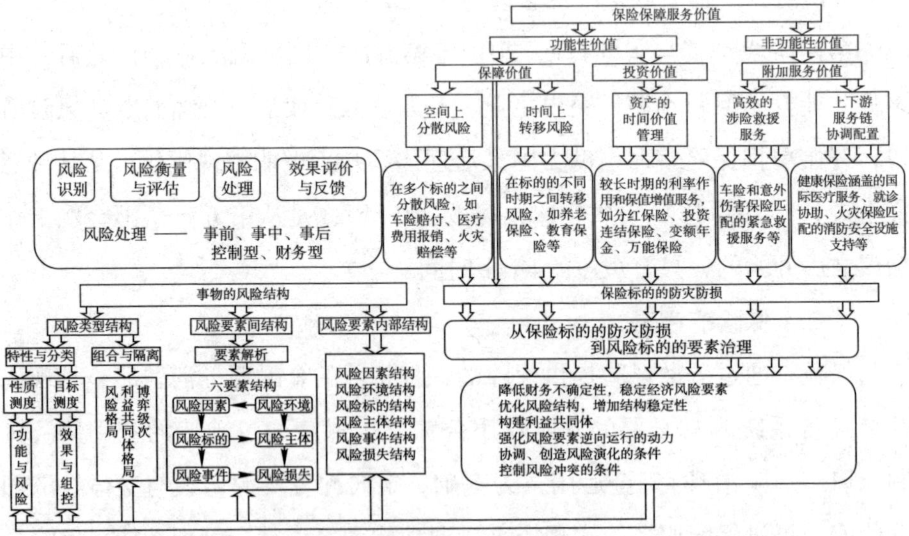

图 9-1 风险与保险的关系

资料来源：李晓林，陈辉.保险思政课[M].北京：中国经济出版社，2021：25.

“十四五”时期，保险业要重新认识保险，顺应保险学科发展趋势，推动保险理论与实践的创新，促进“保险保障、资金融通和社会管理”传统功能向保险“风险治理、价值创造和资源配置”的现代功能转变（见图9–2），推进保险业的变革与发展，使保险成为经济增长的“助推器”与社会发展的“稳定器”，成为国家经济社会高质量、强韧性、可持续发展的重要金融工具。

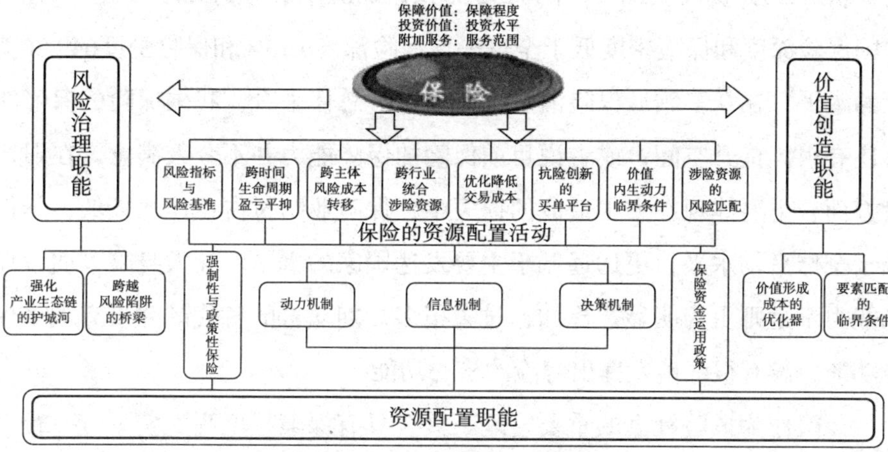

图 9–2　保险的主要职能

资料来源：李晓林，陈辉. 保险思政课 [M]. 北京：中国经济出版社，2021：26.

综上，保险是风险管理者、风险承担者和资产管理者（投资者或财富管理者）的统一。因此，保险的逻辑在于风险管理、风险承担和资产管理，在于三者之间的变迁与平衡。

二、保险的逻辑：风险管理者

当今世界正经历百年未有之大变局，我国正处于实现中华民族伟大复兴关键时期。我们所处的是一个船到中流浪更急、人到半山路更陡的时间段，是一个愈进愈难、愈进愈险但不进则退、非进不可的时代。这其中的一个重要表现，就是前进道路上遇到的风险更多、挑战更多。党的十九届四中全会指出，“战胜前进道路上的各种风险挑战，必须在坚持和完善中国特色社会主义制度、推进国家治理体系和治理能力现代化上下更大功夫”。发挥好保险作用，对于有效抵御风险具有重要意义。

中国保险业经过多年深耕，保险深度（保费/国内生产总值）从1994年的0.77%提升至2020年的4.45%，2021年下降到3.92%；保险密度（人均保费）从31.55元提高至2020年的3232.55元，2021年下降到3179.88元。目前，中国保险深度和保险密度低于全球平均保险深度6.13%和保险密度649.80美元的水平，在众多领域保险消费存在缺口。总体来看，我国保险的保障能力还有很大提升空间，或者说目前保险的保障能力并不令人满意。在财产险方面，主要体现在灾害造成的损失中，保险业赔付占比还比较低，不仅低于全球平均水平，更远远低于主要发达国家的水平。在人身险方面，保障能力不足则更为明显。比如，过去很多短期储蓄的替代品并没有太多保障功能，没有很好地发挥出寿险的核心功能。

保险作为风险社会的重要管理工具，具有保障程度高、费率低、社会效益好等突出特点，一直是欧美发达国家居民确保家庭财富健康安全的主要途径之一，特别是健康保险、养老保险、房屋保险等，有助于金融风险的分散，有助于缓解金融风险过于集中于银行业的突出问题，有助于国家金融安全，有助于构筑国家安全网，有助于提升人民的获得感、幸福感、安全感。

为了提升人民的获得感、幸福感、安全感，在国家层面，保险已经上升到“国家现代治理体系”“国家安全网”之定位，我们需要认真思考新保险之内涵。面对新冠肺炎疫情的“黑天鹅”，保险到底做了什么？面对信贷风险的“灰犀牛”，保险如何助力金融体系安全？面对自然灾害的“黑天鹅”，巨灾保险能做什么？面对构筑国家新型养老保障体系的任务，保险业的使命是什么？

为此，保险业需要对照《“十四五”规划纲要》提出的“实施金融安全战略”“发展巨灾保险”“发展多层次、多支柱养老保险体系，提高企业年金覆盖率，规范发展第三支柱养老保险”等要求，发挥自身“风险管理者、风险承担者和投资者统一体”的优势，助力国家安全网的构筑。

三、保险的逻辑：风险承担者

2021年，保险业为全社会提供的各类保险保障高达12146.20万亿元，约是GDP总量114.37万亿元的106倍，是金融业总资产381.95万亿元的31.80倍。所以，相对于银行业、证券业，保险业更要关注风险承担问题，是社会宏观风控效率、微观风控效率和风控市场效率的重要决定性力量。

保险业应该通过深化改革来服务国家经济社会发展大局，即服务新发展理念和新发展格局。新发展理念包括创新、协调、绿色、开放、共享五个方面，在每一个方面，《“十四五”规划纲要》都对保险业有明确的部署和安排，这些也是“十四五”时期保险业深化改革的重点努力方向。具体来看，一是在创新发展方面，要求优化首台（套）重大技术装备保险补偿和激励政策，鼓励发展科技保险等科技金融产品，提升企业技术创新能力。二是在协调发展方面，要求发展农业保险，健全农村金融服务体系。三是在绿色发展方面，要求在高风险领域推行环境污染强制责任保险，严密防控环境风险。四是在开放发展方面，要求稳妥推进保险等金融领域开放，加快推进制度型开放；完善“一带一路”风险防控和安全保障体系，有效防范化解各类风险。五是在共享发展方面，要求健全多层次社会保障体系，规范发展第三支柱养老保险；健全全民医保制度，积极发展商业医疗保险；完善养老服务体系，实施积极应对人口老龄化国家战略。此外，在安全发展方面，要求在重点领域推进安全生产责任保险全覆盖，发展巨灾保险，全面提高公共安全保障能力。

四、保险的逻辑：资产管理者

2021年，中国GDP总量达到114.37万亿元（约合18万亿美元），增速达到8.1%。2021年，中国经济增速创下近10年来的新高，远高于政府“6%以上”的预期目标。在宏观经济持续向好的基本前提下，中国私人财富市场也呈现稳健发展的态势。招商银行和贝恩公司联合发布的《2021中国私人财富报告》显示：2020年，中国个人可投资资产总规模达241万亿元，2018—2020年年均复合增长率为13%；2021年底，可投资资产总规模预计为268万亿元。其中，资本市场产品规模增速显著，2018—2020年年均复合增长率攀升至27%；投资性不动产在“房住不炒”政策下改革逐步到位，市场自身动力平稳恢复，年均复合增长率上升至14%。相比而言，目前保险在中国私人财富资产配置中的占比不足6%。另外，个人商业养老保险存量资产也不足中国养老保障体系资产余额的6%。综上，保险作为“资产管理者”的功能没有得到发挥。

从全球保险业的变迁来看（见图9-3），保险与经济社会是协同发展的，保险业态随着经济社会的发展而不断地变化。随着中国人均GDP突破1.2万美元，经济逐步走向成熟，养老保险、健康保险、投资型寿险将成为保险业的主流。

保险无论是投资型产品还是保障型产品，都是我们的财富，投资型产品是财富的分配，保障型产品是财富风险的对冲。按照保险经济属性，保险就是财富，我们要从财富的角度来重新审视保险的功能，从经济学的财富说来研究保险。

资产管理者是指保险人通过保险产品受托管理投保人的资产。作为资产管理者，保险公司要履行以下职责：对保险资金进行投资；及时与投保人核对保险资金收益情况；建立保险资金投资管理风险准备金；定期向投保人和有关监管部门提交投资管理报告；国家规定和保险合同约定的其他职责。

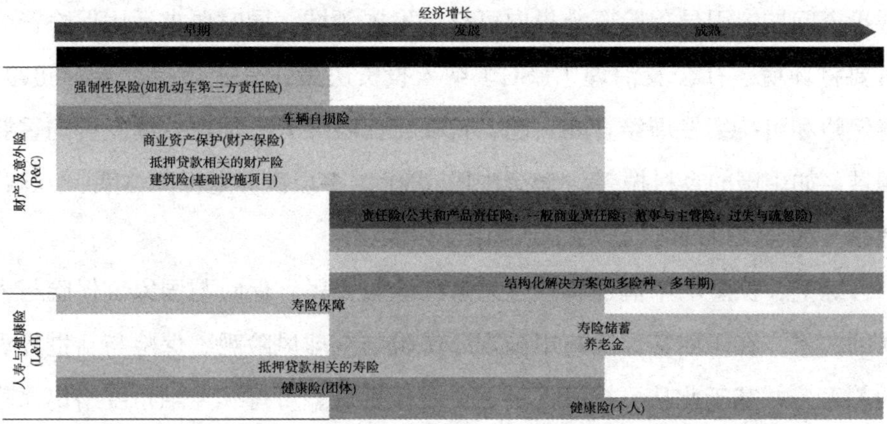

图 9-3　保险与经济社会的协调发展趋势

注：经观察阴影区域通常表示与经济增长同步发展的险种。

资料来源：*Sigma* 电子期刊 2017 年第 4 期第 20 页。

五、重新构造中国保险业的逻辑

基于保险的逻辑体系，保险作为风险管理者、风险承担者和投资者的统一，其三大功能是风险治理、价值创造和资源配置。因此，中国保险业逻辑体系的重构主要体现在纵向和横向两个维度上：

（1）从纵向上看，保险的中国逻辑（或中国保险逻辑）主要体现在三个层面：一是微观上的人民，主要是保险如何助力提升“人民的获得感、幸福感和安全感”；二是中观上的国家，主要是保险如何应对风险型社会，如何上升到国家保险的高度来构建国家安全网；三是宏观上的人类，主要是保险如何成为可持续金融，通过赋能可持续发展助力构建人类命运共同体和人类卫生健康共同体。

（2）从横向上看，保险的中国逻辑主要体现在三个层面：一是可持续保险问题，将保险导入人类可持续发展的重要领域，如环境污染责任保险、巨灾保险、突发公共卫生事件公共责任保险、普惠保险等；二是负责任投资问题，引导保险资金投向可持续发展领域，同时要求运用保险资金时要将环境、社会及治理（ESG）纳入投资决策；三是可持续金融问题，将保险和可持续发展结合在一起，旨在将保险导入人类可持续发展的重要领域，如中国的乡村振兴、“健康中国2030”、多层次养老保障体系、“双碳”战略、联合国可持续发展目标（SDGs）等。

综上，保险的中国逻辑在于思考保险与人民、保险与国家、保险与人类的关系，在于回答保险与中国观、保险与全球风险观、保险与新世界观的关系，并基于此从可持续保险、负责任投资、可持续金融角度给出保险的实施路径（见图9–4）。

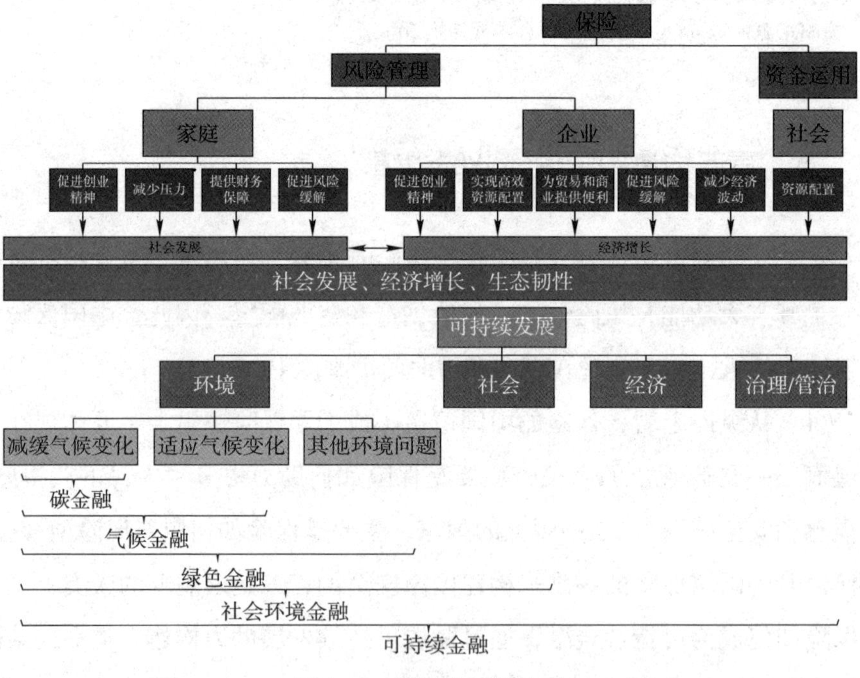

图 9–4　保险的逻辑体系

第三节　重新定位保险与科技的关系

一、保险科技的发展与价值

（一）保险科技的历程

保险是一种历史悠久的“互助共济、风险共担”形式。今天，保险科技正在给它注入新的活力。保险在科技的加持之下，从基于保险科技驱动的产品、渠道、服务创新，再到用保险科技赋能整个保险生态系统，将会发生一场普惠大众的演变。近年来，随着一系列重要政策文件的发布，保险科技在保险业中的战略意义和地位日益重要。

2019年8月22日，中国人民银行发布《金融科技（FinTech）发展规划（2019—2021年）》，首次给出了金融科技的官方定义。金融科技是技术驱动的金融创新，旨在运用现代科技成果改造或创新金融产品、经营模式、业务流程等，推动金融发展提质增效。

2020年5月23日，中国银保监会财险部印发《关于推进财产保险业务线上化发展的指导意见》，鼓励具备条件的公司探索保险服务全流程线上化。

2021年12月4日，中国银保监会印发《关于银行业保险业支持高水平科技自立自强的指导意见》，提出深化保险供给侧结构性改革，充分发挥保险业服务科技创新的积极作用，推动完善多层次、专业化、特色化的科技保险体系。

2021年12月29日，中国保险行业协会发布《保险科技“十四五”发展规划》，这是保险业首次以行业共识的方式发布保险科技领域中长期专项规划。

2022年1月5日，中国人民银行印发《金融科技发展规划（2022—2025年）》，这是人民银行编制的第二轮金融科技发展规划，提出将着重解决金融科技发展不平衡不充分等问题，推动金融科技健全治理体系，完善数字基础设施，促进金融与科技更深度融合、更持续发展，更好地满足数字经济时代提出的新要求、新任务。

2022年1月26日，中国银保监会印发《关于银行业保险业数字化转型的指导意见》，提出数字化转型工作目标，到2025年保险业数字化转型取得明显成效。

2022年2月11日，中国人民银行等四部门联合印发《金融标准化“十四五”发展规划》，提出稳步推进金融科技标准建设。

至此，保险科技以及保险科技赋能保险业的体系框架雏形基本形成，保险科技已经成为保险业数字化转型、高质量发展的重要一极。而此时，关于保险科技的理论属性还没有定论，为科学阐明保险科技的理论属性，亟须探讨保险科技的价值何在。因为，在什么意义上理解保险科技，很大程度上决定着保险业如何对待保险科技。

（二）保险科技的价值

“保险科技”一词出现时间并不长，是保险与科技的融合术语。保险科技（Insurance Technology，InsurTech），英文由Insurance和Technology两个单词组成，融合了人类知识系统里两个重要领域，其本质是跨界整合。第一个领域是Insurance（保险），涉及风险管理、风险分散和资金运用；第二个领域是Technology（科技），涉及经济社会发展的原动力以及风险的源头。

保险科技是偏重科技，还是侧重保险，我们暂且不考虑这个问题。因为，同很多重要概念一样，保险科技本身就体现了“两极格局”，我们不能离开保险谈科技，也不能离开科技谈保险。保险科技将保险和科技融合在一起，旨在将科技导入保险发展的重要领域，如风险治理、价值创造和资源配置等。

金融的本质就是面对风险的跨期资源配置，保险活动也是一种金融行为。保险科技作为保险业变革的重中之重，可能会从根本上改变和颠覆商业保险模式（保险机构利用保险科技改变经营方式、创新保险产品、优化业务流程，催生出一些新型发展模式），更为保险业创新发展提供源源不断的动力。因此，随着保险科技的发展，保险业要重新认识保险，顺应保险科技发展趋势，推动保险理论与实践的创新，促进"保险保障、资金融通和社会管理"传统功能向保险"风险治理、价值创造和资源配置"的现代功能转变，推进保险业的变革与发展，使保险成为经济增长的"助推器"与社会发展的"稳定器"，成为国家经济社会高质量、强韧性、可持续发展的重要金融工具。

科学阐明保险科技的理论属性，是当前的重要任务。从不同视角出发，可以揭示保险科技的不同理论属性，如创新性、实践性、风险性、发展性等，但从当前人们易于产生错误认知的角度看，需要着重解决的一个重要问题是如何厘清保险科技的价值属性，并正确理解保险科技价值的表现形式。保险科技是保险和科技的融合，旨在将科技导入保险发展的重要领域，如风险治理、价值创造和资源配置，这也决定了其价值将寓于保险职能之中，表现为赋能风险治理、增能价值创造和提升资源配置产能。

二、保险科技赋能：风险治理

保险科技赋能环节主要体现在风险治理上。利用科技创新和赋能将成为保险发展的核心趋势。"所有现代金融理论都将风险作为核心"（1997年诺贝尔经济学奖罗伯特·莫顿所言），风险管理自然成为保险科技的基本功能之一。科技将成为改变风险认知与管理的核心能力，并从根本上改变传统风险管理与保险，通过参与到相关传统行业的风险管理中，利用"科技+保险"的模式，实现风险的减量管理，重构相关行业的风险管理总效率，能够为社会、企业和家庭的风险管理带来全新的能力，并改变传统保险的发展空间和商业模式。综上，保险科技最核心的功能就是实现保险风险流量化而不是存量化，让“蓄水池”式的传统保险变为“流量蓄水池”式的现代保险，乃至“流量池”式的未来保险。

三、保险科技增能：价值创造

随着科技进步和经济社会的发展，基于科技创新和商业模式的创新，保险在三大基本功能的基础上，逐渐凸显了其价值创造的衍生功能，且在不同领域体现得越来越明显。近年来，保险已经不是单纯的“缴费+理赔”模式，通过逐渐引入科技、管理、服务、监督和治理功能，将保险机制融入国家治理体系，改变了简单的“承保+理赔”的传统保险机制，“保险+服务”“保险+科技”“保险+管理”等新的商业保险模式逐渐成为保险业的主流，实现了保险的价值创造功能。

保险科技增能环节主要体现在价值创造上。保险业通过“科技+管理”，将价值创造、减量管理和服务型保险的理念融入发展模式，助力保险业通过创新变革来服务国家、经济、社会发展大局，实现经济社会的可持续发展。例如，新冠肺炎疫情的暴发，让人们开始意识到可持续发展的重要性，韧性管理、业务连续性管理和后果损失保险等理念、模式和技术有助于推动社会价值的创造。

四、保险科技产能：资源配置

保险的资源配置功能是很丰富的，一方面，保险的诸多特性使其具备社会资源配置的性能和多种功能，如保费是衡量风险的天然基准；另一方面，保险本身就是资源配置的重要平台，如在企业创造价值、社会公众买单的价值链上，消费者已经接受通过保险来化解所面临的不确定性。

保险科技产能环节主要体现在资源配置上。利用人工智能等技术主动识别和预测风险，体现的是保险科技预测分析和配置优化作用，但其服务的是国家新发展理念和新发展格局。《“十四五”规划纲要》对保险业在创新、协调、绿色、开放、共享等方面都有明确的部署和安排，这些正是“十四五”时期保险业深化改革的方向。

风险是无处不在的，经济社会的各类资源也是处于风险中的。一是资源本身存在着巨大的不确定性，这就是风险。二是风险的防范也需要资源，需要进行资源配置。三是就经济社会发展的各种逻辑来说，资源总是处于有序和无序的转化中，需要进行管理。因此涉险资源很广泛。基于风险因素对社会的资源进行配置是非常重要的，在经济社会发展速度较快的时期更是如此；在高速发展转为中高速发展的时期尤为重要，因为高速发展会掩盖诸多风险，一旦发展速度减缓，风险会更加显现出来。因此在当前和未来一个时期，发挥保险的资源配置职能对经济社会的健康发展至关重要。

保险的资源配置功能是很丰富的，一方面，保险的诸多特性使其具备社会资源配置的性能和多种功能，在保险业提供全面服务的现代成熟社会，保费是衡量风险的天然基准；另一方面，保险本身就是资源配置的重要平台。在由企业创造价值、社会公众买单的价值链上，消费者通过缴纳保费来为涉及风险的相关服务及相关创新买单的情况已经普遍存在。

保险的资源配置功能对社会的治理体系具有重大意义，特别是它以商业的形式出现而非行政强制。它通过商业形式、市场机制来实施社会治理活动，能够在兼顾社会的生机和有序之间、兼顾社会活力和社会安定之间发挥这项工具的作用，它就更有意义。为更好地发挥资源配置职能，需要坚持如下原则：一是坚持价值创造，而非价值继生；二是信息沟通，而非信息垄断；三是助推产业升级，而非阻碍产业升级；四是优化保险社会生态圈，而非恶性循环。

五、重新定位保险与科技的关系

《保险科技“十四五”发展规划》指出，“保险科技是保险和科技融合创新的成果与生态体系”。生态学关于生态系统的关系有“生态链”一说，其实自近代以来人类进入了进步和发展的时代之后，也形成了“发展链”，而科技则逐步进入发展链的顶端，当人们不断地呼吁创新驱动时，其实说的就是科技创新推动增长和发展的问题。因此，我们在谈保险科技时，需要思考“科技、风险与保险”的关系，因为保险科技对保险业除了赋能、增能、产能之外，其产生的风险也开始显现——除了技术稳定、信息安全等相关技术风险之外，还包括大数据隐私、大数据杀熟、机器干预人类决策等伦理风险。

人类进化与文明演进产生了许多重要智慧成果，形成了许多重要的体制机制，扬长避短就是其中之一。在保险科技发展问题上的扬长避短，就是解决“在保险科技发展与应用的过程中，如何发挥保险科技的正面效应而避免其负面效应？能否防范化解风险？”这一问题。笔者研究表明，保险科技发展可以扬长（保险科技继续发展、应用以增强正面效应），但是难以避短（难以防范化解伴随而来的保险科技负面效应与风险）。基于保险的逻辑体系，保险作为风险管理者、风险承担者和投资者的统一，其三大功能是风险治理、价值创造和资源配置。因此，科技、风险、保险三者的联系主要体现在纵向和横向两个维度上：

（1）从纵向上看，风险学所讨论的风险防范基本是一种文化，它关注的是个别性；而科技则是一种文明，关注总体性；保险学所讨论的风险防范既是一种文化，也是一种文明。正是在这个意义上，科技改变了保险的逻辑，正在全球范围内把大量的风险问题、保险问题变成文明问题。

（2）从横向上看，科技是一把“双刃剑”，在增强保险适应性、竞争力和普惠性的同时，也会使保险业务边界变得模糊、保险风险传导更加迅速、保险风险结构更趋复杂，从而给保险安全和保险治理带来新的挑战。

随着保险科技的发展，我们必须厘清“科技、风险与保险”三者的关系，并找到某种有效且合理的控制途径。而在此之前，需要对保险科技的风险产生过程和保险增长机制有更深入的认识，需要对保险科技所包含的潜在风险性及其影响保险机制的极大可变性有更充分的了解。

回忆过去40多年，中国保险业取得了优异的成绩。面向未来，面向业界，中国保险业将走向何方？这成为当下中国保险业急需思考和解决的问题。只有重新诠释“中国保险学”科学体系、重新构造中国保险业的逻辑、重新定位保险与科技的关系，方能解决中国保险业的可持续、高质量发展问题，方能推动中国保险业全面融入国家发展大局，方能提升中国保险业在全球保险市场中的影响力和话语权。

参考文献

一、参考的相关书籍

[1] 陈辉. 中国保险业可持续发展报告（2020）[M]. 北京：中国经济出版社，2020.

[2] 陈辉，董洪斌. 中国保险业可持续发展报告（2021）[M]. 北京：中国经济出版社，2021.

[3] 李晓林，陈辉. 保险思政课[M]. 北京：中国经济出版社，2021.

[4] 陈辉. 金融科技：框架与实践[M]. 北京：中国经济出版社，2018.

[5] 陈辉. 监管科技：框架与实践[M]. 北京：中国经济出版社，2019.

[6] 陈辉. 互联网保险：框架与实践[M]. 北京：中国经济出版社，2021.

[7] 陈辉，鲁阳. 保险科技：框架与实践[M]. 北京：中国经济出版社，2021.

[8] 陈辉. 数说保险[M]. 北京：中国经济出版社，2020.

[9] 陈辉. 漫谈保险[M]. 北京：中国经济出版社，2020.

[10] 陈辉. 闲叙保险[M]. 北京：中国经济出版社，2020.

二、参考的相关文章

［11］殷红. 全球可持续金融原则比较与实践[J]. 中国金融，2021（16）：40–41.

［12］白澄宇，王森，李志全，等. 可持续金融的发展现状、国际经验及对我国的启示[J].可持续发展经济导刊，2021，30（11）：14–21.

［13］陈辉. 保险业“十四五”规划前瞻：高质量保险与可持续保险[J].上海保险，2021（1）：44–47.

［14］陈辉. 保险业如何支持绿色金融[J].理财，2021（6）：24–25.

［15］商敬国. 保险业发展稳健前行[J].中国金融，2022（3）：27–28.

三、参考的相关报告

［16］中国政府：《中国落实2030年可持续发展议程国别方案》《中国落实2030年可持续发展议程国别自愿陈述报告》《中国落实2030年可持续发展议程进展报告（2021）》。

［17］中国人民银行：《中国金融稳定报告（2018）》《中国金融稳定报告（2019）》《中国金融稳定报告（2020）》《中国金融稳定报告（2021）》。

［18］中国银行保险监督管理委员会：《绿色金融理论与实践研究》。

［19］中国保险行业协会：《2019中国保险业社会责任报告》《2020中国保险业社会责任报告》《保险业聚焦碳达峰碳中和目标助推绿色发展蓝皮书》《保险业服务乡村振兴蓝皮书（2021）》。

［20］平安集团：《2018可持续发展报告》《2019可持续发展报告》《2020可持续发展报告》《2021可持续发展报告》《2020年气候风险管理报告（TCFD 报告）》。

［21］全球报告倡议组织（GRI）:《可持续发展报告指南（G4）》。

［22］香港联合交易所:《环境、社会及管治报告指引》。

［23］社会价值投资联盟:《可持续发展蓝皮书》。

［24］中央财经大学绿色金融研究院:《全球视角下的创新型绿色保险产品综述》。

［25］北京大学国家发展研究院:《可持续发展金融前沿》月报及相关报告。

［26］清华大学国家金融研究院绿色金融发展研究中心:《中国绿色金融发展的历程、经验及展望》。

附录
中国可持续金融政策梳理

可持续金融以推进可持续发展目标实现为目的，而可持续发展目标旨在以综合方式彻底解决经济、社会和环境三个维度的发展问题。可持续金融包括气候、绿色和社会责任金融（如普惠金融），并考虑被融资机构长期经济发展的可持续性，以及整个金融体系的作用及运行稳定性等更广泛的内容。近几年，无论是从国家顶层设计还是金融业的政策体系方面，可持续金融政策环境不断完善。

一、国家层面

［1］2015年5月5日，中共中央、国务院印发《关于加快推进生态文明建设的意见》。

［2］2015年9月21日，中共中央、国务院印发《生态文明体制改革总体方案》。

［3］2020年3月3日，中共中央办公厅、国务院办公厅印发《关于构建现代环境治理体系的指导意见》。

［4］2020年10月26日，党的十九届五中全会通过《中共中央关于制定国民经济和社会发展第十四个五年规划和二〇三五年远景目标的建议》。

［5］2021年2月22日，国务院印发《关于加快建立健全绿色低碳循环发展经济体系的指导意见》(国发〔2021〕4号)。

［6］2021年3月11日，十三届全国人大四次会议通过《中华人民共和国国民经济和社会发展第十四个五年规划和2035年远景目标纲要》。

［7］2021年4月26日，中共中央办公厅、国务院办公厅印发《关于建立健全生态产品价值实现机制的意见》。

［8］2021年10月24日，中共中央、国务院印发《关于完整准确全面贯彻新发展理念做好碳达峰碳中和工作的意见》。

［9］2021年10月26日，国务院印发《关于2030年前碳达峰行动方案的通知》（国发〔2021〕23号）。

二、金融业层面

［10］2007年12月5日，原中国银监会办公厅印发《关于加强银行业金融机构社会责任的意见》（银监办发〔2007〕252号）。

［11］2012年2月24日，原中国银监会印发《绿色信贷指引》（银监发〔2012〕4号）。

［12］2015年12月24日，原中国保监会印发《关于保险业履行社会责任的指导意见》（保监发〔2015〕123号）。

［13］2015年12月31日，国家发展改革委印发《绿色债券发行指引》（发改办财金〔2015〕3504号）。

［14］2016年8月13日，中国人民银行、财政部等七部委联合印发《关于构建绿色金融体系的指导意见》（银发〔2016〕228号）。

［15］2021年4月22日，中国人民银行、国家发展改革委、中国证监会联合发布《绿色债券支持项目目录（2021年版）》（银发〔2021〕96号）。

［16］2021年6月9日，中国人民银行印发《银行业金融机构绿色金融评价方案》（银发〔2021〕142号）。

三、其他相关层面

［17］2007年12月4日，国家环保总局和中国保监会联合印发《关于环境污染责任保险工作的指导意见》（环发〔2007〕189号）。

［18］2008年2月22日，环保总局印发《关于加强上市公司环境保护监督管理工作的指导意见》（环发〔2008〕24号）。

［19］2013年1月21日，环境保护部和中国保监会联合印发《关于开展环境污染强制责任保险试点工作的指导意见》（环发〔2013〕10号）。

［20］2021年5月24日，生态环境部印发《环境信息依法披露制度改革方案》（环综合〔2021〕43号）。

［21］2021年12月22日，生态环境部印发《企业环境信息依法披露管理办法》（生态环境部令2021年第24号）。

后 记

2020年，根据中央财经大学建设世界一流大学（学科）方案要求以及“打造具有一流影响力的中国财经高端智库”的宏伟蓝图，中国精算研究院联合中国金融科技研究中心等机构组建了“中国与世界保险研究工作组”（CCWI），并启动了“可持续保险”研究及《中国保险业可持续发展报告》撰写工作，旨在研究保险机构所有层面的可持续发展实践，从简单的提高能效，到嵌入更高决策层的环境、社会及治理（ESG）问题。

《中国保险业可持续发展报告》已连续出版三年，每一年的内容都有承接性，每一年的内容都有各自的侧重点，主要是为了避免概念性内容、理论性内容和资料性内容的重复。

《中国保险业可持续发展报告（2020）》：2020年，突如其来的新冠肺炎疫情，是第二次世界大战结束以来人类经历的最严重的全球公共卫生突发事件，也是世界保险业面临的一次可持续发展的“大考”。在此背景下，2020年报告主要聚焦“新冠肺炎疫情与保险”，以研抗疫，抗疫促研，助力中国保险业做好新冠肺炎疫情防控金融服务。

《中国保险业可持续发展报告（2021）》：2021年是国家“十四五”规划开局之年，是全面建设社会主义现代化国家新征程开启之年。根据《中华人民共和国国民经济和社会发展第十四个五年规划和2035年远景目标纲要》确定的发展目标、重大任务和远景目标，构建国家安全网成为当前和今后一个时期国家的重要任务。在此背景下，2021年报告主要聚焦“国家安全网与保险”，研究保险如何服务政治安全、经济安全、国土安全、社会安全、网络安全等，如何助力提升人民的获得感、幸福感和安全感。

《中国保险业可持续发展报告（2022）》：2022年是落实国家“十四五”规划关键之年，高质量发展、碳中和、碳达峰、生态补偿、生物多样性保护、能源结构转型等可持续发展议题对可持续金融提出了更高要求，金融机构环境信息披露正在走向“半强制”。在此背景下，2022年报告主要聚焦“碳达峰、碳中和与保险”，研究保险如何促进“双碳”发展目标的实现。

2022年，我们将基于前期研究成果出版《可持续金融：框架与实践》（*Sustainable Finance：Theory and Practice*）和《可持续金融原理》（*Principles of Sustainable Finance*）。同时，我们还将推出中国保险业可持续发展指数——央财可持续发展指数（Yangcai Sustainability Indexes，YSI），包括央财可持续金融指数（Yangcai Sustainable Finance Indexes，YSI-F）和央财可持续保险指数（Yangcai Sustainable Insurance Indexes，YSI-I）等。

2023年是落实国家“十四五”规划的“中坚之年”，保险业的高质量发展、可持续发展需要新的理论体系的支持，需要把中国保险学置于中国特色社会主义理论下进行思考。在此背景下，2023年报告将聚焦“中国保险学”，从学科体系、学术体系、话语体系、发展体系和市场体系等方面来思考中国保险的变革与发展。

2023年，我们来了……